本书受到陕西省"三秦学者"创新团队支持计划
"西北政法大学基层社会法律治理研究创新团队"资助

# 陕派律学家法律改革思想研究

王斌通 著

陕西新华出版传媒集团
陕西人民出版社

## 图书在版编目（CIP）数据

陕派律学家法律改革思想研究／王斌通著. —西安：陕西人民出版社，2021.11
ISBN 978-7-224-14305-8

Ⅰ.①陕… Ⅱ.①王… Ⅲ.①法律—思想史—陕西—清代 Ⅳ.①D909.252

中国版本图书馆CIP数据核字（2021）第179538号

责任编辑：管中洣　张阿敏
封面设计：赵文君

## 陕派律学家法律改革思想研究

| 作　　者 | 王斌通 |
| --- | --- |
| 出版发行 | 陕西新华出版传媒集团　陕西人民出版社<br>（西安市北大街147号　邮编：710003） |
| 印　　刷 | 西安市建明工贸有限责任公司 |
| 开　　本 | 787mm×1092mm　32开 |
| 印　　张 | 10.125 |
| 字　　数 | 226千字 |
| 版　　次 | 2021年11月第1版 |
| 印　　次 | 2021年11月第1次印刷 |
| 书　　号 | ISBN 978-7-224-14305-8 |
| 定　　价 | 45.00元 |

# 序 一

中国古代解释现行法律的专门学问——律学，可以说是中国古代法学的集中代表，也是中华法文化苑中一株奇葩。因律学以注释国家刑法为主，故律学主要是刑法学、诉讼法学。律学发展的形态及其所取得的成就，是衡量中华法制文明的重要尺度。律学从战国时期便已成为一项重要学问，经过两汉、魏晋、隋唐、两宋、明清，代有发展，其成果蔚为大观。中国古代的律学很早便摆脱了宗教神学观的束缚，其主要价值在于精确用律，提高司法。律学的主要任务是阐释国家的立法意图与法律原则，注释法律的概念术语，评介条文的源流得失与演变，揭示律与其他法律形式之间的关系，等等，以便于法律的统一适用，借以维护大一统的国家统治。

清代律学是传统律学之集大成者，流派纷呈，注家辈出，他们源于传统，而又不简单重复和模仿传统，在共同的倾向性中表现出了多彩多姿的注释内容和各式各样的注释风格；他们既各有专长与侧重面，又彼此影响，互相推动，云蒸霞蔚，俊采星驰，造就了清代注释律学超越前人的历史性成就。在律学家中，刑部堂官及各司官员形成一个举足轻重的群体。他们或参与立法，或批答直省上报的案件。故其律学著作意在剖解律意，阐述立法的根据，指出某些律例适用时应注意之点。如：康熙时刑部尚书对哈纳校解《大清律例朱注广汇全书》，乾隆时刑部右侍郎阮葵生撰《秋谳志略》，嘉庆时刑部郎中杨澧中撰《大清律例根源》，道光时刑部尚书桑春荣撰《秋审实缓比较汇案》，咸丰时刑部官蔡逢年、蔡嵩年撰《大清律例便览》，同治时刑部司官宋邦傧撰《祥刑古鉴》，光绪时刑部尚书薛允升撰《读例存疑》《唐明律合编》等。正是由于刑部官员的身份、地位、经历，使之有可能较全面掌握法律在全国及局部地区的适用情况，明了立法的重心和法律适用的症结所在，故其律注多是经验的总结与升华，而刑部官员竞相注律，由此形成了蔚然壮观的经验主义的佳作。这不仅是清朝律学发展的原因之一，也是清律学价值之所在。

陕派律学是清末重要的律学流派之一，以薛允升、赵舒翘、吉同钧等刑部官员为代表，形成了《读例存疑》《唐明律合编》《提牢备考》《审判要略》《大清律讲义》等一系列具有影响力的律学成果，这些成果的实用性、综合性和准确性俱佳，标志着中国传统社会后期法学所达到的水平。特别是薛允升的《唐明律合编》是古代第一部比较法著作，而吉同钧在注律中则广泛运用了古今比较、中外参照的方法。这些成就，与陕派律学家所处的时代背景密不可分。《大清律例》自乾隆五年（1740）成书之后，律文不再修订，而以增修例文补充律文的不足，至同治、光绪之时，例文急剧增加，且整体性的修订并不及时，有些例文与律文相互抵牾，在部分罪名中甚至出现律例关系失衡的现象。因此，陕派律学家立足司法实际，通过对例文的考证、律例关系的论述等，提出了系统性的法律改革意见，以期修订、完善《大清律例》。与此同时，无论是薛允升，还是赵舒翘、吉同钧，均置身于数千年未有之大变局中。西法东渐，打破了中国法律只有纵向传承，没有横向比较的传统，也终结了中国法律发展的孤立状态，开始与世界接轨，向近代法制文明转型。处于传统律学与近代法学新旧递邅之际的律学家们,接触到大量西方法律及法学著作,由此取得了注律方法上新的突破。此外,赵舒翘著《提牢备考》于1997年由司法部重印加注,说它对监狱学有参考意义。

尽管陕派律学随着中华法系的解体而谢幕,但其中蕴含的超越时空的合理性、民主性的因子,为今天的法治建设提供了有益借鉴。尤其是作为陕派律学母体的中华法文化,历五千年绵延不断,是无数思想家建设起来的法文化的宝库,是中华民族集体智慧的结晶,其成就不仅表现在立法上,也表现在司法、执法、法学教育、法律宣传等诸多方面;它所蕴藏的思想内容之丰富、成文的法律典籍和法学著作之浩瀚,以及优秀法制人物的层出迭见,其影响都不限于当时,而是远及于今。中华法文化植根于中华文化土壤之中,同时,又经常受到思想上的活水灌溉,因此,根深叶茂,永世常青。它是历史的,不可避免地杂有历史的沉渣;但它又是永恒的,因为它内嵌了中华民族精神;它是悠久的,又是崭新的,它不仅记载了过去,还指导着现实和未来,它是中华民族的精神上的脊梁。珍重传统法律文化,就是珍重中华民族的伟大创造力。今天关注和研究陕派律学,正为管窥博大精深的中华法文化提供了绝佳的窗口。通过对陕派律学的深入了解,更能领略到中华法文化的魅力,洞察到中华法制文明的发展规律,进而增进法治建设方面的文化自信,推动中华法文化的精髓不断传承和弘扬,使法治的中国精神和民族特色得以彰显。

斌通是我指导的博士。他为人沉稳、勤奋刻苦,专业基础扎实,善于思考前沿问题,具有较强的学术创新能力。他在硕士阶段便尝试探究陕派律学,读博期间进一步加深了对中国传统律学特别是清代律学的认识。《陕派律学家法律改革思想研究》正是其长期思考和刻苦钻研的成果。该书坚持了史论结合的方法,融思想研究、史实考证、人物评介、案例分析于一体,实现了宏观论述与微观探讨的有机结合，除综合地论证了陕派律学的特殊性与典型性外，还分别就陕派律学家法律改革思想的许多层面进行了具体分析和论述，是一本厚重而又富有新意的法律史著作。作为导师，得见弟子著作出版，十分欣慰。希望他勤勉治学，不懈努力，百尺竿头，更进一步！

是为序。

张晋藩

辛丑年秋，序于万柳颐园

# 序 二

晚清同、光时期，在"天下刑名总汇"的刑部出现了以籍贯为标识的律学流派，尤以豫派律学和陕派律学蔚为大观。这些律学家往往都有进士的功名，早年饱读儒家经典，入仕后因从事司法审判的职业需要，转而研读律令，听讼断狱。这是从书生到法官的社会角色转变，从熟读儒家经典进而研习法律判例，在司法审判实践中穷究律例条文，其实他们是法官出身的律学家，儒生背景的法家，经义与律义兼修贯通，律学与审判相提并论，相辅而成。

陕派律学就是这样一个进士出身而从事司法审判的法官群体，其流风余韵绵延至于清朝末年。薛允升作为陕派律学的开创者，执掌刑部凡四十年，"究心法律，耄而好学，著述等身，比之古来名法专家有过之而无不及也"，且奖掖培训了一大批律学精英。赵舒翘作为陕派律学的中坚，以平反王树汶临刑呼冤一案，直声震天下，出任地方官员，"廉公有威，吏畏民怀，为近百年来良吏第一"[①]。吉同钧作为陕派律学的后劲，不仅是律学家、法官，而且是著名的法律教育家。与薛允升、赵舒翘等律学前辈相比较，他更是中西法律兼通的法学家，从中西法律比较的宏观视野，客观、冷静、平等地看待中西法律

---

① 沃丘仲子著：《近代名人小传》，北京图书馆出版社2003年版，第117页。

文化的差异，在举国流行欧风崇拜西法的大潮下，对传统法律文化保持着一种自信与坚持，是那个年代难得的传统法律文化的守望者。

陕派律学家的社会角色是法官，作为法官，他们意识到"法令为民命攸关，一或偏倚，即大有出入，且有生死互易者"①，因此要想在司法审判中做到公平公正，不枉不纵，首先必须精通律例。故法官的职业要求成就了陕派律学家的律学事业，对传统律学的精益求精成了他们终身追求的志业。薛允升"念刑名关人生命，非他曹比，精研律例，剖析毫芒，有心得及疑义，辄笔记之"，并对以往的律学成就加以继承和总结，他在编著《读例存疑》时，认为"《笺释》《辑注》二书颇有论说，而吴紫峰中丞《律例通考》亦有议及者，因一并采录焉"。吉同钧亦复如是，他在《大清律例讲义》中对以往律学著作也多有援引，其《自序》曰：其讲解律条，"先溯根源，继揭宗旨，如篇幅过长，更为字梳句栉，俾令脉络明晰，遇有深奥之处，或援经史以阐其理，或引刑案以实其事，此外如王氏之《笺释》、沈氏之《辑注》、吴中丞之《律例通考》、薛尚书之《读例存疑》，苟有发明，均为采入"。

事实上，自中国第一律《秦律》始，便有注释律学，睡虎地秦简《法律答问》即其显例。两汉魏晋，律学不仅设"律博士"之官，且经学之士亦讲求律学，甚至有"以律学传家"者。唐宋，国家科举有"明法"之科，试题也有"假案"之类型，职官以"书判"相高尚。律学之昌明，也使立法更加完善，《唐律疏议》成为古代东亚法律之典型，西方学者也尊为"中华法系"，独树一帜于人类法律之林。面对源远流长、博大精深的传统律学，以陕派律学为代表的律学家进行了系统的梳理并加以继承和发扬。

可以说，陕派律学是两千多年传统律学的总结和最后结晶，通过陕派律学的研究可以梳理出一套中国传统律学的知识谱系。

---

① 《读例存疑》自序。

陕派律学家精研律例的目的是为了听讼断狱的实际需要，是为了司法审判的勿枉勿纵，属于经世致世之学。因此，在精研律例的基础上，也非常看重审判实践。吉同钧认为"罪因情科，案凭证定"，听讼要"虚心研求"案件实情，而"不在口才之辨给，亦不恃势力之威严"。在"讯问之时，总须和容悦色，任其自行供吐，不可骤用威吓，则怯懦者畏惧而不敢言，强梗者反得肆其诬执矣"。薛允升也"鞫囚如与家人语，务使隐情毕达，枉则为之平反"。陕派律学在注重审判实践的基础上，重视听讼审断的技巧方法，并加以总结提炼。吉同钧在"采集前人成说，附以生平阅历"的基础上，形成《审判要略》一书，并在律学馆开讲《秋审条款》，他说："盖办案之法，举平日所读之律，一一见诸实事。始而取供，继则叙案，继则引例，继则勘断"，审判要以"折服两造之心"为目的①。吉同钧总结出了一套审讯各类案件的方法及要点、注意事项等，以"随到随问，随问随结"八字为审判要言，也包括录供、叙供及看语等文书的写作技巧，如"录供宜简，命案当场质讯，维时人犯初到，心虚气慑，狡黠未萌，教供未定，即有扶同串捏，众口难齐，易于推戡，分别正凶，推求谋故，全在斯时"。"叙供来路要显，如从前并无之人，后忽添出者，必须将如何推求，何人供出，如何察访有据，随即差拿到案之处，或于供前补出，或于他处点明，方不突如其来"，"总之，善叙供者，分而视之，词不重复；合而观之，理无参差。一气呵成，浑如天衣无缝，此叙供之妙境也。""供词之后即须作看语，看语字句须用文体，其起承转合、埋伏照应、点题过脉、运笔布局均须丝丝入扣，处处合法，不可作村夫口气，亦不可过于文雅，致令以词害意。看语而后，方议罪名，乃结束通案事情，必须逐一分晰，兜裹完密，丝毫不可错乱，虽人多事杂，俱要挨次点出，不留一隙。"

---

① 《律学馆第一集课艺序》。

在晚清变法修律之前，陕派律学的奠基者薛允升和中坚赵舒翘先后凋谢，吉同钧作为陕派律学的后劲始终参与晚清的法律变革。他既非主张祖宗之法不可变的顽固守旧者，也非激进的全盘否定传统法律而照搬西方法律的数典忘祖者。吉同钧在京师法律学堂开学演讲致辞时说："平心而论，外国法政，各有精意，固当采集所长以资补救，惟《大清律例》恰当乎中国风土，尤当深切究明，以为判案之资。凡我学友，固不可守旧而鄙新，亦不可务外而忘本。"在当时的新旧冲突中，"侈言新法，而守旧者诟为丧心病狂；执言旧法，而维新者鄙其顽固不化"。吉同钧在其中调停折冲，并对传统法律有深厚的守望情节。他说："炎黄之神胄也，无论君主、民主，治中华之人须用中华之法"，"旧律虽将芟薙，然其所芟者，不过繁冗之枝叶，至不磨之精蕴，仍不能芟也。"①

陕派律学虽已成为往事如烟，但云烟散尽，陕派律学的丰富内涵仍值得后来者深思和发掘。王斌通博士以前是我指导的硕士研究生，有志于此，其硕士学位论文即以研究吉同钧审判赵憘憘故杀二弟案的审判技巧为题。后来负笈京华，追随张晋藩先生攻读博士学位，2020年学成归来。王斌通博士好学不倦，近来不断有新作发表，见之于各学术期刊和《光明日报》等报纸。今年暑期，斌通以其新作《陕派律学家法律改革思想研究》将在陕西人民出版社付梓的喜讯来告，索序于余，因撰此以为序。

闫晓君

辛丑仲秋于长安陋室中，窗外雨带寒意，桂花正香

---

① 以上皆引自吉同钧《乐素堂文集》。

# 前 言

中国传统律学源流久远，内涵丰富，是古代法学的特殊形态，它以注释现行法典为任务，旨在阐明立法之本源与流变，剖解律文之难点与疑点，诠释法律术语与概念，以便于司法者准确地适用法律，加强司法的功能与效果，在刑法学、司法学、法理学等领域做出了重要贡献。律学兴起于秦汉，发展于魏晋，成熟于唐宋，盛行于明清。它所达到的高度，是"衡量中国古代法文化发展程度的重要尺度"[1]。自商鞅改法为律，中国历史上出现了首部以"律"冠名的法律——秦律，律学也随之产生，湖北云梦出土的秦墓竹简中的《法律答问》就是解释秦现行律文的官方注释，亦为传统律学之滥觞。经过两汉律学家与经学家的经律互注，魏晋时期律学已蔚为大观。唐宋不仅设有律博士，还设有明法之科，选拔培养律学人才，特别是《唐律疏议》成为官方注律解律的鸿篇巨制，宋代的律学由注律发展为案例选编和法医学，著名的有《棠阴比事》和《洗冤集录》。至明代，官方注律和私家（司法官吏）注律相结合，著名的有王肯堂的《大明律附例笺释》、雷梦麟《读律琐言》。清代适应广阔疆域内统一适用法律的需要，加强了注释律学的工作。除官方注律外，私家（刑部官员和刑名幕友）共

---

[1] 张晋藩：《中华法文化要略》，法律出版社2019年版，第248页。

同进行注律工作。可以说形式多样、繁简不一，其中最具代表性的是王明德的《读律佩觿》、沈之奇的《大清律辑注》、薛允升的《读例存疑》等。

由于刑部为"天下刑名总汇"，刑部官员注释律例蔚成风气，其著作既有对各省题结案件进行复核或秋审核拟案件的经验总结，也有从律例本身入手对历代律例或本朝立法加以比较和注释之作。除王明德、薛允升外，清代刑部在不同历史时期还涌现出大量的杰出的律学家及律学成果，如康熙时刑部员外郎陈士矿编著的《折狱卮言》，乾隆时刑部主事全士潮等纂辑的《驳案新编》，嘉庆时刑部郎中张澧中编著的《大清律例根源》，道光时刑部官鲍书芸参与编纂的《刑案汇览》，咸丰时刑部官蔡逢年、蔡嵩年编著的《大清律例便览》，同治时刑部司官宋邦傧编著的《祥刑古鉴》，光绪时刑部员外郎吴潮等编纂的《刑案汇览续编》以及刑部主事吉同钧编著的《大清律讲义》等。在人才辈出的刑部官员中，陕西籍士人的司法声望和律学成就尤为瞩目。吉同钧称："秦人钟西岳秋肃之气，性情多刚强严威，故出仕之后，其立功多在刑曹。前清入关之初，第一任刑部尚书则为宝鸡党崇雅，诘奸刑暴，颇立功业。然以明臣而仕清，入于《贰臣》之传，识者鄙之。康、雍之间，韩城张廷枢作大司寇，崇正除邪，发奸擿伏，权倖为之敛迹，天下想望丰采，然太刚则折，卒罹破家亡身之祸。后虽昭雪，追谥文端，然律以明哲保身之道，未免过于戆直也。"[①]曹允源也称："国家政事分掌于六曹，而秋官一职关人生命，视它曹尤重。为之长者类多擢自曹司重望，谙习法令。即叙劳外简，往往不数年骤跻右职，入掌部纲。故它部长官迁调不常，而秋官任独久，盖非精研其学者不能尽职也。陕西人士讲求刑法若有神解夙悟。自康熙间韩城

---

① 吉同钧：《薛赵二大司寇合传》，载吉同钧著，闫晓君整理：《乐素堂文集》，法律出版社2014年版，第64页。

张文端公为刑部尚书，天下想望风采。厥后释褐刑部者，多本所心得以著绩效，如为学之有专家，如汉儒之有师法。"①

尽管有陕籍先贤的表率，但真正以陕籍刑部官员为主形成律学流派，则已至晚清同治、光绪、宣统年间。诚如沈家本在《大清律讲义序》中所言："独是《律例》为专门之学，人多惮其难，故虽著讲读之律，而世之从事斯学者实鲜。官西曹者，职守所关，尚多相与讨论。当光绪之初，有豫、陕两派，豫人以陈雅侬、田雨田为最著，陕则长安薛大司寇为一大家。余若故尚书赵公及张麟阁总厅丞，于《律例》一书，固皆读之讲之而会通之。余尝周旋其间，自视弗如也。近年则豫派渐衰矣，陕则承其乡先达之流风遗韵，犹多精此学者。韩城吉石笙郎中同钧，于《大清律例》一书，讲之有素，考订乎沿革，推阐于义例，其同异轻重之繁而难纪者，又尝参稽而明辨之，博综而审定之，余心折之久矣。"②董康也说："凡隶秋曹者争自磨砺，且视为专门绝学。同光之际，分为陕、豫两派，人才尤尽盛。如薛允升云阶、沈家本子惇、英瑞风冈皆一时已佼佼者。""（刑）部中向分陕豫两系，豫主简练，陕主精核。"③可见，时人对陕派律学在刑部的兴起已有共识，而且，董康还将不属于陕西籍但受陕派影响的沈家本一并归入陕派律学，足见陕派律学实际上是超越律学家籍贯范围的重要学派。

目前，学界对中国传统律学虽极为关注，但对陕派律学的研究成果相对较少④。由于资料分散且难于搜集等条件的限制，现有论著多

---

① 曹允源：《慎斋遗集序》，载赵舒翘著，闫晓君整理：《慎斋文集》，法律出版社2014年版，第5页。
② 沈家本：《大清律讲义序》，载沈家本著：《历代刑法考》（第四册），中华书局1985年版，第2232页。
③ 董康著，何勤华编：《董康法学文集》，中国政法大学出版社2005年版，第420、737页。
④ 目前，学界有关陕派律学的研究中，闫晓君教授的著述最为丰硕，代表性著作有《陕派律学家事迹纪年考证》，法律出版社2019年版，以及陆续点校出版的《慎斋文集》《乐素堂文集》《大清律讲义》《大清律例讲义》《大清现行刑律讲义》等，这些书籍统一纳入"陕派律学文献丛书"。

集中于陕派律学的学术成果、源流因革与律学家的生平事迹、司法审判等方面的分析，对陕派律学家法律改革思想的比较研究尚显薄弱。本书在全面搜集、整理相关文献资料的基础上，从法律改革思想入手，通过还原薛允升、赵舒翘、吉同钧等陕派律学家的任职经历，细阅律学成果，追索其法律改革思想的源流演变、核心内容及其对司法理念、法律修订、法律适用、法律教育的影响，从微观与宏观相结合的角度详细探讨陕派律学家法律改革思想的传承及异同，以期更宏观、更精确地评价陕派律学出现并存在的意义及历史影响。

# 目录

**第一章 陕派律学：中国传统律学的集大成者** …001

- 一、薛允升与陕派律学的奠基 …001
- 二、赵舒翘与陕派律学的巩固 …022
- 三、吉同钧与陕派律学的发展 …042
- 四、陕派律学的基本特点及其贡献 …080
- 五、中华法系的解体与陕派律学的落幕 …085

**第二章 陕派律学家法律改革思想的共同之处** …094

- 一、都体现出强烈的礼本刑用的儒家政刑观 …094
- 二、都坚持"法与时转则治"的立法基本规律 …101
- 三、都主张恤刑慎杀、重视人命的刑罚观 …107
- 四、都主张天理、国法、人情相结合的司法观 …112

**第三章 陕派律学家法律改革思想的主要区别** …118

- 一、薛允升对律例提出系统具体的修改意见 …118
- 二、赵舒翘力主监狱管理法制之健全 …126
- 三、吉同钧以比较法视野深化改革观念 …132
- 四、吉同钧晚年法律思想中的"保守性" …138

150　**第四章　陕派律学家法律改革思想对晚清修律的影响**

150　一、陕派律学家在晚清修律前对部分例文的修改

154　二、《大清现行刑律》：体现陕派律学精髓的重要立法

165　三、"《现行律》民事有效部分"吉氏注解与民事司法

176　**第五章　陕派律学家法律改革思想对个案的影响**
　　　　　——以"故杀胞弟案"为例

176　一、命案肇始："故杀胞弟案"的案件事实

181　二、各争其势："故杀胞弟案"的司法博弈

193　三、干戈玉帛："故杀胞弟案"的律学作为

206　四、固本开新："故杀胞弟案"的律学智慧

219　五、云开雾散："故杀胞弟案"的玄机梳理

234　结　语

240　附录一　陕派律学家传记选

261　附录二　陕派律学重要著作序与跋

307　后　记

# 第一章

## 陕派律学：中国传统律学的集大成者

清朝是中国古代社会的末代王朝，清代律学也是传统律学的鼎盛时期，有清一代，律学流派纷呈，律学成果辈出，相沿二百余年，未曾中断。陕派律学是清代律学的杰出代表和最后辉煌，因此，也是中国传统律学的集大成者。陕派律学以薛允升发其端，赵舒翘持其中，吉同钧殿其后。所谓"陕派"，是由于薛允升、赵舒翘、吉同钧等均为陕西籍刑部官员，三人是代表。其情源于乡谊，而关注的焦点都是注释和适用法律，故能使陕派律学脱颖而出。籍贯上属于同乡，学术上都属于传统律学，其方法多为注释与考证，其成果都有较强的现实针对性，都切合当时的司法审判与刑罚执行等需求。

### 一、薛允升与陕派律学的奠基

薛允升（1820—1902），字云阶，陕西长安人，咸丰六年（1856）进士，授刑部主事。后历任江西饶州知府、四川成绵龙茂道、山西按察使、山东布政使、漕运总督等外差，光绪六年（1880），召为刑部侍郎，历礼、兵、工三部，光绪十九年（1893）授刑部尚书。有关薛允升的传记记载，《清史稿》《清史列传》《续修陕西通志稿》等均有涉及，内容大同小异，对于薛氏的司法成就和律学贡献皆予以肯定。如《清史稿》称："初，允升观政刑曹，以刑名关民命，穷年讨测律例，遇滞义笔诸册，久之有所得。或以律书求解，辄为开导，而其为用壹归廉平。凡所定谳，案法随科，人莫能增损一字。长官信仗之，有大狱辄以相嘱。其鞫囚如与家人语，务使隐情毕达，枉则为之平反。始以治王宏馨狱显名。盖民有堕水死者，团防局勇已不胜榜掠，承矣；允升覆讯，事白。厥后江宁民周五杀朱彪，遁；参将胡金传欲邀功，捕僧绍棕、曲学如论死。侍读学士陈宝琛纠弹之，上命允升往按，廉得实，承审官皆惩办如律。……著有《汉律辑存》六卷、《汉律决事比》四卷、《唐明律合编》四十卷、《服制备考》四卷、《读例存疑》五十四卷。"①

吉同钧在《薛赵二大司寇合传》中称："允升字云阶，咸丰丙辰科进士，以主事分刑部，念刑法关系人命，精研法律，自清律而上，凡汉唐宋元明律书，无不博览贯通，故断狱平允，各上宪倚如左右手，谓刑部不可一日无此人。不数年，升郎中，外放江西饶州知府，七年五迁，由知府升至漕运总督，以刑部需才，内调刑部侍郎，当时历任刑尚者，如张之万、潘祖荫、刚毅、孙毓汶等，名位声望加于一时，然皆推重薛侍郎。凡各司呈划稿件或请派差，先让薛堂主持先划，俗谓之开堂。如薛堂未划稿，诸公不肯先署，固由诸公虚心让贤，而云阶之法律精通，令人佩服，亦可见矣。后升尚书，凡外省巨案疑狱不能决者，或派云阶往鞫，或提京审讯。先后平反冤狱，不可枚举。……至于著书共分四种：尝谓刑法虽起于李悝，至汉始完全，大儒郑康成为之注

---

① 赵尔巽等撰：《清史稿》卷442《薛允升传》，中华书局1998年版，第12426页。

释。乾嘉以来，俗儒多讲汉学，不知汉律为汉学中一大部分，读律而不通汉律，是数典而忘祖，因著《汉律辑存》；又谓汉律经六朝北魏改革失真，主唐两次修正，始复其旧，明律虽本於唐，其中多参用金辽酷刑，又经明太祖修改，已非唐律真面目，因纠其缪戾，著《唐明律合编》；又刑律所以补助礼教之穷，礼为刑之本，而服制尤为礼之纲目，未有服制不明而用刑能允当者。当时欧风东扇，逆料后来新学变法，必将舍礼教而定刑法，故预著《服制备考》一书以备后世修复礼教之根据，庶国粹不终于湮殁矣。"①

沈家本在《读例存疑序》中也说："名法为专门之学，始于管子而盛于申韩。自汉唐以来，代有专家，沿及国朝，相承弗替。如原任刑部尚书薛允升，律学深邃，固所谓今之名法专家也。该故尚书耄而好学，博览群书，谙习掌故，研究功令之学，融会贯通，久为中外推服。自部属荐升卿贰，前后官刑部垂四十年。退食余暇，积生平之学问心得，著有《读例存疑》共五十四卷、《汉律辑存》六卷、《唐明律合编》四十卷、《服制备考》四卷，具征实学。而诸书之中，尤以《读例存疑》一书最为切要，于刑政大有关系。其书大旨以条例不外随时酌中、因事制宜之义。凡例之彼此抵牾，前后歧异，或应增应减，或畸重畸轻，或分晰之未明，或罪名之杂出者，俱一一疏正而会通，博引前人之说，参以持平之论，府中考厥源流，期归画一，诚巨制也。……臣等伏查该故尚书薛允升，久官刑曹，究心法律，久在圣明洞鉴之中。该故尚书

---

① 吉同钧：《薛赵二大司寇合传》，载吉同钧著，闫晓君整理：《乐素堂文集》，法律出版社2014年版，第64—66页。

生前所著各书，具有精意，均属可传。"[1]

薛氏的代表性成果《读例存疑》《汉律辑存》《唐明律合编》《服制备考》等，均为传诵一时的律学名作。这些律学著作概述如下：

(一)《读例存疑》

此书为薛允升平生最耗心血之作，也是最具影响和最能反映其法律改革思想的力作，正如薛氏在自序中所言，"惟此编自问颇有一得之愚，而半生心血尽耗于此"。薛允升逝世后，光绪二十九年(1903)十一月二十九日，刑部官员联衔代为进呈《读例存疑》并奏请交律例馆排印刊行：

> 为已故大员潜心律学，著有成书，据情代为进呈御览，并请旨饬交修例馆以备采择，恭折仰祈圣览事。据臣部郎中齐普松武[2]、饶昌麟[3]、武瀛[4]、恩开[5]、来秀[6]、武玉润[7]、张西园[8]、罗维垣[9]、戈炳琦[10]、杨履晋[11]、王廷铨[12]，员外郎

---

[1] 沈家本：《进呈薛尚书遗书折》，见徐世虹主编：《沈家本全集》第二卷，中国政法大学出版社2010年版，第432页。
[2] 满洲正白旗人，刑部直隶司郎中。
[3] 江西临川人，刑部四川司郎中。
[4] 陕西富平人，刑部江西司郎中。
[5] 满洲镶黄旗人，刑部陕西司郎中。
[6] 满洲镶蓝旗人，刑部浙江司郎中。
[7] 河南祥符人，刑部浙江司郎中。
[8] 山西平定人，刑部广东司郎中。
[9] 湖南善化人，刑部奉天司郎中。
[10] 直隶景州人，刑部山东司郎中。
[11] 山西忻州人，刑部江西司郎中。
[12] 河南项城人，刑部安徽司郎中。

段书云①、曾鉴②、魏联奎③、郭昭④、连培型⑤、史履晋⑥，主事许世英⑦、萧之葆⑧、周绍昌⑨等联名呈称：名法为专门之学，始于管子而盛于申韩。自汉唐以来代有专家，沿及国朝，相承弗替。如原任刑部尚书薛允升，律学深邃，固所谓今之名法专家者也。该故尚书耄而好学，博览群书，谙习掌故，研究功令之学，融会贯通，久为中外推服。自部属荐升卿贰，前后官刑部垂四十年。退食余暇，积生平之学问心得，著有《读例存疑》共五十四卷、《汉律辑存》六卷、《唐明律合编》四十卷、《服制备考》四卷，具征实学。而诸书之中尤以《读例存疑》一书最为切要，于刑政大有关系。其书大旨，以条例不外随时酌中、因事制宜之义。凡例之彼此牴牾，前后歧异，或应增应减，或畸重畸轻，或分晰之未明，或罪名之杂出者，俱一一疏证而会通，博引前人之说，参以持平之论，考厥源流，期归画一，诚巨制也。齐普松武等旧在属官，凤聆绪论，抚读遗编，不忍听其湮没，谨择要先将《读例存疑》一书就原稿悉心校对，缮写成帙，仰恳代为进呈御览，以彰实学等语。臣等伏查，该故尚书薛允升久官刑曹究心法律，耄而好学，著述等身，比之古来名法专家有过之无不及也。曩者钦奉谕旨有治狱廉平之褒，是其精于律学久

---

① 江苏萧县人，刑部贵州司员外郎。
② 四川华阳人，刑部陕西司员外郎。
③ 河南汜水人，刑部江苏司员外郎。
④ 陕西蒲城人，刑部安徽司员外郎。
⑤ 江西南城人，刑部浙江司员外郎。
⑥ 直隶乐亭人，刑部山西司员外郎。
⑦ 安徽建德人，刑部额外主事。
⑧ 陕西三水人，刑部额外主事。
⑨ 山西安邑人，刑部额外主事。

在圣明洞鉴之中。该故尚书生前所著各书具有精意,均属可传。兹据该郎中等择要先将《读例存疑》一书共五十四卷缮写成帙,合词吁请代为进呈。臣等逐卷查阅,见其择精语详,洵属有稗刑政,未便听其湮没,谨将原书进呈御览。现在臣部钦遵谕旨开馆纂修条例,并请旨饬交修例馆以备采择,庶编辑新例得所依据。如蒙俞允,臣部即当钦遵办理。所有臣等据情代为进呈书籍,并请旨饬交修例馆以备采择各缘由,理合恭折具奏,伏乞皇太后、皇上圣鉴。谨奏。①

这份奏疏旋即得到批准,而在奏疏中,联名上奏者多达20余人,这些官员中,不仅有旗人、汉人,更凝聚各省之精英。尤其是河南汜水人魏联奎,为清末豫派律学之代表,亦能参加《读例存疑》的编校,实属难得。可见薛允升的律学研究得到刑部众多官员的一致认可。而魏联奎也曾得到薛允升的高度评价,所谓:"长安薛云阶尚书谓人曰:魏某谨慎自是本色,踏实处尤难得也。独于勤谨公务之外,守不忮不求之旨,居处宴然,无所冀也。"②

除此之外,沈家本也明确表明自己参与了《读例存疑》的编校,他在《读例存疑序》中说:"家本尝与编纂之役,爬罗剔抉,参订再三。"③又在《薛大司寇遗稿序》中提到:"甲辰岁,叙雪同人为公刊《读例存疑》,余实任编纂之役。……其时,醵资之事,段少沧观察任之,校雠之事,许俊人金事任之。"④孙家红通过对薛允升《读例存疑》稿本与刊本的研究,也发现"沈家本对《读例存疑》行文的规范统一,提出了相当专业的意见",甚至"薛允升的一些修改意见,在沈家本看来

---

① 《光绪二十九年刑部进呈御览奏疏》,载《读例存疑》卷首。
② 见《魏联奎年谱》,载陈万卿编著:《荥阳先贤年谱》,大象出版社2006年版,第33—34页。
③ 沈家本:《读例存疑序》,载《读例存疑》卷首。
④ 沈家本:《历代刑法考》附《寄簃文存》卷六,中华书局2007年版,第2223页。

并不可取，需要进一步修改"，因此，"（1）沈家本对于《读例存疑》不仅有厘定整齐之功，在内容方面贡献也十分显著；（2）沈家本对于该书的校正修订工作，并非一蹴而就，而是经历反复斟酌，方才确定下来。"①可以说，《读例存疑》的编纂与刊行，凝聚着薛允升和刑部官员的共同心血。

《读例存疑》刊印后，共五十四卷，内容丰富，规模宏大，其不仅对清代律例的沿革、关系做出清晰阐述和辩证，也反映出中国传统法制的演变轨迹，并成为晚清修律的重要参考，尤其是裨益修律之用，也正是薛允升撰写《读例存疑》的初衷。薛允升在《读例存疑自序》中称："因勉从诸贤之命，再四删削，择其可存者都为一集，共五十四卷，名曰《读例存疑》，志其初也。抑又有说焉，朝廷功令，凡条例之应增应减者，五年小修一次，十年及数十年大修一次，历经遵办在案。同治九年修例时，余亦滥厕其间，然不过遵照前次小修成法，于钦奉谕旨及内外臣工所奏准者，依类编入，其旧例仍存而弗论。自时厥后，不特未大修也，即小修亦迄未举行。廿年以来，耿耿于怀，屡欲将素所记注者汇为一编，以备大修之用。甫有头绪，而余又不在其位矣。然，此志犹未已也。后有任修例之责者，以是编为孤竹之老马也可。"②

《读例存疑》"例言"如下：

一、此编专为条例而设，而律文亦有经本朝改定者，仍俱一体登载，俾免遗漏。

二、各部则例，俱系功令之书。有与刑例互相发明者，亦有与刑例显相参差者。兹采录数十条，或以补刑例之缺，或以匡刑

---

① 孙家红：《散佚与重现：从薛允升遗稿看晚清律学》，社会科学文献出版社2020年版，第49、50、54页。
② 薛允升：《读例存疑自序》，载《读例存疑》卷首。

例之误。彼此参考，其得失亦可灼然矣。

三、解律者多矣，而解例者最少。惟《笺释》、《辑注》二书，颇有论说。而吴紫峰中丞《律例通考》亦有议及者，因一并采录焉。

四、每届修例时，系由刑部确加按语，缮写黄册进呈后，始行刊刻。迄今二百余年，俱存储库内，而坊肆亦有汇而梓行者，即所谓《律例根源》者是也。初意欲照拟全录，以昭详备，继苦其繁重，坊间既有刻本，此编似可从简。兹仅録存现行例，声明某年纂定，某年修改。并其旧例并按语，一并删除不录，以免重复。

五、前明原例及后来修改续纂者，亦云多矣。其因何纂定之处，按语内并不详叙。今详加考究，乾隆十五年以后，原奏尚十存八九，以前则漫无稽考矣。广为搜罗，止得十之四五。若不再为裒集，窃恐现存者亦俱散亡矣。兹特分门别类，就例文之次序，汇集于此编之后，共为□□□卷，仍其旧名，曰《定例汇编》。俾学此者得以悉其源流，亦不无小补云尔。其无所考者仍阙焉。如后有得，再行补入。

六、服制有亲疏，罪名因以分轻重。此礼与律之相辅而行者也。特是古往今来，服制亦多有改易。兹仍以今律服制为准，而备列礼经及群儒议论于后。其不同之处，朗若列眉矣。议礼如聚讼，自古为然，非精于此者，又乌能折中于一是耶。

按后二条所称二书，一《定例汇编》、二《服制备考》。均俟续刊。

《读例存疑》现存光绪二十九年（1903）北京琉璃厂翰茂斋刻本，1970年台北成文出版社出版的黄静嘉点校本，即《读例存疑重刊本》，以及1994年中国人民公安大学出版社出版的胡星桥、邓又天主编的《读例存疑点注》等。

(二)《汉律辑存》

关于此书，无论《清史稿》，抑或吉同钧、沈家本皆有提及，而《汉律辑存》在清末并未像《读例存疑》等书，广泛刊印，风靡一时，而是如沈家本在《汉律摭遗》序中所言："同治、光绪之间，长安薛大司寇曾纂《汉律辑存》一书，业经写定，将付手民，庚子之变，为某舍人所得，匿不肯出，百计图之，竟未珠还，良可惋惜。"[1]因此，《汉律辑存》在薛氏逝世后，长期处于匿藏不出的状态，直至20世纪70年代，日本学者岛田正郎在台湾傅斯年图书馆发现此书稿本，并由日本学者堀毅整理，1982年由台湾鼎文书局排印入庆祝岛田正郎六十寿辰《中国法制史料》中[2]。此书目录如下：

律目第一

律文(原作令)第二　汉令附　前后汉书　史记

经义第三

奏杂说第四

奏议第五　两汉

刑法志第六　汉书　历代附

然而，在《沈曾植未刊遗文(续)》中，《汉律辑存》则以另一面目

---

[1] 沈家本：《历代刑法考》，中华书局2007年版，第1365页。
[2] 张忠炜提出，关西大学内藤文库有内藤乾吉所藏薛允升遗作《汉律辑存》稿本一册，与傅斯年图书馆所藏《汉律辑存》初稿本比较可知，内藤文库所藏稿本充分吸收了傅图稿本的修改意见，殆为修订本。见张忠炜：《关西大学内藤文库藏〈汉律辑存〉校订》，中国政法大学法律古籍整理研究所编：《中国古代法律文献研究》(第十四辑)，社会科学文献出版社2020年版。

出现，所谓"《汉律辑存》'凡例'自注：'代薛尚书撰。'据曾植门人金蓉镜言，此书实曾植与徐博泉同溥辑，其书已佚。"①此事亦收入闫晓君著《陕派律学家事迹纪年考证》中："光绪十九年，癸巳，1893年，薛允升七十四岁，沈曾植代薛允升撰《汉律辑存》。"并附"凡例"如下②：

> 萧何之律，本自李悝。汉晋法家，传之有绪。而应劭《风俗通》谓《皋陶谟》虞始造律，萧何成以九章。《傅子》谓律是咎繇遗训，汉命萧何广之。其在秦时，则吕不韦称咎繇作刑，《韩非子》谓刑弃灰，是殷法皆推秦法而传之古制。九流之学，莫不托始帝皇，然班《志》言法家本出理官，而李氏系出咎繇，世世司理，以官为氏，则李悝之学，必有所本，应劭、傅玄之说，不可废也。汉律文尔雅古质，略与《周官礼》《大戴礼记》《尚书大传》所载古刑名说相类。自晋沿唐，有革有沿，文句大体实相祖述。捃拾碎遗，研其由趣，斯亦足以观古今会通，察世轻重者矣。叔孙通益律文为旁章十八，汉律文多载仪式制度，或疑即旁章之文，而无坚证以明之，其张汤、赵禹、大小杜君之学，汉世传习由用，陈群、刘劭犹尚及见，而如淳、孟康诸人，称引旧文，不加识别，后世无从考辨，惜哉！庄周称刑名比，详温城董君决事比，汉世与律令同用，今亦附入此类焉。辑律文第一。
>
> 汉律有古文，自李斯、赵高以来，故萧何草律，著试学童史书之法，《说文》所载，模略可见也。《方言》《急就》《广雅》《释名》所传诂训，有关刑制，皆法家汉学所当省览者。若略人略卖人之训，断以唐律旧注不以道取为正，藉《方言》证之，举一以

---

① 参见王元化主编：《学术集林》（卷三），上海远东出版社1995年版，第103页。
② 闫晓君：《陕派律学家事迹纪年考证》，法律出版社2019年版，第325—326页。

反,足可致思。阳湖孙先生尝欲为《律者义》,有由也。辑律诂第二。

《汉艺文志》录《法经》而不录汉律篇,晋《中经簿》,亡不可考。《隋经籍志》录存魏、晋以下之律,独汉律不存,岂非旧律繁芜,艰于传习之故哉!其大略可考者,大抵依《晋志》为本,而杂采他书附益之。辑律篇目第三。

汉世法家,颇多异议,复肉刑,减死罪,其大端也。他如复仇轻侮,柯宪屡易,决囚造狱,小大以情,准《通典》杂议之例,辑律杂议第四。

《汉书·礼乐志》言礼仪与法令同录,藏于理官。至魏新律,乃别出常事品式章程,各还其府,以为故事。然则汉律文繁,非独前后相蒙,亦由所赅广博故也。诸官仪典职有关刑名者,非必律文,而可观汉制,辑以为杂事第五。

经义断狱,《春秋》为宗,《公羊》在汉世,犹春秋家显学也。何劭公注,多与汉律又相表里。阳湖刘逢禄治何氏书,集为《律意轻重说》一篇,说或舛或漏,不尽可据。今加增考论仍旧一篇,附于汉律之末,为何氏公羊律意说第六。

《海日楼文集》钱仲联前言也说:"沈氏(沈曾植)于光绪六年庚辰成进士后。官刑部主事,湛精今律,继复深究古律令书,由《大明律》《宋刑统》《唐律》以上治汉、魏律令,刑部尚书薛允升推为律家第一。尝为薛作《汉律辑存》,其书已佚,《文集》中存其《凡例》,可以见沈氏古律学说。"[1]

这样一来,便存在《汉律辑存》出自薛允升与出自沈曾植等两种说法。实际上,两种《汉律辑存》的目录虽同为六卷本,而表述小有

---

[1] 沈曾植:《海日楼文集》,上海古籍出版社2009年版,钱仲联前言。

不同。据曹旅宁考证："《清史稿·沈曾植传》云其居刑曹十八年，著作有汉律辑补、晋书刑法志补。检中华书局2007年版许全胜撰《沈曾植年谱长编》亦未探讨此事，只提及其治西北史地之学、金石碑刻之学；至于沈曾植与薛允升的关系，只在第105页引《袁昶日记》光绪十五年四月一日（五月一日）条，'晤薛提刑'。该书另一处提及薛允升在沈家本重刻《唐律疏议》时，为之作序，但年谱中沈家本作为沈曾植刑部同僚，两人往还极其频繁，沈家本明确说《汉律辑存》为薛氏遗稿，当有理据。……一种比较合理的推测可能是薛氏年事已高，遂有将《汉律辑存》原稿交沈曾植进一步校改董理之事，氏提出意见，体现在新拟出的凡例中，《清史稿》本传中的《汉律辑补》及《晋书刑法志补》均由此而讹传而来"①。该推测较为中肯。由此可见，《汉律辑存》出自薛允升之手无误，而沈曾植等人对此书的完善亦有贡献。至于《汉律辑存》的存世情况，沈曾植完善本目前已经遗失，而台湾鼎文书局1982年出版的岛田正郎主编的《中国法制史料》第二辑第一册中所录由堀毅整理的《汉律辑存》，成为目前公开刊印的文本。

### (三)《唐明律合编》

该书又称《唐明律合刻》，是薛允升在比较法研究领域的一部重要著作，而且是目前可查的在中国传统社会开比较法先河的律学巨著。《唐明律合编》以中华法系中最具代表性和影响力的两部法典——《唐律疏议》和《大明律》为对象，详加比较，考证源流，辨析优劣，品评得失，抒发己见，并借"师古"之心，表达褒贬《大清律例》之意。所谓"事不师古而私心自用，非良法也。兹仿班马异同及新旧唐书合钞之义，取两律之彼此参差、轻重互异者，逐条疏证，以

---

① 曹旅宁：《薛允升〈汉律辑存〉稿本与汉律沿革》，载王沛主编：《出土文献与法律史研究》（第二辑），上海人民出版社2013年版，第158—159页。

类相从，命之曰《唐明律合编》，俾读者展卷了然，其得失之处不烦言而自解，亦读法之所宜从事也"①。"古今立法之本，数语尽之矣。近虽律学更新，非复旧法，而循览是编，可识律之为用，民命所系，根极于天理民彝，称量于人情事故，法有新旧之异，其意有终古不变者。彰往察来，周知百世，讵限于唐明已哉！尚书之治律原本经术，折衷至当，著述繁富，学者宗之。"②

《唐明律合编》于1922年由退耕堂刻印出版，共四十卷，规模浩大，论证缜密，其"例言"如下：

一、历代各有律，顾专取唐、明律而论断之，其他均未之及者，何以历代之律俱亡失无存，而此二律依然具在故也。唐律集众律之大成，又经诸名流裁酌损益，审慎周详，而后成书，绝无偏倚踌驳之弊。且以刑杀之书，而慈祥恺恻之意，时时流露于言外，故各律俱湮没，而惟此岿然独存，若有鬼神为之呵护者，然《四库提要》亦谓唐律一准乎礼，以为出入得古今之平。又云：上稽历代之制，其节目备具，足以沿波而讨源者，要惟唐律为最善，甚可贵也。明律虽因于唐，而删改过多，意欲求胜于唐律，而不知其相去甚远也。尝阅《元史刑法志》，亦间有明律相符者，知明律又承用元律也，故并附录焉。

二、律与经相辅而行，自来治经诸儒，往往经以解律，何氏公羊、郑氏周礼其最著者也。由此言之，律之关系，岂浅鲜哉。兹特采录于各律之后，盖亦由流溯源之意，而即此可以见律之各有自来矣。

三、二律以时代为先后，先唐律一卷之后，即接以明律，各

---

① 《唐明律合编》薛允升自序。
② 《唐明律合编》徐世昌序，据闫晓君教授考证，徐世昌序实为王式通代笔。见闫晓君：《陕派律学家事迹纪年考证》，法律出版社2019年版，第895页。

如其次序名目，仍照各原书之体，而稍加变通，亦编次者之不得不然尔。

四、唐律之外有令，而不载于律，明律有令又有条例，盖以补律之未备也。兹择其现存者，仍入于各律之后，其嘉靖以后续定之例，亦附录焉。

五、律之有注，由来已久：马、郑注汉律，张、杜注晋律，尚已，惜其书皆不传。疏议即唐律之注也，且有补唐律之所未备者，是以至今贵之。明代解律诸家，如雷梦麟之《琐言》，陆柬之《管见》等书，俱有见解。陈省刊刻明律，即采取此书，分注于后，因非颁自朝廷，故不久而即湮没。厥后王明德之《佩觿》、王肯堂之《笺释》、沈之奇之《辑注》、夏敬一之《示掌》，各有成书，均不为无见，且有采其说入于律者，兹择其妥善者，一一录入，亦犹唐律并列疏议之意欤。

六、明律亦有疏议，孙渊如谓系明张楷作，可以知变古原流。《笺释》亦间有援引者，窃惟《琐言》《笺释》诸书，其于明律诠解，已极详备。此书四库既未著录，世亦绝少传本，其于《琐言》《笺释》诸书相类与否，殊难悬拟，然如孙氏所云，当必另有见解矣。余于明律删改唐律之处，逐条俱已指出，未知与张楷所云有无抵牾也。

七、《永徽法经》一书，元郑汝翼撰。《四库提要》存目，谓其意主发明唐律，故名之曰《永徽法经》，其目仍用十二章之旧，每篇目下有议。自李悝以后，同异分合前后之次，各析其沿革源流。其书则列唐律于前，而附金律于后，或有或无，或同或异，或增或减，俱详为之注，颇为精密。余虽未见此书，观此数言，亦可知其命意之所在。余并列唐、明两代之律而互相比核，亦此意也。人有同心，何前后相符若斯耶。

可见，薛允升认为，律例的制定与适用，关乎百姓安乐，应当因时制宜，随时斟酌，以使轻重得平，合乎时用。而之所以比较唐律和明律，扬唐律而贬明律，不过是抒发借古喻今之情，以唤起清廷对改革现行律例的重视。因此，《唐明律合编》亦是集中反映薛允升法律改革思想的重要著作。

可贵的是，薛允升在比较唐明律时，并非一味就律文而论述，而是积极参考并吸取前人的研究成果，并将前人的真知灼见列入书中，这既反映出薛允升在运用比较法研究律例时视野之广博、态度之严谨、用力之辛勤，也说明薛允升能够成为名副其实的律学大家，并不是偶然的，是切切实实以崇敬、认真的心态站在前人基础上更进一步的。

《唐明律合编》现存版本有：上海图书馆藏《唐明律合刻》（该版本日本学者陶安曾专门撰文研究，经李力翻译后，以《关于上海图书馆藏薛允升〈唐明律合刻〉手稿本》，发表于中国政法大学古籍整理研究所主办并由法律出版社于2011年出版的《中国古代法律文献研究》第四辑），1922年徐世昌退耕堂刻本，1999年法律出版社出版的怀效锋、李鸣点校本，2003年日本关西大学出版部影印本，2010年中国书店影印本，等等。

此外，还有1998年田涛征集到的《唐明清三律汇编》，由田涛、马志冰点校，收入杨一凡、田涛主编的《中国珍惜法律典籍续编》第八册，黑龙江人民出版社于2002年出版。关于《唐明清三律汇编》与《唐明律合编》的异同，田涛、马志冰在"点校说明"中有所提及："综观《唐明清三律汇编》的写作方法，与《唐明律合编》如出一辙，唯其具体内容方面略有差异。其一，《合编》的撰写体例，是以《唐律》十二篇为顺序，先依次列出律文内容及'疏议'要义，再征引《明律》有关条目与之比较，《汇编》则改为以《明律》七篇为顺序，先简略援引《唐律》有关条目及其'疏议'要义，而不再胪列《明律》正文内容，只比较二者之轻重宽严,其间许多按语评论与《合编》完全相同。其二,《合编》的研究方法,重在比较唐、明二律的律文内容,《汇编》则在其后大量胪列清朝律例,其中又以例文内容占主要篇幅,并叙述其源流发展,分析其利弊得失。因此,《汇编》实际是清朝律例尤其是例为研究重点,而它征引唐、明二律并加以比较,只是为了追溯或探讨其历史渊源与发展脉络。"至于缘何命名为《唐明清三律汇编》,则非薛允升本意,而是田涛、马志冰在整理时重新命名之举,"此书原作著录为《汇编》,大体表示了作者将唐、明、清三代的法律汇集比较之意,且以研究清代律例发展为主,征引唐、明两律,只是论及渊源发展。或者此即是薛允升在继《唐明律合编》之后的姊妹篇。考虑到在古籍中称为《汇编》的作品较多,为了读者便于利用,此次将这部手稿定名为《唐明清三律汇编》"。①

对于《唐明清三律汇编》,孙家红有不同见解,他通过对《读例存疑》《唐明律合编》等稿本的比较,并依据薛允升《读例存疑》"例言"所言"前明原例及后来修改续纂者,亦云多矣。其因何纂定之处,按语内并不详叙。今详加考究,乾隆十五年以后,原奏尚十存八九,以前则漫无稽考矣。广为搜罗,止得十之四五。若不再为哀集,窃恐现存者亦俱散亡矣。兹特分门别类,就例文之次序,汇集于此编之后,共为□□□卷,仍其旧名,曰《定例汇编》。俾学此者得以悉其源流,亦不无小补云尔。其无所考者仍阙焉。如后有得,再行补入"。② 认为将田涛、马志冰整理的薛允升著作命名为《唐明清三律汇编》可以商榷,其结论为:"田涛先生当年收藏整理,并命名的《唐明清三律汇编》,其文本内容主要由三部分构成:《定例汇编》,以及与《唐明律合编》《读例存疑》大致雷同的一些文本内容。其中,《定例汇编》占

---

① 田涛、马志冰:《唐明清三律汇编》"点校说明",第3—6页。
② 《读例存疑》"例言"。

据绝大比重（74%），与《唐明律合编》雷同者次之（20%），与《读例存疑》雷同者更次之。三者皆脱胎于与北京、东京二地馆藏《读例存疑》稿本大致同一阶段的薛允升著述底本，不仅体现了原作者的撰著修改意图，更遵循了某位佚名签条作者的指示信息。若从该书稿以《定例汇编》为内容主体的角度看，以'汇编'命名并非不合理，但或许改作《定例汇编》更为合适。这部《定例汇编》属于薛允升散佚之稿，……虽然命名或有不当，但其中所蕴含之法律历史信息大致完整，为我们阅读理解一代律学大师薛允升丰富多彩之法律人生，领略其博大精深之律学著述体系，以及重新认识清代律学知识的创作传播，提供了十分难得的机会。"①因此，孙家红提出，以《定例汇编》命名《唐明清三律汇编》更为合适，虽然《定例汇编》在内容上与《唐明律合编》有不少重合之处，但却是薛允升的一部并未刊行的独立著作。

### （四）《服制备考》

《服制备考》为薛允升专门研究服制与礼法关系之作，成书之后，并未刊行，加之世乱时移，长期湮没无闻，直至1935年，目录学家、古籍版本学家顾廷龙于上海图书馆发现此书。顾廷龙专门撰写《薛允升〈服制备考〉稿本之发见》一文②，谈到上海图书馆藏薛允升著作之经过：

> 日前休沐，踥躞小市，在某肆瞥见尘封之敝架，有丛残一束，标签曰"汉律稿本"。取而视之，凌乱无次，无序无跋，不署作者姓氏。粗检一过，未见题及汉律者。及重阅之，则三册考服制，而余为论唐明律。因思考汉唐明律与服制者，非薛允升莫能为，必为其稿本无疑。遂诘其所标之"汉律"何在？则伴言夥

---

① 孙家红：《散佚与重现：从薛允升遗稿看晚清律学》，社会科学文献出版社2020年版，第167—168页。
② 见《顾廷龙文集》，北京图书馆出版社、上海科学技术文献出版社2002年版。

友误题,询之再三,未详究竟。即就所有者,议值购之,归而理之。在论唐明律之一册中,见有"唐明律合刻",并"长安薛"数字,是此一束丛残,为薛氏遗稿有铁证矣。唐明律系出写官所缮,又经增删,校诸刻本,颇有异同。凡所附清律,刊本均汰去。增删之笔,刚健朴茂,当犹薛氏手墨。疑脱稿之后,数经修订,据以付梓者,当为定稿,则此其初稿也。考服制者,必为《服制备考》,计三册,不分卷。其字迹全如唐明律稿之改笔,则全为手稿矣。得之偶然,不亦幸哉!后晤李祖荫先生麋寿,告以薛氏久失之《服制备考》,今归寒斋。李先生大为称快,且曰:"尚有《汉律辑存》稿本,近亦知其所在,盖为东方文化事业委员会所得。"余始恍然当时所见之签题汉律,固知必有是书,而不图已为捷足者先登矣。《服制备考》幸系原稿,涂改满幅,不题书名、撰者,贾者遂不辨而弃置一隅。不然,岂能为余所得耶?

可知,顾廷龙发现《服制备考》时,此书"幸系原稿,涂改满幅",但相对于其他"凌乱无次,无序无跋"之著述,"计三册,不分卷",相对完整。此后,顾廷龙并未整理《服制备考》并交付出版,《服制备考》依然处于深居闺阁的状态。截至目前,仍未发现《服制备考》点校本问世。

光绪二十七年(1903)九月三十日,薛允升在随两宫回銮途中,于刑部尚书任上逝世,当日,上遗疏云:"刑部尚书薛允升谨奏为微臣病势垂危,未由图报,伏枕哀鸣仰祈圣鉴事。窃臣以衰朽余生蒙恩起用,捐顶糜踵,难报万一。八月二十日,由西安力疾启程,九月十五日行抵豫省,沿途已觉劳顿,到汴又值奇寒,福薄灾生,偶然卧病,精力实难支持,不得已于二十九日折乞赏假调理,窃冀仰叨庇,或可渐次就痊。不意拜折后,病势愈增,诸医束手,淹殚至今,仅存一息，自问万无生理。臣年逾八旬，死亦何恨？惟念恩高厚，报称无从，每一扪心，殊难瞑目。只有私衷祷祝，我皇太后、皇上回銮后，督饬诸臣讲求内治，弊去其太甚，法期于必行，毋图操切近功，力破因循锢习，邦本既固，外患自消，则臣虽死之日犹生之年矣。至于刑部事宜应否变通，已与左侍郎戴鸿慈并留京各堂官和衷商榷，饬令律例馆提调详晰条陈，遵旨咨送政务处用备采择。臣奉派扈跸，不获随行到京，犬马之报，矢诸来生。并嘱臣子礼部郎中浚、臣孙二品荫生承熙、一品荫生承谟小心供职，循分读书，勉报国恩。谨口授遗疏，缮折以闻，伏乞圣慈圣鉴，谨奏。"①

一代律学巨擘薛允升逝世后，时人颇为惋惜，多借笔墨表达对薛允升律学造诣的赞许，并高度称颂其刚直不阿、勤于政事的性格。如李岳瑞在《春冰室野乘》中有一篇专论，即《薛云阶司寇之法学》，其中写道："前明六部权最重，为部郎者，率视外任如左迁。国朝官制，无异明代，而部权之衰，则一落千丈矣。士大夫起家进士，任曹司二三十年，京察注上考，始得一麾出守。同侪望而羡之，真有班生此行，何异登仙之慨。噫，可以观世变矣！诸曹司事权，皆在胥吏，曹郎第主呈稿画诺而已。惟刑部事非胥吏所能为，故曹郎尚能举其职。刑部事统于总办秋审处，额设提调坐办各四人，主平亭天下秋审监候之狱，必在署资深，且深通律学者，始获充是选。长安薛云阶尚书允升，官提调十余年，获外简。甫六岁，复内擢少司寇，荐长秋官，掌邦刑者，又二十年，终身此官，其律学之精，殆集古今之大成，秦汉至今，一人而已。尝著一书，以《大清律例》为主，而备述古今沿革，上溯经义，下逮胜朝，比其世轻世重之迹，求其所以然之故，而详着其得失，以为后来因革之准。书凡数十册，册各厚寸许，卷帙繁重，

---

① 《刑部尚书薛允升折》，光绪二十七年九月十三日，《军机处录副奏折》，档案号144665，台北故宫博物院藏。

竟无人能为任剞劂者，恐日久终不免佚阙矣。"①所谓"其律学之精，殆集古今之大成，秦汉至今，一人而已"虽为溢美之词，但与薛允升在律例研究的贡献而言，又是名副其实的。此说在当时亦不乏认同之人，如倪紫萱曾言："(萧筱梅)先生谓当日官刑部，同僚多陕籍，而陕[官]之著绩者，亦多在刑部。谓薛云阶先生法理精微，聪明天亶，汉唐而后，集法学之大成者，薛公一人而已。"②

又如，姚永朴在《旧闻随笔》中云："长安薛云阶尚书允升治律最熟，与人谈，辄连举数十句，如童子诵经然。自嘉庆以来，惟戴简恪公长于读律，老吏莫能欺。至公，乃继其躅。初在刑曹已有名，及长秋官，因太监在戏园持刀斗殴，力主严办。虽所议得伸，而与总管太监李莲英忤，竟不安于位而去。比再出，两宫方驻跸西安，公一年中清厘各省积案几尽。随扈至河北，卒于旅次。论者谓当时公卿勤于其职，盖未能或之先也。"③霍勤燡作《十君咏》，其中，对薛允升称赞道：美哉大司寇，明刑媲唐虞。绝学秦中擅，冤民天下无。使节惩官蠹，兵机赞庙谟。知仁在观过，执法恒被诬。群奸肆薏苡，异族皆感孚。耄耋没王事，旅况若寒儒。遗泽遍桃李，式微悲藐孤。及门为属吏，知遇感恩殊。私谥贞惠，等身多著书。青门余一宅，一过一歔欷。《近代名人小传》记载：薛允升"字云阶，长安人，以进士为刑曹郎，几三十年，历秋审处、律例馆，娴习例案，为其曹冠。京蔡[察]优等，外任四川成锦[绵]龙茂道，未几，入为大理寺少卿，迁至刑部尚书。以其从子浚关说通贿，台谏交章论之，罢职归。允升长身瘦削而意气勤恳，有关中故家之风，掌秋曹日，所属多以律书求解，辄

---

① 李岳瑞：《春冰室野乘》，载孟森等：《清代野史》，中国人民大学出版社2006年版，第1275页。
② 倪紫萱：《萧筱梅先生印象记》，载《西北文化日报》1935年2月12日第8版。
③ 《近代中国史料丛刊》之《旧闻随笔》，转引自闫晓君：《陕派律学家事迹纪年考证》，法律出版社2019年版，第667页。

为解导，不惮烦也。然俗学无识，立朝未尝有建白，复私乡谊，卒被弹去。甲午淮军诸将，凡奉旨治罪者，咸辇巨金求末减，允升皆拒之。于是叶志超、卫汝贵皆伏刑诛。时论金以为快云"①。

值得注意的是，薛允升在光绪二十三年（1897）曾遭降职调用，但这并未影响到刑部官员对其的评价，有些"对立阵营"即直隶刑官群体的官员甚至为此愤愤不平，如唐烜在日记中谈道："尚书在刑部数十年，精详谙练，前后无出其右。近年办事有议其骄纵者，大概请托苞苴，时亦不免，署中派委差使，往往不公。秋审处提、坐、减等，以至提牢各乌布，大半由夤缘而得。……尚书自以为刑名老手，大小事件，无不亲自裁决，司官绝不能高下其手，虽有陋劣者滥厕其间，亦不至有害于政，故乐得藉此送人情耳。然得意者白昼骄人，失意者逢人诉苦，一唱百和，传闻失实，几成大狱，非无因也。去岁张次山侍御奏参，而同乡蒋艺圃侍御继之，……盖慕丈向官刑部时，在奉天司主稿，为尚书撤去差使，衔恨甚深且久。张、蒋之疏，皆慕丈一人之所怂恿也。……阖署无不知为李慕丈所为者。"②从这段日记可以看出，"倒薛"事出有因，纵然薛允升"自以为刑名老手，大小事件，无不亲自裁决"，可谓勤勉任事，忠于职守，但在党同伐异的清末官场中，仍不免被人陷害。事后查明，薛允升被参劾之事确属查无实据。可敬的是，在舆论汹汹之际，唐烜并未落井下石，而是在日记中揭露了此事的来龙去脉，并表露出对薛允升办案作风的赞许与折服之意，足见薛允升在司法方面的杰出才干和不凡素养并非陕派官员或与陕派官员交好者的一家之言，而是刑部诸官所公认的。

宋伯鲁在《续修陕西通志稿》中对薛允升的为人处世以及司法才能也有客观评价：薛允升"咸丰六年成进士，以主事分刑部。甫任事，

---

① 沃丘仲子：《近代名人小传》（上册），北京图书馆出版社2003年版，第121页。
② 唐烜著，赵阳阳、马梅玉整理：《唐烜日记》，光绪二十四年一月初五日，凤凰出版社2017年版，第71、72页。

念刑名关人生命，非他曹比，精研律例，剖析毫芒，有心得及疑义，辄笔记之。用法廉平，所定案牍，明慎周详，不能增易一字。各长官皆倚重焉。尚书桑春荣谓，部中不可一日无此人。凡疑难大案，及各司不能讯结者，悉属之。每岁现审秋审案件千百起，皆一手核定，无顷刻闲。……在刑部垂四十年，判狱谳囚，无稍枉纵，务得情法之平，使天下无冤民，民称之曰'薛青天'。允升貌清癯而撝谦，与人无争，至大廷建议，则持之以正，不为苟同。……自光绪癸未至乙未，七科殿廷考试，每派阅卷，无不与。戊子、甲午两典顺天乡试，得人称盛。尤好诱掖后进，成就颇多，如赵舒翘、沈家本、党蒙、吉同钧辈，乃门生故吏中之杰出者。其他不可枚举。盖人品清正，学识宏深，好善若渴，躁释矜平，处富贵如寒素，不仅以刑律见长也。"①

上述记载和评价充分表明，薛允升不仅具备不凡的学术造诣，精湛的司法技艺，杰出的律学素养，而且在刑部生涯中，长期重视乡谊，诱掖后学，注意培养和提拔人才，使得律学事业后继有人且代有传承，在这些因素的综合影响下，薛允升终于成为一代律学大家。在薛允升学术成就和人格魅力的巨大影响下，陕派律学正式产生，作为中国传统社会后期著名的律学流派登上历史舞台。

## 二、赵舒翘与陕派律学的巩固

赵舒翘(1848—1901)，字展如，号琴舫，晚年号慎斋。陕西长安人。清穆宗同治十三年(1874)进士，授刑部主事。后历任刑部提牢厅主事、直隶司主事、刑部员外郎、安徽凤阳知府、浙江温处道道员、浙江按察使、浙江布政使、江苏巡抚、刑部左侍

---

① 宋伯鲁等：《人物·薛允升》，《续修陕西通志稿》卷七十四，载中国西北文献丛书编辑委员会编：《西北稀见方志文献》第六卷，兰州古籍书店1990年版，第124—125页。

郎、刑部尚书、总理各国事务衙门大臣、军机大臣，兼管顺天府府尹等职。史书及文集多记述其刚正执法、善平冤狱、勇于任事、精通律学等事迹。其事迹亦见于《清史稿》《清史列传》《续修陕西通志稿》《长安咸宁两县志》等，如《清史稿》载："（赵舒翘）谳河南王树汶狱，承旨研辨，获平反，巡抚李鹤年以下谴谪有差。居刑曹十年，多所纂定，其议服制及妇女离异诸条，能傅古义，为时所诵。光绪十二年，以郎中出知安徽凤阳府。皖北水浸，割俸助赈。课最，擢浙江温处道，再迁布政使。二十年，擢江苏巡抚。捕治太湖匪酋叶子春，余党股栗；复为筹善后策，弊风渐革。明年，改订日本条约，牒请总署重民生，所言皆切中。是时朝廷矜慎庶狱，以舒翘谙律令，召为刑部左侍郎。二十四年，晋尚书，督办矿务、铁路。明年，命入总理各国事务衙门，充军机大臣。"①

吉同钧在《薛赵二大司寇合传》中称："继云阶而起者为赵舒翘，字展如，与云阶同里。同治联捷成进士，以主事分刑部，潜心法律，博通古今，《大清律例》全部口能背诵，凡遇大小案无不迎刃而解。十年升郎中，任提牢、秋审处坐办、律例馆提调。盖律例馆为刑部至高机关，虽堂官亦待如幕友，不以属员相视。展如任提牢时，适遇河南王树汶呼冤一案，时云阶为尚书，主持平反以总其成，其累次承审及讯囚、取供、定罪，皆展如一手办理。案结后所存爰书奏稿不下数十件，各处传播奉为司法圭臬。外放知府十年之中，由府道荐升巡抚，又内调为刑部侍郎，升尚书，入军机，总理各国事务大臣，总办铁路矿务，督修坛庙皇城工程，一生功名事业皆由平反冤狱为之兆也。外任安徽凤阳知

---

① 赵尔巽等撰：《清史稿》卷465《赵舒翘传》。

府,历升温处道、按察司、布政司、江苏巡抚,察吏安民,善改备举,所得廉俸不入私囊,刻理学之书教训学员,建沣水之桥利涉行人,凡此设施,在他人目为非常之功者,在展如则为末节也。抚苏时外人订约开埠,昂其值以购膏腴,又多方要挟部议。展如力持曰:吾为朝廷守土,宁可尺寸失耶?命求废地起廛而僦之,内召入京后,苏人为建生祠。其内任刑部长官也,部中自云阶后,风气渐趋卑污,司员多绚情受贿,展如到任,查明江苏司印稿有受贿之事,即奏革二人之职以示警。又以案牍积累,由司员不谙公事,分日面试各司员律例,抚尤超拔。又革奔走夤缘恶习,凡来宅拜谒及送礼物者,概不准门丁上达。其总理各国事务也,外人贿买汉奸谋修铁路矿山者,历任总理畏洋人不敢举发,以致利权外溢。自展如任事,查知其弊,有官革职,无官治罪,外人知中国有人以后不敢轻侮。……"①

曹允源在《慎斋遗集序》中说:"陕西人士讲求刑法若有神解夙悟。自康熙间韩城张文端公为刑部尚书,天下想望风采。厥后释褐刑部者,多本所心得以著绩效,如为学之有专家,如汉儒之有师法。同治间,长安有薛公云阶,声望与文端埒。越十数年,光绪中叶,赵公展如继薛公而起,由刑部郎中出典大郡,浡膺疆寄,内召为侍郎,旋擢尚书,决疑平法有张释之、于定国之风。薛公平反冤狱,啧啧人口,视刑律为身心性命之学,尝以律例分类编订,手录积百数十册,又著《汉律辑存》《唐明律合刻》《读律存疑》等书。公亦采古人有关刑政嘉言懿行,成《象刑录》。任提

---

① 吉同钧:《薛赵二大司寇合传》,载吉同钧著,闫晓君整理:《乐素堂文集》,法律出版社2014年版,第66页。

牢厅时，辑《提牢备考》，皆足为后世法。"①

赵舒翘在外放地方任职期间，表现出杰出的行政才干与司法才能。如在任职凤阳知府时，因善于清理积压案件，审判迅速且以公正服人，为时人所敬重。沃丘仲子在《近代名人小传》中说："予素接凤颖士人，皆言舒翘任监司，治其地有年，廉公有威，吏畏民怀，为近百年来良吏第一。"②在律学造诣上，赵舒翘也取得了极高的成就，既可口诵《大清律例》，也能从容审断大小案件，更为世人留下《象刑录》《提牢备考》《慎斋文集》《慎斋别集》《雪堂存稿》《豫案存稿》《温处盐务纪要》等著述。

(一)《慎斋文集》

赵舒翘逝世后，陕西眉县王步瀛对其著作详加编订，分为十四卷，题名曰《映澧山房承先志》，内容包括：奏疏、奏稿、公牍、书信、杂著、读易随录、慎斋语录、诗，更附以集唐碑楹联；并以《年谱》一卷附于后。陕西鄠县赵声在此基础上，仿效唐人编李赞皇《会昌一品集》之例，并奏疏、奏稿为奏议，余则一仍王太守之旧，以奏议、公牍、书札十卷为一帙，题曰《慎斋文集》；另以杂著、易录、语录及诗为《别集》四卷，仍附《年谱》一卷，于民国十三年(1924)刊印。因此，《慎斋文集》是较为客观的反映赵舒翘司法生涯及作为的珍贵史料。

《慎斋文集》共十卷，第一至五卷为奏议、奏稿，其目录如下：

---

① 曹允源：《慎斋遗集序》，载赵舒翘著，闫晓君整理：《慎斋文集》，法律出版社2014年版，第5页。
② 沃丘仲子：《近代名人小传》(上册)，北京图书馆出版社2003年版，第117页。

| 卷　名 | | 目　录 |
|---|---|---|
| 卷一 | 奏议一 | 报接浙江臬篆谢恩折／补授浙江臬司谢恩折／署浙江藩篆谢恩折／补授浙江藩司谢恩折／回任浙藩谢恩折／授江苏巡抚谢恩折／报到苏接篆日期折／请暂缓出省校阅营伍折／请旨查办曹秉权等整肃官常折／请将候补道韩庆云暂行革职片／分别裁留营勇片／办理枭盗匪先陈大概情形折／附陈推问盗犯叶万春片／省城得雪情形片／吴江游民抢掠被勇格毙折／请改苏防营伍片／审明正法盗犯叶万春并无冤抑折／续获枭匪窦黑皮等讯明正法折／查明藩司被参各款折／请交部议处片／参劾庸劣各员折／请留苏松道陆元鼎会办通商事宜折／请将知县汪懋琨留苏补用片 |
| 卷二 | 奏议二 | 审办巨匪请奖出力员弁折／缕陈病状请假调理折／病痊销假片／谢赏福字折／报出省查阅营伍折／奏陈校阅营伍事竣回省日期折／裁整抚标练军饷项折／缕陈苏省盐捕积弊实力整顿情形折／缕陈整顿太湖水师情形折／陈明饬查黄渡营并无被抢情形片／授刑部左侍郎谢恩折／兼署礼部左侍郎谢恩折／补授刑部尚书谢恩折／派办矿务铁路总局谢恩折／著在总理各国事务衙门行走谢恩折／辞在军机学习行走折／铁路矿务请归总理衙门兼办折／谢赏赐绸缎谢恩折／蠲缓陕西等属钱粮谢恩折／赏赐纱葛各件谢恩折／贺为毅皇帝立嗣折／贺为毅皇帝立嗣折／赏卷缎貂皮谢恩折／赏赐貂皮缎疋谢恩折／赏福寿匾额谢恩折／赏赐绸疋谢恩折／从优议叙谢恩折／赏穿带膁貂褂谢恩折／恳请赏假调理折／恳请续假折 |
| 卷三 | 奏稿一 | 直隶司京城钱铺章程奏稿／河南司议覆光禄寺少卿延茂失入案件宽免处分奏稿／前奏附片奏稿／变通安置军流奏稿／前奏附片奏稿／奉天司命案驳稿／议覆御史郑承训请情轻盗犯声明归例奏稿／复核湖北命案奏稿／外省改招片奏稿／直隶张明清京控案驳稿／代拟陕西司命案说帖／山东刘廷泰案驳稿／山西命案驳稿／江苏盗案监禁驳稿／宗室妇女犯罪坐夫男折罚议／辨救亲例义说帖／定拒捕杀人奏稿／广西土官迁徙议／前案稿尾／强盗赃议／陈情呈请兼祧 |

续表

| 卷 名 | | 目 录 |
|---|---|---|
| 卷四 | 奏稿二 | 奉天提京命案奏稿／代核妇女实发例议／永远枷号议／命案妇女离异议／会议服制奏稿／前案余议／新疆流犯屯田奏稿／汇核各省安置军流徒奏稿／前议夹片稿 |
| 卷五 | 奏稿三 | 声明要案俟招供到部再行定拟片／请饬河南督抚查取承审要案职名议处折／请饬河南巡抚迅将要案人证卷宗送部片／请饬提承审要案官员到部质讯折／拟发回王纪福等以省拖累片／奏交审要案大概情形折／请钞发各奏折并饬查拿胡体安务获送部片／请饬河南督抚查明主稿画押人员以凭核办片／奏重案情多隐饰先将大概情形陈明折／奏审明要案请旨遵办折／拟将知府王兆兰即行发配片／奏审明要案分别拟结折／请饬严惩贼犯张和尚等并缉拿逸盗折／遵议河南巡抚奏王树汶案毋庸立专条折／会议太仆寺少卿钟佩贤请复盗犯罪名旧例片／遵议河南巡抚奏王树汶案毋庸立专条折(代)／剖析钟佩贤请复盗犯罪名旧例无庸酌复折(代) |

《慎斋文集》第六至十卷为公牍、书(书信)，其目录如下：

| 卷 名 | | 目 录 |
|---|---|---|
| 卷六 | 公牍一 | 禀抚宪陈／禀抚宪陈／禀抚宪陈／禀抚宪陈／禀抚宪陈／禀抚宪陈／禀抚宪陈／禀抚宪陈／禀抚宪陈／禀抚宪陈／禀赈局宪钱／禀赈局宪钱／察赈局宪钱／禀赈局宪钱／禀复赈抚局宪钱／禀桂观察／禀抚宪沈／禀抚宪沈／禀臬宪张／禀抚宪沈／禀抚宪沈／禀抚宪沈／禀藩宪阿／禀臬宪嵩／禀抚宪沈／禀抚宪沈／禀抚宪沈／禀抚宪沈／禀督宪刘／禀督宪刘／禀督宪刘／禀抚宪沈／禀藩宪阿／禀督宪刘／禀道宪王 |

续表

| 卷 名 | | 目 录 |
|---|---|---|
| 卷七 | 公牍二 | 六安州盗案请示详／凤台书吏控案详／灵璧抢卖孀妇控案详／涡阳县京控案详／颍上县控案详／阜阳地亩案详／请岁科并行详／各属备赈札／整饬泗州卫札／饬发育婴捐费札／凤阳命案札／饬定远县恤命案内孀妇札／寿州夫差案禀／灵璧县陈元璕控案禀／阜阳盗案禀／黄流人淮请拨公费备赈禀／议办早赈禀／凤阳县控命案禀／灵璧县控赈禀／泗州盗案正法禀／蒙城县凶犯正法禀／涡阳匪犯案禀／请假修墓禀／禀办凤郡育婴堂情形请示立案／涡阳匪犯案再禀 |
| 卷八 | 公牍三 | 宿州童生府考滋事示／灵璧童生讦考示／禁童生混争板凳示／场内卖文童生岳毓秀等姑宽免议传学立案示／各童混入正案示／课士谕／宿州董万程争坟山判／怀远县孙玉山争地亩判／寿州正阳镇盐行张同兴争股分判／寿州绅董告钱店把持钱粮判／寿州生员裴廷钧等呈批／寿州民人黎鸿锡呈批／凤台县民人李学冼呈批／凤台县丁牛氏呈批／宿州监生江俊卿呈批／怀远县童生刘焕一呈批／凤阳县举人李桢呈批／定远县王培元呈批／寿州贡生刘宗铭等呈批／凤台县民妇杨江氏呈批／寿州人候选教谕孙家铺呈批／定远县民人钮凤学呈批／怀远县监生周章殿呈批／定远县民人武源真等呈批／定远县廪生张家驹呈批／定远县民人郑学珍等呈批／凤阳县文生年瑞年呈批／凤阳县举人李桢呈批／寿州候选知县郭莲芳呈批／寿州民人余宝华呈批／寿州孀妇吉李氏呈批／寿州贡生鲍俊逸呈批／寿州民人姚久林呈批／凤台县耆民李光儒呈批／凤台县孀妇朱宋氏呈批／凤台县马玉堂等呈批／凤台县民人周文堂呈批／凤台县民人邵维本呈批／凤台县民人黄金万呈批／宿州民人王得平呈批／灵璧县民人王得超呈批／灵璧县职员王道成呈批／灵璧县民人卞家怀等呈批／灵璧县文生闻凤鸣等呈批／灵璧县孀妇赵张氏呈批／灵璧县民人吕从江呈批／灵璧县武生强元捷呈批／怀远县周吴氏呈批／定远县民人刘学正等呈批／定远县监生何润之呈批／凤阳县文童刘开顺呈批／凤阳县民妇陈徐氏呈批／福建民人张志云呈批／ |

续表

| 卷名 | | 目录 |
|---|---|---|
| 卷八 | 公牍三 | 凤阳县禀批／宿州善堂批／宿州修沱河讼案判／通饬凤属扑蝗文／禀松阳闹考情形／松阳罢考案详尾／禀学院陈／禀漕宪松／批台州府禀／严禁匪盗告示／咨会江督并浙抚／照会李统领／札候补道韩／札委员并吴江震泽两县／札两司／札三司并各道府直隶州／整顿营务告示／致苏州府／接见僚属约丙申（1896年）十月初三日／整顿厘金约／批吏治月课卷／批松江府禀呈融斋书院课卷／监临告示／札通永道、霸昌道四厅／堂谕／堂谕／堂谕／告谕 |
| 卷九 | 书一 | 上江藩许仙屏师／上许仙屏师／上高京兆抟九／上陈六舟大京兆／上刑部左堂薛／上河督许仙屏师／上许仙屏师／上许仙屏师／上许仙屏师／上许仙屏师／上各中堂／上柏表叔子俊先生／复宿州何／复沈叔庚／复前青阳县汤／致郭善臣军门／复郭善臣军门／致沈观察／复邹墨宾太守／复寿州郑／致定远县忠／复寿州曾／复寿州曾／复凤台县桑／复定远县刘／复凤台县桑／复灵璧县胡／复前任灵璧县胡／复前灵璧县胡／致凤芦清军府刘／致柏孝龙书／上各中堂／上闽浙总督谭／上直隶总督李／上两江总督刘／上安徽巡抚沈／致泗州卫张／上廖谷臣中丞筹备浙省海防 |
| 卷十 | 书二 | 致张香涛制军／复刘岘庄制军／致刘岘庄制军／复东河总督任／复江苏藩台聂仲芳／复徐季和学使／致江督刘岘帅／复吏部右堂长允升／复徐花农编修／致山东抚军李鉴堂／复刘岘庄制军／复江苏藩台聂仲芳／复柏汉章先生／致夏涤庵同年／复安徽臬台赵次珊／致总署／致前顺天府尹堂陈六舟／致刘岘庄制军／复太常寺少卿／复徐季和学使／复镇江道吕／致顺天府尹胡／致刘岘庄制军／复焦山越尘和尚／复刘岘庄制军／致刘岘庄制军／复同年陆凤石修撰／上薛云阶大司寇／致刘岘庄制军／致河督任／致刘岘庄制军／致徐季和学使／致刘岘庄制军／复浙江徐学使／致徐季和学使／致总署／答王仙洲侍御／与王仙洲／答王仙洲／与王仙洲／识／跋 |

在《慎斋文集》中，不乏赵舒翘严明执法、整饬吏治以及公正司法、改进刑罚的事例，而且，还保留了《〈象刑录〉序》等未刊文稿的序言，对研究陕派律学及赵舒翘的律学思想及其贡献，十分有益。

以《〈象刑录〉序》为例，赵舒翘认为，《周易》六十四卦，"爻象繁赜，冒尽天下情伪，未易遽晓。惟大象则专以人事言天德王道，靡不赅备。然皆一卦系一事，独言刑者，重有六卦"。即与刑法有关者共有六卦，分别为：噬嗑、贲、解、丰、旅、中孚。这六卦与刑法的关联具体表现为："首在《噬嗑》，大象曰：'先生[王]以明罚敕法'，盖昭揭宪典，使民怀刑知惧。古人悬书读法，义从兹起也。《贲》即继之曰：'君子以明庶政，无敢折狱。'盖言治狱尚实，不可稍涉文致也。其在《解》曰：'君子以赦过宥罪'，矜拟宽缓诸法具见此焉。其在《丰》曰：'君子以折狱致刑'，至此方言审断有罪也。《旅》即继之曰：'君子以明慎用刑，而不留狱'，盖恐得情自矜，求深而失之淹禁，谨之至也。《中孚》终之曰：'君子以议狱缓死'，此即今之秋谳大典也。而刑政于是全矣。考六卦之次第，已明垂用法之方；究六卦之精微，实括尽钦恤之道。"由此得出结论："夫刑，特政之一端耳。而圣人反复言之者，何哉？嚣争不息，礼让难兴，讼狱失平，干戈随起，历古为然矣。才智之士，每以刑为法家言，卑之无甚高论，及至登仕版坐堂皇，仓猝持剖决权，乃有于生民日用饮食之常讼，颠倒错渗而不能得其当，况事涉疑难繁重者乎？后世治日少而乱日多，率由于此。圣人忧之者深且远，故言之者屡且详也。"

可知，在赵舒翘看来，后世多以刑为末，轻视法律，肆意断案，颠倒黑白，扭曲是非，不仅无益于纠纷解决，反而增乱日而扰治世，既对法律作为国家治理之一端的重要作用认识不够，也有悖于圣人有关明慎用刑的谆谆告诫。因此，赵舒翘借刑部任职之机，随时记录读书心得以及现行案例中可以资治道者，结合《周易》六卦，形成《象刑录》一书。所谓"余供职西曹,自愧庸愚,恐负厥职,公暇读书于古人有关刑政之嘉言懿行以及现行例案有资出治者,遇事札记,苦无端绪,因取卦象分门,聊便聚学,非敢问世也。《书》曰:'象以典刑',又曰:'象刑惟名',虽非卦象之象,而象义实在其中,故藉以明是帙云"。① 然而,赵舒翘自谦之言,竟暗合《象刑录》之命运,正因为"非敢问世也",以致这部律学著作遗失已久,仅序言留于《慎斋文集》之中。

《慎斋文集》现存版本有:1924年陕西酉山书局铅印出版的王仙洲编订本、2010年上海古籍出版社出版的影印本(收入纪宝成主编的《清代诗文集汇编》第767册)、法律出版社2014年出版的闫晓君整理本(此本除《慎斋文集》之外,还收录了《慎斋别集》和《温处盐务纪要》,并附录《清史稿》《清史列传》《续修陕西通志稿》《咸宁长安两县志》中的赵舒翘传略)。

(二)《提牢备考》

明朝在刑部设提牢主事,清代沿袭之,于刑部设提牢厅、司狱司,掌管南、北两监事务。提牢厅无定员,由刑部堂官委派各司满、汉主事各一人,任期一年,其下辖的南、北两监,主要拘押外省和京师死囚犯和现审重犯。提牢一职具有两大特点:一是门槛低、任期短,二是责任重、处分多,因此,刑部官员任提牢主事,往往有试金石之意味,"能获得提牢差事并任满无差错者,日后在部内多能获得光明的前程"②。

清代皇帝和群臣历来重视提牢官。如康熙三年(1664),刑科给事中彭之凤建言:"刑名关系至重,请敕提牢司官矜全监犯。所与饮食,

---

① 赵舒翘著,闫晓君整理:《慎斋文集》,法律出版社2014年版,第268页。
② 郑小悠:《清代刑部的提牢官》,载《文史知识》2014年第12期。

必亲加验视分给，无得假手狱卒，给以不堪食物。如有饥毙及行拷掠者，该管官役，作何议罪，并请敕部通行，直隶各省按察推官一体遵行。"①云南道御史黄敬玑疏言："请久任提牢之官，以恤监犯。得旨。据奏。刑部提牢司官。或十五日一换，或五日一换，谁肯尽心布置？以后俱着管理一月。"②雍正十一年（1733），署刑部尚书张照条奏更定律例等款："一、斩绞人犯。监禁在狱，如有强横不法，及犯赌博等事，请照原拟即行正法，将提牢官议处，禁卒治罪。一、支领囚粮。每石请给脚价银五分，于赃罚银两内、按次给发，移送户部查核。"③乾隆十七年（1754）九月，乾隆皇帝上谕："刑部奏罗于朝在监自缢一折，请将司狱提牢等官交部查议，此不过循照常例耳。罗于朝系有心贻误军机拟斩之犯，必应明正典刑，方足以昭炯戒。从前朝审二次情实，适值停止勾决之年，所以未及正法。今年朝审届期，此等情实重犯，该部自应豫先饬属、严加防范。乃令得以在监自缢，逃于显戮。又仅援照寻常疏防监犯自尽之例。请将司狱提牢等官，交部查议，殊属不合，该堂官等着一并交部严加议处。"④乾隆四十七年（1782），吏部奏议："惟刑部提牢厅主事，均由堂官派委，并不带领引见，与例似不画一。请嗣后提牢厅缺出，刑部堂官于额外主事内，拣选二员，拟定正陪，带领引见，请旨简用。一年期满，该堂官具奏咨部，遇缺即补。"⑤后奏请得到乾隆皇帝批准。可见，清代提牢官虽袭明旧，但其选派、任期、责任等规则，则经过了漫长时间的调整和充实，方成定制。

同治、光绪之际，提牢制度已出现诸多弊端，南、北监狱中囚犯

---

① 《清圣祖实录》卷十一，康熙三年正月丙戌。
② 《清圣祖实录》卷十二，康熙三年五月辛未。
③ 《清世祖实录》卷一百三十三，雍正十一年七月庚寅。
④ 《清高宗实录》卷四百二十二，乾隆十七年九月壬申。
⑤ 《清高宗实录》卷一千一百五十一，乾隆四十七年二月乙未。

越狱等事多发，朝廷虽屡屡依法严惩失职渎职的提牢官，但类似现象仍层出不穷。同治二年(1863)，周六、马二、杨二立等在押囚犯"结伙反狱，拒捕脱逃"，朝廷严厉追究相关刑部官员的责任："解任司狱祥安在内厅值班，于该犯等反狱脱逃未能认真稽查，致有疏失，着即行革职；解任署提牢主事穆克登布在外厅值班，亦属咎有应得，着交部严加议处；汉提牢候补主事朱寿霖虽未直宿，究系失于查察，着交部照例议处；刑部堂官于此等要犯，未能先事豫防，咎无可诿，并着交部议处。"①光绪元年(1975)，绞刑犯石二越狱脱逃，刑部有关责任官员因"不能小心防范，实非寻常疏忽可比"，受到惩处："是日值班之司狱笔帖式松瑞着即行革职，汉提牢候补主事郭长清及是日未经值班之满提牢候补主事双奎着交部分别议处，该部堂官未能先事豫防，亦难辞咎，着一并交部议处。"②

与此同时，提牢制度的其他积弊如故意克扣囚犯衣服粮食、对虐囚事件纵容和失察等也日渐增多。同治四年(1865)，御史汪朝荣奏："雪泽稀少，请增修仁政……刑部囚犯死者，每日至八九名之多，难保非禁卒人等克扣衣粮，致令毙命。"同治皇帝谕内阁："朝廷明慎用刑，虽狱囚亦宜矜恤。至因案拖累，波及无辜，累月经年，株连无已，情尤可悯。着刑部堂官严谕提牢禁卒人等，将狱囚妥为看守，不得克扣衣粮，致令饥寒受病。其一切因案牵累传质待证无辜人犯，并着赶紧审结，以清庶狱。"③同治五年(1866)，同治皇帝谕刑部："给事中白恩佑奏禁卒陵虐囚犯请饬严查重办等语。禁卒陵虐罪囚，例禁綦严，乃近来刑部禁卒人等仍敢需索狱囚，甚至私设编床，百端陵虐。每遇夏暑炎蒸，往往因而致毙。残忍情形，殊干例禁。即着刑部堂官督饬提牢司狱等官，随时稽察禁止。如查有陵虐需索等弊，即将

---

① 《清穆宗实录》卷五十五，同治二年正月乙丑。
② 《清德宗实录》卷十六，光绪元年八月庚辰。
③ 《清穆宗实录》卷一百六十四，同治四年十二月壬子。

该禁卒等严行惩办。倘提牢司狱等员知而不举,着一并照例参处。"①

赵舒翘于光绪六年(1880)补汉提牢,目睹种种弊端,有意正本清源,改进狱政,于是"考校此中情弊","就浅见所及,胪著于册",撰成《提牢备考》。此时赵舒翘入刑部不久,尚属职浅任重,"管理南北两监,事繁责重,称难治焉",但其面对"提牢处分綦重,汝无加级,一有蹉跌,即失官矣。何捐一级,以备意外"的劝诫,并未动心捐官去职,而是以"本属意想不到,若应失官,则是天为之也。即有一级何益?况欲捐级,必须借贷,失官后岂不更增一累,似不如就职分当尽者,竭诚致慎,以结天知,或可无事也。而时居心如是,行险侥幸之讥,固不能免"自慰②。赵舒翘在《跋》中还补充道:"提牢在西曹,为众狱关锁要地,事例烦杂,乃向无成书,即前人所立章程亦半多散轶。初任每一切茫然,遇事罔知所措,迨稍觉熟悉,而又将去任矣。翘知其弊,搜辑数年,始克成帙。第以早岁孤苦,兼值乱难,失学昧道,于古作者体例全未有闻,凡册中窃附赘言,皆随笔札记,直抒胸臆,不敢稍存矜饰,阅者略其文谅其意可矣。"③然而,赵舒翘不仅没有因失职渎职而遭处分,却因恪尽职守,在一年后转任直隶司主事,并留下《提牢备考》一书供同仁参考,足见其早年任事之认真和用心。

《提牢备考》共四卷,分别为《囚粮考》《条例考》《章程考》《杂事考》,内容涉及对监狱管理人员的管理、对囚犯的管理和对监狱监管安全方面的管理等诸多方面。难能可贵的是,赵舒翘在《杂事考》中,辑录了《合肥李玉泉(文安)贯垣纪事诗》,这是一组七绝组诗,内中

---

① 《清穆宗实录》卷一百七十七,同治五年五月壬午。
② 赵舒翘:《提牢备考自叙》,载赵舒翘原著,张秀夫主编:《提牢备考译注》,法律出版社1997年版,第1页。
③ 赵舒翘:《提牢备考跋》,载赵舒翘原著,张秀夫主编:《提牢备考译注》,法律出版社1997年版,第200页。

所咏广泛涉及"记名拟正""报满题补""贯署轮班""抱被下直""月稿呈看""云亭画诺""押发禀帖""钩稽簿书""隶帖晨参""官烛宵荧""冠带放饭""朔望拈香""铁门阿殿""银钥收封""传单哀矜""绵衣功德""片付三司""册送诸道""柏台月省""荷校日粮""朝审给赭""边犯刺墨""蒗祠昼扃""内围夜梵""科房查案""圜土鞫囚""牌票提审""铃柝传更""三班更值""两监掣签""内厅议事""外看励勤""老屋麇集""更道蜂房""下院情话""中门传呼""囚发一片""女监重扉""天窗透气""地台乘凉""柏枝辟恶""冰块消炎""铺垫草苫""病房饬医""释囚发落""阿园绿竹""神庙红缸""老树啼鸦""阴沟走猾""夏水成杠""冬墙更棘""秋谳决狱"等几十项提牢事务，内容丰富，全面细致，对于研究中国古代提牢制度极有帮助。因此，《提牢备考》为研究清代监狱立法、提牢制度提供了珍贵史料，无愧于一部集中展现赵舒翘律学功底和狱政改良思想的监狱学著作。可以说，赵舒翘继薛允升之后，不仅在刑部任职期间以公正司法著称，所办案件的爰书奏稿为各处传播且奉为圭臬，特别是《提牢备考》，在律例之外另辟监狱学著述之蹊径，丰富了陕派律学的研究领域和内容。

《提牢备考》现存光绪十一年（1885）序刊本和光绪十九年（1893）重刊本，日本东洋文库均有收录，2015年，社会科学文献出版社出版了杨一凡主编的《古代折狱要览》，其中收录了光绪十一年（1885）序刊本。此外，2007年，中国政法大学出版社出版了薛梅卿、杨育棠点校的《〈庚辛提牢笔记〉点注》，补充了民国雷瀛仙撰写《提牢备考》序言；1997年，法律出版社出版了张秀夫主编的《提牢备考译注》，该书对原著进行了校订、注释和翻译，并增加了《清朝提牢制度简介》《提牢备考作者自序》和《后记》等内容。

值得一提的是，与薛允升"俗学无识，立朝未尝有建白"[1]（即在

---

[1] 沃丘仲子：《近代名人小传》（上册），北京图书馆出版社2003年版，第121页。

政治上少有大作为、大建树)相比，赵舒翘不仅律学造诣颇高，而且官运亨通，深得圣眷，其政治作为也让众多律学家难以望其项背。

这与赵舒翘平生志向及其善于总结为官之道有密切关系。早在成年之际，赵舒翘即在《避难扶风作》一诗中言明心志："自谓负不凡，一生得自由"，"他时毛羽满，一飞上瀛洲"①。十八岁时，又在《醉时歌》一诗中抒发豪情："有客漂泊茂陵隈，太息尽世小奇才。狂寇如澜无人回，他乡落日一登台。风霜兵燹交残摧，天生我材早栽培。高歌诗书且衔杯，万事浮云付劫灰。醉后豪情出尘埃，直欲骑鹤到蓬莱。此中有乐亦快哉，何须富贵逼人来。却笑阮籍气先颓，痛苦穷途徒自哀。"

步入仕途之后，赵舒翘依然不忘以才华报效国家之志向，并多次在诗中言明勤勉为政之道、以民为本之心，所谓"事事当为民设想，升沈祇合付苍天"②。"身世何须苦费思，惟持诚敬结天知。陶镕万物新机活，俯仰千秋旧案垂。安逸由来成鸩毒，忧勤自可固藩篱。挑灯子夜喑无尽，至乐存焉在此时。"③"饯岁京华十二年，几回人事变桑田。常危宦境飘无定，幸喜心光炼愈坚。四海藏波思砥柱，一家分党笑时贤。闻鸡自愿中宵舞，讵羡祖生先著鞭。"④

与诸多官员贪恋眼前功名利禄，每每寻求占卜以期得到似锦前程不同，赵舒翘十分清楚历尽艰辛方能功成有凭，而自己的仕途当多尽职尽责，方可得到上天眷顾。他在诗中写道："人事劳劳难逆料，天心默默岂无情。仪鸿常有云中志，轩鹤徒增物外荣。此后前途凭命定，休从卜筮问浮名。"⑤

---

① 本章赵舒翘诗句均见于赵舒翘：《慎斋别集》卷四。
② 《与青士交十年矣，今之官河南，若有不豫者然。赋此解之，即以送别》。
③ 《甲申岁晏读〈易〉有得》。
④ 《乙酉除夕》。
⑤ 《有感》。

然而，毕竟宦海沉浮难测，赵舒翘在长期为官的同时，也不免为官场事务所累，久而久之，心生羡慕田园之意。他在诗中写道："官斋荒落野花开，点缀良时亦快哉。犬解迎人先跳往，鹅知寻路自归来。静闻牧竖飞歌唱，暇督园丁去草莱。本地风光言不尽，何须搜索费诗才。"①"一官无味已三年，喜见池中又绽莲。净出淤泥光映水，收随晚照气含烟。花高未碍鱼来戏，叶大能招鹭下眠。更爱四围芦苇茂，江乡风景在当前。"②"异种繁哉亦有姿，总推晚节到秋奇。平生悔识陶元亮，不得安居傲竹篱。"③"人知进退与兴亡，自乐闲闲十亩桑。一叶尚随沧海泛，几时归马华山阳。"④"数日盘桓乐，春风坐中香。吾师期望远，菲材惭不遑。归帆占利涉，五更舆趁霜。此行虽非久，苦乐颇相当。嗟乎宦海阔，一叶泛茫茫。徒自风尘走，无以报明堂。几时隐林麓，映沣起山房。图史罗满室，吾生任徜徉。"⑤

不过，短暂的寄情山水毕竟不是宦海常态，赵舒翘平时在诗文中更多流露出自己对仕途的执着和认真："不愁无子不卑官，但治心田事事安。松柏终当千尺立，增高输与苇花滩。"⑥"忧患惊心三十年，危哉一线寄宗传。兰徵有信频催果，石困无端便结缘。安得雍和消孽崋，惟凭敬畏感苍天。中宵不寐披衣坐，振我颓唐望古贤。"⑦"腐儒碌碌本无奇，讵料遭逢陟伯司。天幸屡邀冰在履，时艰已钜木难支。海成卮漏翻鲸浪，民竭锥微兢茧丝。自古计臣丛指视，谁容一步有差池。"⑧

如此勤勉于官场，并在各个任期成绩卓著，且刚直不阿，不畏权

---

① 《后园散步》。
② 《池上看莲》。
③ 《咏盆菊》。
④ 《和王观察游明陵原韵》。
⑤ 《晋省纪行》。
⑥ 《偶然自慰》。
⑦ 《有感》。
⑧ 《迁藩司志感》。

贵，多次平反冤案，直声震天下，得到万民称颂，各方爱戴，自然为朝廷所欣赏。据《续修陕西通志稿》记载，光绪二十三年（1897），内诏苏人为建生祠，授刑部侍郎，兼署礼部，明慎用刑而不留狱，尤为朝廷倚重。明年迁尚书，值军机，兼管顺天府府尹事，历充总理各国事务大臣、总办铁路矿务、督办城工、稽查保甲大臣，赏戴花翎，赐紫禁城骑马。一时间，官运亨通，军机大臣赵舒翘已位极人臣。

曹允源在《慎斋遗集序》中说："然薛公（薛允升）在刑部先后垂四十年，年逾八秩，虽间关行在，卒以寿终。而公（赵舒翘）则以尚书兼军机大臣，值拳匪构乱，为外人所挟，竟不得其死。其学同，其名位同，乃其所遭悬绝如此，得不谓之命也邪。"[①] 宦海巅峰之际，亦是危机四伏之时，赵舒翘因政治才干受宠于慈禧太后，又因涉嫌庇纵义和团，被洋人列为祸首，被赐死于西安。

关于赵舒翘祸首一案，清廷曾有两份谕旨。前者为光绪二十七年（1901）闰八月初二日谕旨："此次中外开衅，变出非常。推其致祸之由，实非朝廷本意，皆因诸王大臣等纵庇拳匪，启衅友邦，以致贻忧宗社，乘舆播迁。朕固不能不引咎自责，而诸王大臣等无端肇祸，亦亟应分别重轻加以惩处。刑部尚书赵舒翘著交都察院、吏部议处以示惩儆。朕受祖宗付托之重，总期保全大局，不能兼顾其他。诸王大臣等谋国不臧，咎由自取，当亦天下臣民所共谅也。"清廷以"革职留任"论处，但八国联军以赵舒翘偏袒义和团为由，提出抗议，"外人究未知舒翘之不袒拳匪，犹以为惩处尚轻也"。于是，光绪二十七年（1901）清廷再发谕旨："京师自五月以来，拳匪倡乱，开衅友邦。现经奕劻、李鸿章与各国使臣议和，大纲草约，业已画押。追思肇祸之始，实由诸王大臣等信邪纵匪，上危宗社，下祸黎元，自问当得何

---

[①] 曹允源：《慎斋遗集序》，载赵舒翘著，闫晓君整理：《慎斋文集》，法律出版社2014年版，第5页。

罪。前者两降谕旨，尚觉法轻情重，不足蔽辜；应再分别等差加以惩处，革职留任刑部尚书赵舒翘，平日尚无忌疾外交之意，其查办拳匪亦无庇纵之词，惟究属草率贻误，著加恩革职，定为监斩候罪名，先在陕西省监禁。朕惩办祸首诸人，并无轻纵，即天下之臣民亦晓然於此案关系重大也。"寻赐自尽①。

死前，赵舒翘作绝命诗二首②：

其一

艰危忽作系囚人，至死难忘一念真。十载每怀当世事，孤思何惜老来身。

塞上风霜寒壮士，天涯辛苦老羁臣。眼前富贵原如梦，绿水青山倍怆神。

其二

自信率由追古人，冥冥不懈契天真。只有狂愚为世诟，更无明哲保全身。

恩高宜作沟渠骨，罪重难为草莽臣。生死由天原不计，满门哭送却伤神。

赵舒翘被赐死之过程极为惨烈，时人记述、议论颇多，以《西巡回銮始末记》所述为例，"罪魁奉旨赐死记"云：

前尚书赵舒翘之赐令自尽也，先是上年十二月二十五日上谕，本欲定为斩监候罪名，已由臬司看管，家属均往臬署侍候。先一日太后谓军机曰："其实赵舒翘并未附和拳匪，但不应以

---

① 见《清史稿·赵舒翘传》。
② 见《慎斋别集》。

'拳民不要紧'五字覆我。"赵闻，私幸老太后可以贷其一死。二十九日，外面纷传洋人要定赵舒翘斩决之罪，于是西安府城内绅民咸为不服，联合三百余人，在军机处呈禀，愿以全城之人保其免死。军机处不敢呈递。刑部尚书薛允升，本赵之母舅，谓人曰："赵某如斩决，安有天理！"至[辛丑正月]初二日，风信愈紧，军机处自早晨六点钟入见太后，至十一点始出，犹不能定赵之罪。而鼓楼地方，业已聚集人山人海，有声言欲劫法场者，有声言："如杀大臣，我们即请太后回京城去。"又有看热闹者。军机处见人情汹汹如此，入奏太后不如赐令自尽。至初三日，而赐令自尽之上谕下矣。是日早八点钟降旨，定酉刻覆命。于是岑中丞衔命前往，宣读毕，赵跪谓中丞曰："尚有后旨乎？"岑曰："无。"赵曰："必有后旨也。"其时赵夫人谓赵曰："我夫妇同死可耳！必无后命矣！"遂以金进，赵吞少许。午后一点至下午三点钟，毫无动静，精神犹大足，与家人讲身后各事，又痛哭老母九十余岁，见此大惨事。其时赵之寅友及亲戚，往视者颇多。岑中丞始止之，既而亦听之。起谓戚友曰："这是刚子良害我的。"岑见赵语宏朗，竟不能死，遂命人以鸦片烟进。五点钟犹不死。又以砒霜进。至是始卧倒呻吟，以手捶胸，命人推抹胸膛，但口说难过而已。其时已半夜十一点钟，岑急曰："酉时覆命，已逾时矣！何为仍不死！"左右曰："大人何不用皮纸蘸烧酒扪其面及七窍，当气闭也。"岑如法，用皮纸蘸烧酒扪之，共扪五张，久之不闻声息，而胸口始冷。夫人痛哭后，遂亦自尽。按赵之身体最为强旺，故不易死，又有意候旨，大约鸦片烟所服有限也。①

---

① 《西巡回銮始末记》，载中国历史研究社编：《庚子国变记》，上海书店1982年印行，第106页。中国史学会主编：《义和团》第一册，上海人民出版社、上海书店出版社2000年版，第324—325页有类似记载。

可见，相较于薛允升，赵舒翘在政治上更有作为，却未能善终。[①]而随着赵舒翘、薛允升相继离世，此后陕西籍刑部官员再难位列长官之职，这也成为陕派律学由盛转衰的一个重要转折点。

沈家本在辛丑年被八国联军释放后，赴西安行在，此时赵舒翘已被赐死，沈家本在祭拜时作《大元村哭天水尚书》[②]，以表缅怀之情：

> 海内论知心，知心能有几。与君交素淡，公庭接冠履。
> 沈埋簿书中，讵遑计毁誉。君独语同僚，推许多溢美。
> 五马去濠州，鹏翻程三徙。述职来春明，欢言酌芳醴。
> 洎余守渤海，金闾列戟棨。云泥分虽隔，尺素通迢递。
> 朝命总秋曹，执法少偏倚。进贤陈密勿，旁采及菲菲。
> 闻我考绩来，相迎乃倒屣。旧侣遍评骘，阳秋有臧否。
> 用法寓慈祥，设我识此旨。一面成永诀，耿耿情何已。
> 妖气起畿甸，张皇到山鬼。亲贵诧奇术，假以雪吾耻。
> 君独知其非，密陈不可恃。孤愤尼众咻，悁悢势难止。
> 西狩遂入秦，流离叹锁尾。群雄益鸱张，移檄究祸始。
> 始祸众亲贵，误国魄应褫。君乃罪此难，系铃铃谁解？
> 入觐咸阳城，出城访启里。驱车渡沣桥，长虹跨波起。
> 其长廿四丈，工钜君所庀。行人免徒涉，利济颂桑梓。
> 入村问君屋，方兴役又罢。古寺一抚棺，萑兰频挥涕。
> 馨颃眷畴昔，浩落固如在。万恨何时平，千龄终已矣。
> 拭泪强回辙，就车还噓唏。言之愧不文，奋笔畴为诔。

---

① 有关赵舒翘之死的各种史料，包括正史、戏曲、笔记、野史等等，闫晓君教授在《陕派律学家事迹纪年考证》一书中有详细记述。
② 《沈碧楼偶存稿》卷十一，载徐世虹主编：《沈家本全集》第七卷，中国政法大学出版社2010年版，第163页。

## 三、吉同钧与陕派律学的发展

吉同钧(1854—1936),字石笙,号顽石,陕西韩城赳赳寨人。光绪十六年(1890)中进士,授刑部主事。后为奉天、四川各司正主稿,判案平允,提升秋审处坐办,兼律例馆事务。相较于位高权重、声名显赫的薛允升、赵舒翘,吉同钧任职刑部时间颇晚,尚无外放余地,最终官至法部郎中,记名道府,加二品衔,但在律学成就上,同样不同凡响,著述尤多。吉氏的生平未见于《清史稿》等史书,但仍可通过自传及时人评述窥得一二。

据《乐素堂主人自叙赋》载:"叙雪堂中之仙吏,旧刑部秋审处,古名叙雪堂,非甲科不得入。古云楼下之司员。刑部四川司名古云楼,有王渔洋题咏楹额。管理提牢之钥,提牢总管两监,乃刑部要差。一年任满,即得优叙。总司秋审之权。秋审处乃一部总汇,天下刑名群决于此。其职有总办、减等总办、提调各名目,至提调已到极地,虽堂官将以宾礼之。余曾历充其选。监修御苑皇城之路,删订金科玉律之编。又蒙赵尚书派充皇城工程监督,又蒙沈侍郎派充律例馆纂修。主稿于京畿、直隶,掌印于两广、四川。戴南海之褒嘉犹后,赵长安之赏识最先。入部三年,即蒙赵尚书派充奉天、四川各司正主稿。后改法部,戴文诚公为尚书,派充审录司掌印,统管直隶京畿、两广云贵等省,兼任承政厅会办,以办事勤能,性情介直保列京察一等,诏见记名道府。又以律学精通,才识迈众,预保本部参议,存记并加三品衔。屡平反乎狂狱,盼乔木而莺迁。……虽灰心于法苑,复借径于讲堂。提学与提刑兼摄,法律较法政加详。时充法律、法政两学堂及法部律学馆、大理院讲习所各处教习,仍兼法部掌印。月修则天数地数，讲义则千行百行。词穷寸舌，义竭枯肠。更一鼓面(而)作气，历百战而不僵。勉作识途之马，几同颒尾之鲂。风霜岁月，桃李门墙。著作风行海内，著《现行律讲义》及《秋审条款讲义》，并《审判要略》《法闱拟墨》各种，均经法部核定，颁行各省。文衡迭秉法场。考试法官及试考推检，均蒙钦派襄校官。得天下英才而教育，信大块假我以文章。如以律馆宏开，法条改正。既司总纂之官，并荷编修之命。时新开修订法律馆，经沈大臣奏派充总纂兼编修。集历代之旧章，参外洋之新令。辞削冗繁，义求归并。合英法德而贯通，分民刑商而互证。衷成一代良规，籍作千秋法镜。书成则归美沈、俞，奏御则名先徐、庆。《现行律》告成入奏，沈家本、俞廉三以大臣列首，徐世昌、庆王以军机领头衔。未升半级之阶，徒积一身之病。则虽道府记名，丞参密保。官衔邀二品之荣，诰命赐三朝之宝。法律、法政学堂五年期满得保(褒)赏，加二品衔，并赏给三代二品封典。"①

以上可知，吉同钧的经历与薛允升、赵舒翘有明显不同，仅有京官经历，而无外任生涯，且其居官不过法部郎中，虽"加二品衔，并赏给三代二品封典"，毕竟是虚荣，并非权势显赫之职务。但是，即使缺乏顺利升迁的仕途和外出锻炼的机遇，吉同钧以其学识和才干在刑部同样起着中坚的作用，并在定罪量刑等审判事宜上备受倚重。

除《乐素堂主人自叙赋》所述才干之外，据吉同钧《上刑部长官减轻刑法书》所附《自记》载："此文(《上刑部长官减轻刑法书》)虽无足观，惟余一生仕宦升沈，实以此文为枢纽。当未上书

---

① 吉同钧：《乐素堂主人自叙赋》，载吉同钧著，闫晓君整理：《乐素堂文集》，法律出版社2014年版，第57—59页。

之前，先将稿底质诸契友罗君维垣、萧君之葆。二君以现时公理湮没，直道难行，言之过切，不惟於事无济，且恐反以招祸，不如止之。余曰：吾现在任提牢，有代囚伸冤之责，祸福在所不计。若对本部长官尚不敢直言不隐，他日为侍御、为给谏，又何敢犯颜谏诤乎？书上后，果干尚书葛公之怒，侍郎沈公面加许可，即将定张氏等释放。其后葛公怀恨在心，补缺派差，遇事遏抑，皆因此文拂其意旨，暗中下石，以致沈於下僚者数年。嗣后余以秋审失出，降为光禄寺署正，葛亦以变法裁缺落职，沈公调任大理院正卿，继长法部者为戴公鸿慈、绍公昌、张公仁黻。三公皆翰林起家，不谙刑法。时沈公组织大理院新官制，与法部争执权限，法部诸被压抑，因求熟于法律、可与沈公抵抗者专办与大理院交涉事件，左丞定镇平持余此文相荐，戴公阅之，极为佩服，随即奏请调回法部，委以京畿科主稿，专核大理院稿件，据法斥驳数十起，均经遵驳更正，各堂大加倚重，本年即升补员外，升郎中，随时预保参议，次年又保列京察一等，记名道府，奏加三品衔，种种升阶，皆因此篇文字得来。是前数年被葛公沮尼，以此文而触其怒；后数年蒙戴公超擢，亦以此文而邀其赏。附记于此，以见文字关系匪轻，居官更不可阿唯取容，自贬风节也。"[1]

这段自述充分说明了吉同钧超群的司法才干和奉公刚毅的品质，却也赤裸裸地描述了薛允升、赵舒翘相继去职之后晚清司法改革中各部院势力的较量和相互倾轧，在险象迭生和复杂严峻的形势下，作为陕派旧人的吉同钧，迎来的是与前贤截然不同的仕

---

[1] 吉同钧：《上刑部长官减轻刑法书》，载吉同钧著，闫晓君整理：《乐素堂文集》，法律出版社2014年版，第116—117页。

途际遇和经历。

吉同钧的律学造诣极高，其律学见识甚至与薛允升不分伯仲。在时人所作的《大清现行刑律讲义序》中，不难发现吉氏的种种过人之处。如宣统二年（1910）六月，崇芳指出："法部律学馆开办已五历寒暑，平日课目以讲授中律为独多，吉石笙先生适领斯席。先生为署中名宿，确窥其乡先正薛云阶尚书堂奥，故其于律也，有如土人指路，若者为某水，若者为某山，若者为某津梁，若者为某关隘，无不了然于心，决然于口也。官西曹阅二十年，经手准驳稿件不可以数计，历掌署中要差，以能名著。近年自吾馆而外，并充法律馆总纂，先后主讲大理院讲习所、京师法律、法政各学堂，内墙桃李殆数千人。所著讲义风行一时，学者得其片纸，珍若拱璧焉！岁戊申，馆中尝取其《名例律》及《刑律》贼盗一项铅印数千部，远近征索，不数月而一空。续著《刑律》人命、斗殴各项及《吏》《户》《礼》《兵》《工》各门，至今春一体脱稿，学员亟谋合全书付印，而《现行刑律》适值修订告成，先生乃一依核定修正之本斟酌而损益之，期有当目前引用，又匝月而始就。吁！先生之学精，先生之力亦瘁矣！夫以今日而言，法令新旧过渡，头绪纷繁，安所得一寻源导流之定本，俾用法者援引而不迷，读法者研究而不误哉？兹编一出，直省各级职审判者，其必奉为指南车、首东马也。"[①]

吉同钧编写的《大清律例讲义》一经完稿，即"风行一时，学者得其片纸，珍若拱璧焉"，这种洛阳纸贵的现象，恰恰反映出吉氏律学观点之广受欢迎。而以此为动力所形成的《大清律讲

---

[①] 吉同钧纂辑，闫晓君整理：《大清现行刑律讲义》卷首，崇芳序，知识产权出版社2017年版。

义》，不仅"今春一体脱稿，学员亟谋合全书付印"，可见吉氏讲义之权威性和学术影响力。

宣统二年（1910）七月，法部郎中刘敦谨指出："光绪戊申，筹备立宪之第一年，为京师审判开办之始，由是商埠省城州县乡镇分年次第举行，可见国无法不立，审判固宪政之先鞭也。律学馆之设，创自三十二年，实为司法前途，预备数年以来，成效颇著，各级审判厅员取材于本馆者最多，此皆由云亭前后长官平日尽心规画而始有今日也。吉石笙先生为律学名家，中外交推，咸资师表，主讲本馆，口授之余，复手著讲义以饷同学，律中之义固已发明，律外之义尤能推阐，更于涣者萃之，以见律义之贯通，幽者显之，以见律义之浑括，上而考诸古今之沿革，旁而参诸欧亚之异同，引征博洽，疏证详明，学者手置一编，如获珍异。馆课而外，又分日试以稿判，论批诸作，每课皆百余人，佳作如林，迭选成集，人才如此其众，皆先生之教导有以致之。曩者将先生纂定《名例》《贼盗》讲义付之铅印，一时争取，求者洛纸顿贵，然只略见一斑。今年四月，《现行刑律》颁行，其中因革损益多有变更，先生职总纂修，笔削皆出其手，又将暇时旧著讲义详加改定，而续撰全书一体脱稿。凡经宪政编查绾、法律绾核订修正者，先生皆一一参考，而规定之无遗意、无泛词，语不离宗，言皆有物，使读律之人浅者见浅，深者见深，是编真法家之秘宝也。"[1]于此可知，吉同钧在律学教育方面的贡献，甚至远超陕派先贤。

吉同钧的存世著作计有《大清律例讲义》三卷、《大清律讲义》

---

[1] 吉同钧纂辑，闫晓君整理：《大清现行刑律讲义》卷首，刘敦谨序，知识产权出版社2017年版。

十六卷、《大清现行刑律讲义》二十六卷、《秋审条款讲义》六卷、《审判要略》一卷、《乐素堂文集》八卷、《乐素堂诗存》四卷、《西曹公牍》二卷、《随扈纪程》《南游纪程》《东行纪程》各二卷、《日记》四卷，多与律学相关。由于其身处晚清修律的特殊历史时期，因此，接触到唐明律之外的欧美等国法律，在《大清律讲义》《大清现行刑律讲义》等著述中，均对古今中外的法律条款加以比较，不仅拓展了律学研究的视野，也使陕派律学呈现出与传统律学不同的面貌和内涵。

(一)《大清律例讲义》《大清律讲义》和《大清现行刑律讲义》

《大清律例讲义》是吉同钧为《大清律例》及《大清现行刑律》所作讲义"三部曲"的第一部，仅三卷，即《名例律》两卷和《刑律》中"贼盗"一卷。此书受到沈家本的高度评价："韩城吉石笙郎中同钧，于《大清律例》一书讲之有素，考订乎沿革，推阐于义例，其同异轻重之繁而难纪者，又尝参稽而明辨之，博综而审定之，余心折之久矣。迨偕顺德伍秩庸侍郎奏请专设法律学堂，于丙午九月开学，学堂科目特设有《大清律例》一门，即延吉石笙主讲。于今已阅五学期，所编讲义积成六册。其于沿革之源流，义例之本末，同异之比较，重轻之等差，悉本其所学引伸而发明之，辞无弗达，义无弗宣，洵足启法家之秘钥而为初学者之津梁矣。"[1]

《大清律例讲义》"例言"如下：

---

[1] 吉同钧纂辑，闫晓君整理：《大清律例讲义》卷首，沈家本序，知识产权出版社2018年版。

一、《大清律例》为尽人所当通晓遵守之书,惟文义精深,未易领悟。兹编讲律处逐条分析,一字一义,不敢稍遗。至各项条例,凡有裨时用者无不逐细剖解,其无关引用及各省专例多从割爱。总之,字句虽有删节,而于罪名所关仍无或易,爰定名曰《大清律例讲义》,以出自馆中课篇,故以"律学馆"冠之。

二、馆印课篇,每星期发给二次,每次一二篇不等,所存底本稍患零星。此次付印系用法律学堂监狱科储本,与馆本互有异同,斟酌比较,费时颇久,然亥豕鲁鱼转得藉以稍免。

三、是书首列律总目,次律子目,子目下到律文,字句一如原书,不敢或舛,并横排"律文"二字以别之,尊经之体也。每讲义,篇首各加一"按"字以为识别,庶使读者一目了然。至讲例,则随笔萦拂,不复照录原文。

四、原书目录,《名例律》而外,按次分《吏》《户》《礼》《兵》《刑》《工》六门,兹编首《名例律》,即次《刑律》者,以《刑律》为本署当务之急,是以先之,非故凌躐。

五、《刑律》本分"贼盗""人命""斗殴""骂詈""诉讼""受赃""诈伪""犯奸""杂犯""捕亡""断狱"十一门,兹编以馆课发至"贼盗",先尽所有者付印,其"人命""斗殴"以下各门明春当可出版,至《吏》《户》《礼》《兵》《工》五门,俟《刑律》印齐,一齐读出,公诸同志。

六、初拟合《名例律》上下为一卷,《刑律》"贼盗"门条目较多,又为一卷,迨排印时,书局仍照原目分《名例》上下为两卷,未易改版,亦遂仍之,而以《刑律》"贼盗"为卷三,嗣后续印以此类推。

七、登东山而小鲁者,以全鲁在目中也。律学亦然,必熟读全书,有融会贯通之妙,方能口讲一条,眼光注定多条,而确道出此条之所以然来,读兹编者当于此等处著意。

八、法律笔墨宜瘦宜削,所谓"老吏断狱,笔挟风霜也"。宜简宜坚,所谓"南山可移,此案不可动也"。是编各门讲解动数百字或千数百字,实则触精铸液,绝无支冗,幸勿徒赏其敷畅。

九、法令为民命生死所由关,故引据不厌详明。是编各门下必首先标明此律根源,或系由《唐律》变通,或系《明律》所创造,某年修改,某年增入,并某年添入小注,务使读者得以因流溯源,虽寥寥数言,实法学星宿海也,幸勿忽过。

十、是书讲律之余择要讲例,亦有时兼讲《通行章程》,总期旁参互证,指定真正办法,虽多费笔墨,亦所不惜。

十一、律例原书,近年屡有删改,如《刑律》"起除刺字"、《名例律》"军籍有犯"两门已经奏准删除,而"流囚家属""流犯在道会赦""徒流迁徙地方""充军地方"各项亦与《现行章程办法》诸多不符,故《讲义》概不之及,非故脱漏。

十二、"文武官犯公罪""文武官犯私罪"本各为一门,兹编并入"职官有犯"门内,以义本一贯,无取枝节,与点窜二典者不同。

十三、卷二附《六赃细数》一篇,卷三附《各国古今强盗列表》及《强盗总汇》,均为书中特色,读者切宜著意。

十四、历代刑律书籍汗牛充栋,作者搜罗几遍,故能撷精挹华,是以一书实具群书之长,读者大可藉省翻索。

十五、作者现充法律馆总纂,于欧美日本各律亦复博考旁征,故各门篇末往往援引一二,比类参观,俾读者扩张眼界，绝不党同伐异，然亦非厌故喜新。

十六、申韩学说易流苛刻，儒者辄目为一家言。兹编于评骘法律处时露恻然霭然之旨，绝非专治刀笔，是觇性情，是关品格。

十七、作者腹笥便便，而于《唐律》及近代薛氏《读例存疑》二书尤所加意研究。兹编时大可想见其所宗尚。

十八、作者宦秋曹二十年，历掌繁要，经手准驳稿件不可以数计，而秋审尤所擅长，法部每年各省秋谳全册必经作者统阅一遍，然后刷印，故编内多阅历有得之言，与闭户著书纯凭理想者不同。

十九、国家设律之心，惩恶正所以劝善，明刑弼教非两事也，故读书之上不可不先读律，只以《律例》一书简奥佶屈，而文词字面亦不雅饰，令人展卷生厌。兹编独能旁引曲喻，使读者顿增兴味，将来或颁入各学校列为科目，未始非自治根据。

二十、愚民无知，误蹈于法，从而刑之，与不教而杀何异？《周礼》所以重读法也，《吏律》"公式"云：百司官吏年终，各从上司官考校，有不能讲解、不晓律意者，官罚俸一月，吏笞四十。百工技艺诸色人等，有能熟读讲解、通晓律意者，若犯过失及因人连累致罪，不问轻重，并免一次。可见无人不当知律也。是编或采入《政治官报》，或采入《白话报》，广为传布，当亦止辟之一道。

二十一、馆中用蜡印时，随印随发，余存无几，远近求索者逐日加多，正虑无以为应，而新到学员又以未窥全豹纷请补领，因亟付印以慰同志之求，惟部数无多，究恐后难为继，先此志歉。

二十二、是书共印一千六百部，馆中由节省项下提款，酌留二百部，监督、提调分留三百部，学员共分一千部，公送作者一百部，均系集赀，先期认股，未认股者即无分书之权。

二十三、是书为本馆公印，作者启迪后进为心，不争版权。平心而论，其价值绝高，未容率定。惟馆中向行蜡印各种功课，僚友征求，立即持赠，从不许夫役索费而辗转易手。流弊宜防，因公同商定每部照原价仅取二毛，认股得书者均从此例，如情愿赠人不取偿者听。

凡二十三则。

《大清律例讲义》刊印后，风行一时，备受欢迎，即使大量加印仍不数月间征索一空。此后，吉同钧以《大清律例讲义》为基础，增补《刑律》"人命""斗殴"各项及《吏律》《户律》《礼律》《兵律》《工律》各门内容，于1900年纂成《大清律讲义》，共十六卷，至此，《大清律例》各部分内容构成一个系统完备的整体。《大清律讲义》卷首除了自序之外，还有《京师法律讲堂开学演说》一篇，第十六卷后附录有吉同钧教学所作课卷《律例馆季考拟作》一篇、《上修律大臣酌除重法说帖》《请减轻刑法说帖》《请减轻窃盗死罪说帖》《请照覆吴御史规覆强盗旧例说帖》《上修律大臣说帖》等说帖五篇、《论大清律与刑律草案并行不悖》论文一篇以及专著《审判要略》。

随着《大清现行刑律》的颁布，吉同钧在《大清律讲义》的基础上纂成《大清现行刑律讲义》，共八卷。由于《大清现行刑律》对《大清律例》改动颇多，因此，《大清现行刑律讲义》与《大清律讲义》也出现诸多不同之处，尤其是反映出新的刑罚制度和法律内容。

《大清现行刑律》"凡例"如下：

一、本《讲义》系本学堂教员吉石笙先生所纂辑，原著《大清律讲义》尤为适用，但所授未能一律，爰将兹著付印以惠同学，俾资考证。

二、全书今春脱稿，适值《现行律》告成，先生复斟酌而损益之，抉异参同，务期吻合，以裨实用。

三、是编所列律文例文均照《现行律》案语及核定修正各原文本逐条刊载，无敢稍易。

四、是编悉依律文逐条讲解，间亦有剖析例文之处，故各门末附载条例以备参考。

五、是编体例首律文，次讲义，次例文，例文讲义，皆低二格，惟讲义则备加一"按"字以间之，务使读者一目了然。

六、《给没赃物》门附《六赃比较表》，《强盗》门附《古今中外强盗罪名列表》，俾读者一览而知。《当赦所不原》门附光绪三十四年《恩赦条款》，尤有切于实用，最宜注意。

七、文武官员犯公罪及私罪本分两门，兹编并入《职官有犯》门内，以义本一贯，无取枝节。《骂詈》门本系八条，讲义汇为一处，以免繁琐，均与点窜二典者不同。

八、旧律沿明旧制，罪名间有严重之处，现在改从轻典，渊源于《唐律》者实多，作者据《唐律》及元明之制参观互证，尤足使读者兼收博古通今之益。

九、《现行刑律》本将来新律之过渡，篇中历引东西各国刑法与中律合参，于新律前途已具明修栈道、暗度陈仓之妙用，非徒撰述博洽。

十、法令为民生命所由关，故引据不厌详明。是编各门下必首先标明此律根源，或系由《唐律》变通，或系《明律》所创造，某年修改，某年增入，并某年添入小注，务使读者得以因流溯源，虽寥寥数言，实法学星宿海也，幸勿忽过。

十一、申韩学说易流苛刻，儒者辄目为一家言。兹编于评骘法律处时露恻然霭然之旨，绝非专治刀笔。

十二、刑律出入关系甚重，故同人于校对时深致意焉，虽鲁鱼亥豕之误未必绝无，而严密确实，反复数次于其间，特刊"精校"二字非无故也。

在吉同钧所有律学著作中，《大清律例讲义》《大清律讲义》《大清现行刑律讲义》"三部曲"影响最大，在这三者之中，又以《大清律例讲义》享誉天下。正所谓："石笙先生本文章巨手。其治律也，直登其乡先正薛云阶尚书之堂而戴其醴，西曹中久推老宿，比年名益隆，以法部正郎、承政厅会办兼充法律馆总纂，并分主吾律学馆及法律、法政两学堂、大理院讲习所四处讲席，一时执弟子礼者千数百人。先生无讲不悉，有答必详，良由学精邃，性悫挚，心血复多人斗许也。所著法律各书稿綦富，而《大清律例讲义》一种，乃至风行半天下。"①

《大清律例讲义》《大清律讲义》《大清现行刑律》除晚清律学馆刻本外，另收录于2015年国家图书馆出版社出版讲义的高柯立、林荣辑《明清法制史料辑刊》第3编。2017年至2018年，知识产权出版社陆续出版了闫晓君整理的《大清律例讲义》《大清律讲义》《大清现行刑律讲义》，2017年，清华大学出版社亦出版了栗铭徽点校的《大清现行刑律讲义》。

## (二)《秋审条款讲义》

该书系吉同钧在律学馆主讲《秋审条款》时所著，是反映吉同钧

---

① 吉同钧撰，闫晓君整理：《乐素堂文集》，法律出版社2014年版，第160页。

法律改革思想的重要著作。

清朝继承了古代的死刑复核制度和明朝朝审制度，发展出了别具特色的秋审制度。"古律无秋审之名，唐宋元明律中言斩绞死罪者，均系立决，并无监候、秋后处决之制。然考之《月令》，孟秋之月，审决断，始用戮。唐律亦有立春、秋分前不决死刑之条，可见古者行刑必于秋冬，所以顺天地肃杀之气也。有明中叶，始定有朝审之法，英宗天顺二年春旨：人命至重，死者不可复生，自明年始，霜降后该决重囚，著三法司奏请，会同多官人等，从实审录，永为定例。此秋审所创始也。国朝因之，顺治十年，京师设朝审，直隶始设秋审。十五年各省遍设秋审，由刑部差司官二员会同该抚按审奏，后改差三法司堂官会审。康熙五年停止差遣，由各省巡抚举行。其办法止酌按情节，分实、缓、矜、疑四项，尚无条款可据。至乾隆三十二年，因各司定拟实、缓每不画一，始定条款四十则，颁行各省，其后叠次增加，渐归完备。"①可见，秋审是复审各省死刑案件的一种会审制度，因固定在每年秋季八月在京城举行而得名。

秋审的对象是各省"监候"案件。经过秋审复核，其结果分为情实、缓决、可矜、留养承嗣四类，奏诸皇帝裁决。据《大清会典》，刑部设秋审处，由刑部尚书酌委郎中、员外郎、主事坐办或兼办，另有额设经承二人。掌复秋审、朝审之案。凡各省秋决之囚，得旨则监候，越岁审其应决与否而上之，曰秋审。在部之囚亦如之，曰朝审。秋审之别有四：曰情实，曰缓决，曰可矜，曰留养承嗣。十七司拟而付于总办，总办拟而呈于堂。乃汇招册以送于九卿、詹事、科道而待集议。凡秋审情实者，皆缮黄册以呈御览。朝审亦如之。凡秋审、朝审岁支之款，皆核而题销。秋

---

① 吉同钧：《秋审条款讲义序》，载吉同钧著，闫晓君整理：《大清律例讲义》所附《秋审条款讲义》，知识产权出版社 2018 年版，第 131 页。

审自乾隆时便有规章和律学成果问世，成为该制施行的重要参考："《条款》一书，创自乾隆三十二年，后来迭次增入，至光绪年间增至一百八十五条；《条款》而外，又有阮吾山司寇《秋谳志稿》、王白香《秋审指掌》、谢信斋《秋谳条款录》与各条款互相发明，均称善本。近来沈司寇又著《秋审条款附案》一书，备载历年成案，详细靡遗，尤为秋审秘钥，惟均原本旧律。"①

秋审制度的显著特色，不仅在于其慎重人命的目的非常明确，"夫秋审一事，较之定案尤为切要。定案不妥，秋审尚可补救；秋审一误，则死者不可复生，虽欲挽回而已无及。"②而且程序十分复杂，通常需要经历在内之"处看""覆看""总看""公阅"和在外之"外尾""招册""堂议""方笺""复核""上班"等，其详细情况如吉同钧《秋审条款讲义序》所言："考其办理之法，在外为秋审，统归督按；在内为朝审，统归刑部。其在内者，刑部每年正月，书吏摘录死罪原案节略，先列案身，次列后尾，订为一册，分送学习司员先用蓝笔勾点，酌拟实缓可矜，加以批语，谓之初看。次由堂派资深司员复用紫笔批阅，谓之覆看。复由秋审处坐办、提调各员取初看、覆看之批，折中酌议，又用墨笔加批，谓之总看。总看后呈堂公阅，各加批词，注明实缓，此刑部办理之次第也。在外者，每年二三月，先由臬司拟定实缓可矜详由，督抚覆勘，勘后督抚会同藩臬两司、各道，择日同至臬署亲提人犯，当堂唱名，然后确加看语，于五月以前具题咨部，谓之外尾。刑部接到各省外尾，仍依前看朝审之法，历经司堂阅后，

---

① 吉同钧：《秋审条款讲义序》，载吉同钧著，闫晓君整理：《大清律例讲义》所附《秋审条款讲义》，知识产权出版社2018年版，第132页。
② 吉同钧：《秋审条款讲义序》，载吉同钧著，闫晓君整理：《大清律例讲义》所附《秋审条款讲义》，知识产权出版社2018年版，第133页。

与部定朝审合为一处，刷印成帙，谓之招册，亦谓之监面册，其有内外意见不同、实缓互异者提出，另为一册，谓之不符册。七月间择日公同商议，先由秋审处各司员公议决定，谓之司议。司议后定期齐集白云亭，按班列座，堂司合议，谓之堂议。议定标明实缓可矜，再由秋审司员拟定简明理由，谓之方笺。其朝审人犯，刑部议定后又由部奏请钦派大臣十人，取刑部所定，各加详阅，谓之覆核。朝审如覆核有疑义者，由大臣签商，刑部据笺解明理由，然后统将内外招册分送部院九卿、詹事、科道，于八月下旬择日在金水桥西朝房，刑部堂官合大学士、九卿科道，按次席地而坐，将外省秋审名册逐一唱名，并将朝审人犯提至朝房，按名分别实缓，唱令跪听，谓之朝审上班。上班以后，各部院科道俱无异议，然后备本具题，请旨定夺。其情实并有关服制人犯，由刑部缮写名册，纸用粉敷，墨书粉上，谓之黄册，以备御览。候至霜降以后，奏请钦天监择选分定勾到日期先远省而后近省，末后始及京师，每届勾到之期，刑科给事中前五日覆奏三次，后改为一次，前三日刑部将黄册进呈，皇上素服御懋勤殿阅看黄册，酌定降旨，命大学士一人照勾，由御史恭领送部，如系外省，即由部钉封分递各省，到日行刑，并刊印黄梦，颁发各府州县，以昭炯戒。同治以后暂停御览，派大学士在内阁依拟照勾，然每年仍奏请规复旧制。此办理秋审、朝审之先后次第也。"①

"夫由刑部初、覆看以至堂阅，已历数十人之手矣，又必会同各部院、九卿、詹事、科道等公同审定，方始具题，即题准之后，又令科道三次覆奏，方始勾决，其曲折繁重、礼节如此周密

---

① 吉同钧：《秋审条款讲义序》，载吉同钧著，闫晓君整理：《大清律例讲义》所附《秋审条款讲义》，知识产权出版社2018年版，第131—132页。

者,岂不知简易之为便哉!"①足见秋审耗费人力之多,程序之密。但在吉同钧看来:"良以人命关系重大,非此不足以防冤滥,此可见我朝慎重民命以固邦本之至意,洵足以驾汉唐而媲三代矣。"②因此,吉同钧提出:"自刑部改为法部,一切法律舍旧趋新,删繁就简,举从前详细章程概从芟薙。凡外省死罪,其情轻者改为随案酌缓,秋审止列清单,不入招册。去年奏请删除钦派覆核及朝房会审各节,朝审亦改为秋审。本年又奏请删除先期覆奏、内阁具题,而黄册概归简易,其服册并情实声叙各案均不列入,又止列勘语,而各省外尾并法部后尾亦概从删削,此亦时会所趋,不得不然。然历期良法美意从此荡然无存矣。"③可见,吉氏并不十分认同《新订秋审条款》所带来的制度变化。

为了表明自己对原有秋审制度的支持,同时便于同僚和后学了解新旧秋审制度,吉同钧结合讲课心得,纂成《秋审条款讲义》一书。其中既有对晚清修律中的重要成果《新订秋审条款》的详细解读,也有对原《秋审条款》的一一评论。所谓"比年主讲律学馆,乃与诸学员逐日讨论,遂成《秋审条款讲义》一册,逐条详述原委。其中完善平允与现律轻重适均者,发明所以修改之故。间有与现律不甚吻合者,亦略加驳正,指明其失,非敢妄议定本也。良以一字一句之间,关系生死出入,故不惮反复辩论,期于允当而止"④。

《秋审条款讲义》现有宣统三年(1911)法部律学馆刻本(中国民主法制出版社2015年出版的杨一凡主编的《清代秋审文献》中

---

①②③ 吉同钧:《秋审条款讲义序》,载吉同钧著,闫晓君整理:《大清律例讲义》所附《秋审条款讲义》,知识产权出版社2018年版,第132页。
④ 吉同钧:《秋审条款讲义序》,载吉同钧著,闫晓君整理:《大清律例讲义》所附《秋审条款讲义》,知识产权出版社2018年版,第133页。

有收录），以及知识产权出版社 2018 年出版的闫晓君整理的《秋审条款讲义》（附于《大清律例讲义》之后，《吉同钧年谱》之前，三者在整理时统称为《大清律例讲义》）。

(三)《审判要略》

光绪三十三年(1907)，清廷颁布慈禧太后懿旨，改革各省审判制度："各直省官制，前经谕令总核王大臣接续编订，妥核具奏。兹据庆亲王奕劻等奏称，各省按察使改为提法使，并增设巡警劝业道缺，裁撤分守分巡各道，酌留兵备道，及分设审判厅，增易佐治员各节，应即次第施行。着由东三省先行开办，如实有与各省情形不同者，准由该督抚酌量变通，奏明请旨。此外，直隶江苏两省，风气渐开，亦应择地先为试办。俟着有成效，逐渐推广。其余各省，均由该督抚体察情形，分年分地，请旨办理。统限十五年一律通行。至一切办事权限，各项详细章程，有应由各部及各衙门核议者，着分别妥议划一办法，奏定陆续颁行。其有未尽合宜之处，仍着随时修改，以臻美善。当此改章伊始，举凡用人行政，在在均关紧要，一有不慎，百弊丛滋，该督抚等务当督饬所属，振刷精神，力求实际，毋尚虚文，总期上合政体，俯顺舆情。朝野联为一气。君民得以相安。"[1]此后，包括京师在内的各省审判厅相继设立，并建立相应制度，如光绪三十三年(1907)十月，"法部奏，京师各级审判厅，请由部试办诉讼状纸，厘定格式，分为五等：曰民事诉讼、曰刑事诉讼、曰辩诉状、曰上诉状、曰委任状，俟试办数月，推行尽利，再颁发各省，以收

---

[1]《清德宗实录》卷五百七十四，光绪三十三年五月丁巳。

司法统一之效。又奏变通热河司员章程。均依议行"。① 本次官制改革受到不少法部官员的拥护，司法风气也焕然一新。吉同钧称："京师自奏设各级审判厅以来，百废维新，一洗官吏旧日延迟勒索之弊，可谓改厥良矣。"②

为了帮助司法官员了解审判程序及要点，吉同钧结合自身近二十年的刑部任职经验，综合各家学说，纂成《审判要略》一书，所谓："惟是审案之法，中国与外国不同，而京师五万杂处，人心巧诈尤与外省不同。以外国诉讼之法审中国之案，固多凿枘。即以外省审判之法断京师之狱，亦有抵牾。同钧任此事者近二十年，久官西曹，周历塞外，更事既多，颇悉其中情伪，因采集前人成说，附以生平阅历之语，汇为一册，逐条分析，名曰《审判要略》。总之，罪因情科，案凭证定。未审之先，固不可先存成见。已审之后，又不可漫无定见。此篇所录，言虽浅近，而事理分明，或亦初膺司法者所取资焉。"③

《审判要略》共三十则，主要涉及以下几个方面：

一是审理案件讯问原告、被告的先后顺序，以及司法官员应独立断案，在审理时不应受旁人左右。主要为第一、二则：

> 一、凡审理案件先问原告，次问被告，原被不符，令其彼此驳诘，然后参以证佐所言，当可十得八九。讯问之时，总须和容悦色，任其自行供吐，不可骤用威吓，则怯懦者畏惧而不敢言，强梗者反得肆其诬执矣。若再三开导之后，实系理屈词穷，仍复狡执，不妨掌责以儆其顽，若再坚不承

---

① 《清德宗实录》卷五百八十一，光绪三十三年十月甲申。
②③ 吉同钧撰，闫晓君整理：《乐素堂文集》，法律出版社2014年版，第150页。

认，则不能不用熬审之法，以逸待劳，日久未有不供吐实情者，如果犯人不服咆哮，止可申饬，不可詈骂，非但有伤体统，万一回詈，杀之而不能办之，而已受其辱，岂非自取哉。

二、审案之时，理宜整齐严肃，书差在旁录供，断不可任令多言，亦不可与彼谈论案之曲直，缘若辈善体察问官之意，一有不慎，必致借势生情，招摇撞骗，弊窦丛生，总要使若辈不知我先问何人，人犯不测我先问何事，乘其不备，出其不意，则真情立见，庶几无所用其捏饰矣。

二是对于斗杀共殴、强盗、窃盗、自杀和六杀命案等命盗案件的审理，应区分案情，注意证据收集的顺序和技巧。主要为三至十则：

三、问斗杀共殴之案，先须究明起衅根由，因奸、因盗、因赌、因仇怨、因讨债、因救亲、因报仇、因争田地水利各有不同，首从几人，同伙几人，何人首先纠约，有无主使喝令，何人拿何器械，是否寻常兵刃抑系凶器，何人致伤何处，何人首先下手，何人最后下手，有无捆缚，是先缚后殴抑系先殴后缚，殴在何处，是否白日黑夜，犯人年岁籍贯，有无父母、妻子、兄弟，亲存年岁，母家姓氏，兄弟几人，死者生前有无仇隙，是否姻亲、本家，如系本家，是何服制，如系工人，有无主仆名分，是否自幼恩养，如系师徒，是否现在、受业，死者是否独子，作何事业，凶犯是犯出嗣，如系举监生员，须问中式入学年份，如系监生捐职，有无执照，如系官吏兵役，是否革除、现任，一应琐屑细微之事，均不可遗漏者，非但罪名轻重攸关，即将来办理留养不致捏报，或将来在押病故，以便关传亲属领尸也。

四、问盗案必须先讯事主所住之房共有几间，是瓦是草，周围有无院墙，是砖是土是篱笆，街门是木抑系荆笆，高矮若干，有无后门，有无墙缺处所，亲属共有几人，工人共有几人，长工短工，何人在何屋睡宿，日内曾否撵逐工人，有无亲族来家告贷，可曾借给，如未借给是否负气而去，住屋前后左右有无邻家庙宇店铺，所住系人烟稠密之大道抑系荒僻处所，素日与人有无仇隙，是夜已睡未睡，有无月色，谁先警觉，贼由何处进院，如何进屋，曾否持有油捻火扇，曾否看出贼人年貌、衣服颜色、身体高矮胖瘦，有无须麻，曾否包头涂脸，是否言语，何处口音，挈何器械，是否入室吓禁，曾否惊觉起捕，临时行强有无捆绑，曾否受伤，如有伤即速验明开单存案，贼由何处逃走，邻佑曾否知觉帮同追捕，被抢系属何物，衣服、银钱、首饰、牛马一一问明件数、匹数、颜色、长短，系在何处收放，箱柜有无封锁，贼人如何撬开，用何物砸坏，贼人曾否遗失器械，不可稍有草率。再讯同来之乡保，伊等何时知晓，曾否至被盗之家察看，均须讯明录供。凡事主报盗，恐其报少官不准理，每有捏饰妆点之处，如看出破绽，即带同一干人证至该处，细勘有无砸坏烧拆墙头及房上瓦片、门扇窗棂，并屋内箱柜什物有无砸毁形迹，以上各节均不可遗漏者，案情是窃是强、是临时行强、临时拒捕，全在此处细细分别，而又必须迅速前往，掩其不备者，恐迟则预先妆饰矣。亦不可令书差知之，恐其先为送信也，所谓疾雷不及掩耳者是也。至于审问盗犯，先问何人起意，在何处纠约，同伙几人，有无回民旗人、蒙古兵役、会匪逃勇，是时何时在何处会齐，由何处起身，有无骑马，持何器械，是刀是棍，有无鸟枪洋枪，离事主约有多远，何时至事主门首，是否打门一齐拥进抑系踰墙越垣而入，何人进内搜赃，何人在外把风，何人捆绑事主，何人殴砍，何人首先下手，所抢赃物在何处俵分，何人分得何物，在逃共有几人，姓名、住址、年貌如何，逃往何处，窝家是谁，曾否分赃，赃物当在何处，是何字号，何日去当，当钱若干，当票现在何处，卖与何处，是何姓名，种种情节必须一气呵成，缓则胡狡混供，以后难于措手矣。一切供明之后再行收禁，不可急遽入监，缘狱中恶习，强盗人犯进监均称好朋友，每每代为串供教供，以致犯人狡猾者有之。至于审盗，以赃为据，供出卖赃之处固不可不饬差起获，然此中弊窦甚多，只可伤役起赃，不可连人带案，是为至要。缘盗贼素与某家有仇，最易挟嫌诬扳，且有差役串同盗贼指扳某家寄存伙买，每藉起赃之名多方搜拿，役饱于囊，吏分其肥，民受害无穷，而京城风尤甚，《佐治药言》有云：治盗宜严究有主之贼，不起无主之赃，洵为切中之语。

五、审窃盗与强盗稍有不同，更须严究赃物，缘窃盗以赃之多少定罪之轻重也。何人起意，何人听从，共有几人，有无回民旗人在内，所窃之家是官署是民居，是否徒手，持械有无鸟枪洋枪，从前曾否犯案，如曾犯案，系问拟何罪，是何年月，是何衙门，有无刺字，如系徒流之犯，是否逃回抑系释回，共窃几次几家，犯案到官几次，所窃之赃卖与何人，当与何家？如系金银，在何字号兑换，共几包几块，分两若干，是何成色？如系银票用过多少，未用多少，共有几张，是何字号？如系衣服，颜色、皮棉、袷单、男女、大小、新旧、件数？如系牛马，匹数、口齿、毛色、牝牡均须一一讯明录供。至于起获估赃，尤须格外慎重，罪名轻重全系于此，必要传集各行经纪，令其秉公估价，又必亲加查核，以防书差诡串之弊，固不可以少估多，亦不可过于悬殊，致干驳诘。银数一百二十两上下为生死关键，五百两上下为秋审实缓关键，分两必须库平，且须足色，若成色不足，或非库平，则仍当折算从轻，不可遽从重论，若银票未经使用，尚属空赃，亦不可算作实银致涉深刻，此均问窃盗案者所当知也。

六、斗杀之案，首重勘伤，受伤之月日时刻尤为要紧，往往有一时差而关系生死出入者，其伤痕之多寡轻重即为秋审实缓所由关，如定案时勘伤不确，则秋审时必多费手。伤不但分部位之致命不致命也，即同一致命，头面致命伤则较身体致命伤为重，而咽喉为要害之处，尤较头面致命为重。同一不致命也，而肩胛腋肷左右肋则较肢体为重。又如伤以骨损为重，未致骨损为轻，而重伤之中又有骨微损、骨损、骨折、骨断、筋断、骨碎、脑浆流出、食气嗓俱破、食气嗓俱断之分；如在肚腹，又有透膜、透内、肠露、肠出、洞胸、贯胁、穿透之分；且同一金刃，而有砍伤、戳伤、扎伤、划伤之分，带划二伤止抵砍扎一伤；又有巨刃、斧刃、尖刃之分，巨刃斧刃一伤抵寻常之刃二伤。同一他物，而石块、铁器、木器、竹器、绳抽之分，木器三伤抵金刃一伤，铁器二伤抵金刃一伤。金刃、他物、手足而外，又有汤火铜铁汁各伤之判，刃伤虽轻，较之他物为重，殴伤而外又有坫伤、磕伤、跌伤、摚伤之名，虽不以正伤计算，而亦不可遗漏，此皆验尸审案必不可忽略之端。伤痕既确，然后再论理之曲直、情之轻重，庶几秋审时可无枉纵之失焉。

七、验讯自戕之案，必遵《洗冤录》所载，实系自戕死者何手持刀，则手必拳握而其臂定能弯曲，如非自戕，其两臂直而且硬，断不能拳握云云。其言诚是，然人情日诈，亦有不尽然者。间有明系自戕而死者持刀之臂并不弯曲，其手亦不拳握者，此必死者自戕，希图讹人，将刀放椁上露出刃尖，刀柄用物压住，用力撑扎，刃已透内随即倒地，因而手不弯曲，若照《洗冤录》以非自戕定案则冤矣。亦有实系被人扎死，而两臂反能弯曲，其手亦能拳握者，此必凶手恐其告官，用刀放在死者之手，将死者之手握住用刀狠扎，因而手能弯曲，若照《洗冤录》以自戕定案，则又纵矣。以上虽为理之所无，而亦事所恒有，总宜于尸身衣服及四围、坑上地下、一切什物留神细看，更参看死者之口耳，果非死于自戕，则口眼必开，此亦审理自戕案之最要法门也。

八、命案除斗杀共殴、同谋共殴外，又有谋、故、戏、误、过失数项，斗杀衡伤，共殴不但衡伤，而又论下手之先后轻重，同谋共殴又论聚众、未聚众及原谋是否下手，上已详言矣。至谋、故各项，尤易混淆，差之毫厘则谬以千里，更当细心研究，盖故杀情形每近于谋，然其中大有分别，谋杀积于平时，故杀起于临时，此其大较。谋杀必生前素有深仇宿怨，蓄意已久，亦有因事被死者窥破，起意致死灭口，因而造出杀人之意，或谋之于人，或独谋诸心，或候于僻地截杀，或暗用毒药杀害者，固谓之谋，即平日素无深仇，而偶因一事挟恨，必欲置之死地方休，亦有谋杀。若故杀，则事起仓猝，必先因彼此互殴、被死者詈骂生气，当时顿起杀机，非人所知，故谓之故，此故杀之律，所以与斗杀相合为一，而不可分为二条也。若非因斗殴起衅，而因他事顿起杀机，虽临时亦为谋杀，此中消息微乎其微，非深于法律者不能知之。谋故首犯，虽同一斩候，而为从大有生死之分，一则拟绞，一则止杖，此审案所以必须分晰确当也。若戏杀与过失杀亦相似而实不同，戏杀与过失杀虽均无杀人之心，而戏杀究有杀人之事，如比较拳棒刀石因而杀人谓之戏杀，在戏者与死者虽无相害之意，然刀棒系可以杀人之具，以此相戏，是显以杀人之事为戏矣。故律文仍以斗杀拟绞，现章虽减二等，然亦不能宽其城旦之罪。若过失杀人，其事虽不一类，要皆为耳目思虑所不及，非但无杀人之心，亦并无杀人之事，故止收赎而不治罪。至于误杀，则更情节歧出矣，有因谋而误、因故而误、因斗而误之分。因故而误，仍以故论；因斗而误，律虽亦以斗论，而现章则分别量减；惟因谋而误，仍以故论，不以谋论，则大有分别，在首犯虽同一斩候而加功之从犯则无死罪矣。此外又有因戏杀而误杀，仍以戏杀论；因擅杀而误杀，仍以擅杀论；且有因杀奸而误杀旁人，因捕贼而误杀无干之人，因射兽而误杀人，因杀子而误杀他人，因杀他人而误杀尊长，情节不同，治罪即大有出入，均当一一辨之。

九、六杀而外，又有擅杀、拒杀二项。擅杀之情节不同，有拟绞、拟徒、拟杖、勿论之分，擅杀奸盗棍徒最轻而杀奸尤轻。如本夫杀死奸夫，奸所登时者勿论，登时而非奸所者拟杖，奸所非登时者拟徒，如非奸所亦非登时拟绞，其中分别细微，稍一粗忽即关罪名出入，尤须详加讯问。先问乡邻及奸妇母家亲属、奸夫父母弟兄，然后再问本夫如何看破奸情，如何下手，用何凶器，婚娶几年，有无子女，杀奸之时子女在何处睡卧，更须讯问邻人素日曾否风闻，必须一一供词吻合，方可定案，断不可执俗传之言，用盆盛水，将奸夫奸妇首级放在水中，看其是否相对，以为有奸无奸之凭据，致滋冤滥。若非本夫而亲属杀奸，则又当别论矣。再如擅杀窃贼，则以是否倒地迭殴为徒绞关键。擅杀放火棍徒则分别登时、事后为徒绞关键，虽较杀奸易辨，然亦须审明杀贼之人究系事主抑系邻人，所杀之时系在昏夜抑在白昼，行窃之地系在家内抑在野外，所窃之赃究系银物抑系田野蔬菜，行窃之贼系凡人抑系亲族，并擅杀棍徒之人实系身受其害抑系代抱不平，均须面面周到，推勘无遗，然后方成信谳。其擅杀别项罪人，除罪犯应死，止拟满杖外，其余并不轻宥，律例仍拟绞罪，现章从轻减等拟流，而系谋故、火器及擅杀二命，则仍当拟绞矣。至于拒捕杀人，惟奸匪、窃匪、盐枭三项最重，即伤不至死，但至折伤或刃伤，即拟绞罪。如已杀死，在窃匪则以是否临时、盗所为斩决、斩候之分，在奸匪则以强奸调奸、已成未成为斩决、斩候之分，在盐枭则以聚众多少及是否执持兵仗为斩枭、斩决、斩候之分，其余别项罪人虽较以上三项稍轻，然一经拒捕致死，仍拟斩候，而亦必详讯被杀之差役是否持有签票，是否正役、白役，是否曾有应捕之责，罪人拒捕之时系在当场抑系事后，系属护赃、护伙抑系被追图脱，情形稍有不同，即罪名出入甚巨。再，罪人拒捕与拒殴追摄人一项，事虽相类，情究不同，更当详细研鞫，盖拒捕系以有罪之人杀伤官差，而拒殴追摄人，则被杀之人虽亦是官差，杀人之人究竟非有罪也。故殴杀虽同拟斩候而殴伤究较为末减，且同系斩候而秋审实缓仍有分别，此皆审问擅杀拒杀最关紧要之处，不可不知。

十、审问奸夫谋杀本夫之案，更不可掉以轻心，获案后切不可令奸夫奸妇见面，提讯时亦须隔别。先问奸夫，与本夫生前如何认识，是否姻戚本家，如有服制，关系更重，素日有无仇隙，如何调奸，通奸几年，是否给过银钱，邻佑、父母、子女是否知情，因何谋害，用何凶器，是何毒药，如系被勒致死，是带是绳，奸妇是否知情同谋，如系知情，谁先起意，谁先下手，一一问完，然后再问本夫是否知情，此层切不可轻问，恐奸夫奸妇串同捏供、诬供本夫知情纵容，冀图减罪也。如果奸妇事前并不知情，即可免其磔罪，更须细问事后情节，以为声请量减地步，缘此处关系生死出入，亦不可忽。临杀之际，曾否在场，是否喊救，奸夫曾否威吓，杀死之后曾否啼哭，曾否欲行告官，曾否向亲属告知，曾否与奸夫见面，以后曾否续奸，曾否跟随奸夫同逃，如果同逃，果属甘心乐从抑系被逼勉从，逃时曾否带其子女，以上各节均不可疏漏者，以关系秋审实缓也。

三是审理奸案、诱拐、抢夺妇女、捉人勒赎、发塚、伪造银币钱票、私铸私销、赌博、车马杀伤人等案，亦应注意细节，查清案情，一一比对律例条文，重视程序。主要为十一至十七则：

十一、审问奸案，先分和奸、强奸。和奸不难讯问，止问明有无服制，是否亲族，是否奴婢、雇工，被奸之人有无夫男，是否官员妻女，年岁若干，如系幼女，是否十二岁、十岁，何年何月所生，此为紧要关键，缘十二岁以下虽和同强论也。何时通奸，奸过几次，容止者谁家，媒合者何人，其父母本夫曾否知情，一一问实，照例杖枷，不可引律。若系强奸，则罪关缳首，必须详细慎重，不可疏忽。凡妇女犯奸到官，含羞掩丑，多以被强狡执，问时先讯已成未成，又须查验衣服有无撕毁，身体有无损伤，当时如何强按，如何挣不脱身，如何喊嚷，何人听闻，奸后向谁哭诉，何时告官，如事后隐忍未曾哭诉，当时亦未鸣官，或一夜连奸两次，即系强始和成，不得遽以强奸论也。此须旁参对证，确有凭据，奸夫供认输服始可定案。稍有可疑之处，尚须再三研求，如系处女，更须稳婆验明实已破身，出有甘结，方为信谳。至因奸酿命，须分别强奸调奸、已成未成、系当时羞忿自尽抑系事后追悔自尽，中间曾否有人说和，调奸之时用何言词，是谑是骂，仅止出语调戏抑用手足勾引，未死以先向何人哭诉，有谁人闻知，曾否有人安慰，有人劝解，此等案件犯人拟罪而外，妇女尚应旌表，定稿时须声明会同礼部办理，不可遗漏。

十二、审问诱拐之案，以和诱、略诱为拟绞、拟军之分，如被诱之人在十岁以下，虽和亦同略论。凡和诱多始于奸，即先未通奸，拐后未有不相奸者，故有奸、无奸尚不关乎紧要，只须问明年岁若干，是否本家，拐至何处，谁人容留，其余不妨从略。至诱拐不知情之案，则是否已被奸污最为切要，缘秋审实缓即以此判别也。此种案件多系设为方略圈套，使人入其术中，故律谓之略诱。其诱拐以后是否卖与别人抑系自为妻妾、奴婢，拐后啼哭曾否殴打吓逼，殴打有无伤痕，如卖与他人，是否娼家，曾否被人奸污，现在有无下落，他如容留之窝家、说合之媒人、收买之娼家得价若干，几人俵分，皆系案之余波，亦不可漏。京城近来此等案件甚多，如系奸媒屡犯，例有实发专条，应查引严办，以息浇风，不可过为姑息。

十三、抢夺妇人与捉人勒赎之案近来层见叠出，此二项相似而拟罪各有不同，须相比，从其重者论之。抢夺妇女先分人数多少，是否聚众，被抢之家有无瓜葛，所抢之人曾否从前犯奸，此为大纲，关系罪名生死出入。又必细讯抢时有无持械，有无洋枪，系在中途抑系入室，当场曾否拒捕伤人，从犯有无入室架拉，抢后藏匿何处，曾否奸污，曾否转卖与人，卖与谁家，是否为娼。如所抢之人从前犯奸，是否悔过自新，均须讯明。若捉人勒赎，情节则有不同，现有新例，又有新章，问时则另有法门，不可概论。此等案件始于苗人，其后延及两广，近则各省皆有矣。旧例以捉获是否凌虐、关禁、殴伤、谋杀分别轻重，新例则以所捉是否十五岁以下、幼孩是否已至三人、捉掳是否已至三次、勒赎是否赃逾一百二十两为生死关键，而现章又分别是否持械持枪、是否聚众、是否入室，三项全有则同强盗，若无以上重情，但于新例四项中兼犯两项者从重改拟绞决，章重于例，而新例尤重于旧例，问案须合新旧例章，比较定拟，方无错误。盖抢夺妇女重在良家，止以所抢是否良人、奸妇为轻重，不论妇女之年岁大小，亦不论所抢之人多寡也。捉人勒赎之例则异是，不论所捉之人为良为贱，但勒赎赃逾满贯及所掳系属幼孩或过三人则从重拟死，二例命意截然不同，然亦有两粗参差之处，此定例所以有相比从重之条也。凡问此案，当先知此例，其余讯法则散见各门，不重赘也。

十四、发塚之案，近年京师更多，讯此案件，先讯首从几人，带何器具，坟在何处，共有几塚，掘开几塚，未掘几塚，是否浮厝抑系堆土成坟，刨掘见棺之后是否开棺，是否见尸抑系锯缝凿孔，仅抽取其衣服，何人下手凿锯，何人帮同刨土，何人在外瞭望，窃出是否衣服首饰，抑系金宝珠玉，件数分两均须一一详记。缘此种案件亦有计赃定罪之法也。共发塚几次，犯过几次，所发之塚系属平人抑系官员、王府，有无看坟之人，若系亲属则更宜详问亲疏、尊卑，定案庶有把握。

十五、伪造银币钱票、私铸私销之案，近年更不可胜计。从前但系伪造铺商钱帖银票，不过照诓骗计赃治罪而已。现在官银行设之并外国银行亦出银票，其票均有官印，与钱铺金店之私票大有不同，若伪造官印之纸币即属大干国法，与造商家之票治罪大有生死之分，而外国之官票尤与本国之官票稍有不同，伪造外国站人洋圆，新章既较中国龙圆治罪较轻，则纸币亦当有所分别，至于私铸银圆制钱，现章较旧例稍重，不分多少，均系死罪，然须查验是否停用之钱抑系现在通用之钱，系外国之银圆抑系中国龙圆，罪名既重，更宜格外详慎。至于私铸之犯多系私销之犯，惟私销更干立决，非确有实据、实证，不可率行定案。而近来照例办理者亦少，即私铸之案亦须将为首出钱及错磨之匠人并帮同挑水打炭之夫细为研鞫，不可稍有含混，缘匠人与挑水打炭之人治罪大有生死之分也。即铸成之数目、使过若干、未使若干、并铸造之器具、收存之碎铜、所用之钱模、开设之院落、租给之房主、贩卖之客商、失察之官员均须一并录记毋漏。

十六、赌博之案，从前办理极严，无论聚赌之人照例杖枷，并须严追赌具来历及造卖贩卖赌具并开场窝赌及纵容失察之保甲官长，均须治罪。现在赌禁渐弛，市面公然贩卖赌具，地方官并不过问，而彩票为赌博之尤，各处彰明开设，并且见诸奏牍，若将偶尔聚赌之犯照例杖枷，未免情轻法重，然法令所在，亦未便过于轻纵，况巡警每藉拿赌以邀功求赏，如置之不办，彼反加我以徇情庇护之罪，现在各厅均斟酌办理，多照赌饮食之例拟以不应杖罪，亦尚平允，但遇有著名赌局，赌棍经年累月窝留匪类，亦应从严治罪，以挽回恶风，未可执一而论也。

十七、京师人烟稠密，车马杀伤人之案络绎不绝，此等杀人按例应科流罪，但今昔情形不同，从前误杀戏杀例拟绞罪，故车马杀人减等拟流，现章误杀减流，戏杀减徒，均从轻恕。至车马杀人，不但较因斗误杀他人为轻，即较因戏杀人亦轻，若将此项人犯拘泥例文仍拟满流，未免轻重失宜，似宜酌量办理。果系豪强悍仆故意驰骤[骋]，不容众人回避，其情节本为可恶，不妨照例严办。若无以上重情，系惊跑奔逸、收勒不住者，可依过失收赎，即非因惊逸奔驰，而或系偶尔争先开车，照顾不及以致杀伤，亦不妨略照过失加重，况现章一拟满流，即应作工十年，与极边军罪无异，办案固须严守例文，亦当因时酌定，此不过略举一端耳。

四是审理民事案件，尤其是户婚案件，尤应重视契约等证据。主要为第十八则，该则反映出传统社会对民事案件同等重视，对研究古代民法特别是民事诉讼法有重要价值：

> 十八、户婚之案，身契、婚书、媒证、财礼、钱债之案，合同退约、借券、老账新账、中人代笔、田土之案，典契卖契、新契旧契、粮串鳞册并地亩四至、毗连何家、曾否过割、中证说合年限，有无押契押租、烂债钱文，均须详讯调查。查验之后，当堂发还取具，领状附卷，以免书差勒索领费，如应存查者，即于堂单内注明件数，连黏卷后，用朱笔标封，以免遗失，完案之后即饬具狀祗领。

五是关于正审、帮审意见的平衡和审判一般案件的要旨，乃至疑难案件的讯问技巧，吉同钧颇有心得，集中体现为第十九、二十、二十一则：

> 十九、审判有正审、帮审，每因意见不合致生枝节，凡帮审之员须先让正审一人讯问，如诘问得当，犯人无可狡辨[辩]，断不可从旁插言，致令先问者不能一气驳诘，则犯人亦必从此得以肆其狡展，此最害事。须静候正审者所讯之言果有脱空之时，即照正审者驳诘之意代为补问，以弥缝其缺，而正审亦须稍为静听，似此二人一心，互相根究，使犯人狡辩之计无暇而生，一堂即可水落石出矣。若彼此各存见长能问之意，不相退让，不但于公事无益，而案亦难速结矣。前刑部派审之案多因此而耽延时日，愚曾身历其事，故不惮详悉言之，以告后之会审帮审者。
>
> 二十、"随到随问，随问随结"八字是审判要言，京师人心狡伪，搭棚串诈之案名曰图准不图审，而宗室中尤多。若一准而

不速审，即堕彼之术中，而藉端讹索，百弊丛生。果其批准即审，则奸伪立见，无所用其欺凌矣。至问时供证已确，纵有一二人不到，非系紧要犯证，即据现在成招，不可借端稽延，即免小民拖累之苦，又杜丁书需索之弊，造福无穷。古人云：堂上一点硃，民间万人血。又吕芝田云：案上之墨烟一污，状头之黄金半销，诚痛切之论，凡问案者，当书诸绅。

二十一、难审之案不可一口道破底蕴，当先于闲话中著意旁敲达引，使人不知我之意向所在，看似闲话而心光一线，须留于要紧之处，一经破露，遂即跟追直穷到底，趁彼不及防备，可得直情尽露矣。故案宜缓不宜骤，宜紧不宜松。

六是对于尸体的勘验，要注意根据京师内外勘验尸体的不同习惯，有针对性地采纳、比对尸格伤单，同时，须严饬勘验人员遵照《洗冤录》，使用正确的方法和器具，将情况一一查清。主要为第二十二、二十三则：

二十二、验尸审案，京外情形大不相同，外省验尸与审案，均出州县官一人之手，办理尚易。京师分任其事，验尸者不能问案，而问案者并非原验之人，其间两不相见，仅凭仵作一人之结以定罪之轻重，是以贿嘱诡串，弊窦丛生，问案之时全在详审两造供词，及一切证据更须细查，其凶器是否与伤相符，若仅凭尸格伤单定谳，鲜有不为所欺瞒者。

二十三、相验之时须严饬仵作丁胥，毋许远离一步，以防暗地勒索之弊。随令尸亲人等环视，眼同仵作照《洗冤录》所言一一看清，饬令唱报因何致死，第一不可怕臭，务要亲手揿按，不可一切但听喝报，如尸亲不服，指发变为伤痕者，须细细晓谕，如系伤痕，气血必然凝结，则坚硬如石，如系发变，则按之即陷，放手则膨胀如故，须亲自手按，令其仔细看明，自然无辞。倘言语刁狡，切不可遽加威吓，缘人遭此凶惨，父母妻子正忿不欲生之时，恨不能将凶手全家抵命，其狡展乃人之常情，若骤加责斥，不但非仁恕之道，亦恐酿出意外之事。至如何验法，用何器具，《洗冤录》言之详矣，兹不复赘。

七是要重视供词，既要注意叙供的顺序和层次，也要注意保持供词真实、纯朴的本色，等等。主要体现为第二十四至三十条：

二十四、为案虽供看并重，而供词尤关紧要，叙供确当，则看语自然迎刃而解，故叙供为第一要义。叙供如作文，须处处照顾题旨。审案则一案到手，核其大致应引何律何例，叙供之时即应句句照顾。所取供词，与律例有关涉者虽多，不厌其繁；与律例无关涉者虽简，不嫌其略。若将牵扯案外繁冗之事、干碍别条律例之语，刺刺不休，正无异作文虚题而犯征实，典题而犯枯窘，拖泥带水，安得有佳文也。

二十五、叙供先讲层次，由浅入深、由远及近，先叙地保，次见证，次轻罪人犯，末后再叙最重之犯，而又必提纲挈领，如线索之串成，一人所供如此，众人供亦佥同一人，情节逼真，众人词亦符合，任其犯之多、事之杂，供词则一线串成，异口同声。稍一精神不到，照应不及，即有参差遗漏之处。凡遇头绪繁多之案，当先摘案中情罪重大之犯，或前后目击深知之要证，将全案情节细细于此人供内弯弯曲曲逐层叙出，作为通案眉目，其余犯人俱照此人之供简括顺叙，只将各人不同处少为改易，庶几省力而得法。总之，善叙供者分而视之，词不重复；合而观之,理无参差。一气呵成,浑如天衣无缝,此叙供之妙境也。

二十六、叙供来路要显,如从前并无之人,后忽添出者,必须将如何推求,何人供出,如何察访有据,随即差拿到案之处,或于供前补出,或于他处点明,方不突如其来,此法《史记》最擅胜场,办案亦须知此法门。

二十七、录供宜简,命案当场质讯,维时人犯初到,心虚气慑,狡黠未萌,教供未定,即有扶同串捏,众口难齐,易于推戡,分别正凶,推求谋故,全在斯时。然要得情而止,一切繁文冗节无关案情者,均不必冗叙,致滋日后牵连攀累之端。

二十八、供词不可文饰,句句要像谚语,字字人皆能解,方合口吻,曾见有用"之"字、"也"字并经书内文字者,究非俗人村夫口气,反致贻笑于人。

二十九、供词不可太文而叙案亦不可亵狎粗野,如骂人污辱俗语及奸情污秽等词切勿直叙,只宜"混骂""成奸"等字括之,奏稿更须加意修饰。

三十、供词之后即须作看语,看语字句须用文体,其起承转合、埋伏照应、点题过脉、运笔布局均须丝丝入扣,处处合法,不可作村夫口气,亦不可过于文雅,致令以词害意。看语而后,方议罪名,乃结束通案事情,必须逐一分晰,兜裹完密,丝毫不可错乱,虽人多事杂,俱要挨次点出,不留一隙。至合供看、议罪而统谓之办稿。稿有咨稿,有题稿,有奏稿,而奏稿又分专奏、汇奏、会奏,各有体裁法度,不能强同,明眼人自能领悟,不必细赘也。

可见,在审判方面,吉同钧不仅善于审断案件,而且传承了薛允升、赵舒翘等律学家善于总结经验的优点，并将其发扬光大。《审判要略》成书后，成为当时各级司法机关审判之指南，所谓"'罪因情科，案凭证定'二语为全书要义所在，其逐条分晰，亦多鞫案真谛，诚审判之指掌也"[1]，"以为此则各级审判厅之针度也"[2]，"逐类分载，要诀毕备，诚能奉之以为标准，片言之下，情伪立分。庶几乎其折狱也，犹兵家之有孙吴，医家之有卢扁也乎"[3]。

《审判要略》现有国家图书馆藏光绪三十四年（1908）法部律学馆油印本、宣统二年（1910）法部律学馆石印本，首都图书馆藏光绪三十四年（1908）油印本，另相继收入1925年上海大东书局出版的《司法官要览》和2015年社会科学文献出版社出版的杨一凡主编的《古代折狱要览》。在2014年法律出版社出版的闫晓君整理的《乐素堂文集》中，亦收入此书。

### （四）《乐素堂文集》

如果说《大清律例讲义》《审判要略》等专门性的律学著作集中反映了吉同钧在律例解读、司法经验总结方面的智慧和见识，那么，《乐素堂文集》则从奏议、书信、文章等各个方面较为完整地体现出吉同钧的理想抱负、仕途轨迹、人生感慨和法律思想。

《乐素堂文集》共八卷，细分为《词章门论著类》《词章门赠答类》《法律门述古类》《法律》《补遗》等部分，涵盖了吉同钧在各个时期不同方面的所思所想。其中，不仅包括吉同钧的个人见解，更可贵的是，在一些文章末尾还附有时人的评价，使吉同钧的个人经历和律学观点更加饱满。

---

[1]《审判要略》绍昌序。
[2]《审判要略》崇芳序。
[3]《审判要略》刘敦瑾序。

如在《乐素堂义集》卷七《论旧律与新刑律草案、中律与外律可并行不悖》文末，附有前法部尚书升任大学士戴文诚公鸿慈评："审时度势，虽变而不离宗，是有功世道之文，旧学新学一齐俯首。"前吏部侍郎修律大臣于公式枚评："萃荟古今法典，熟悉中外习俗。宿儒逊其开通，时髦无此根柢。煌煌大文可名世，亦可传世。"前法部大臣定成评："石翁为愚同司老友，榜下分刑部，三年未入署供职，在家埋头读律，手抄《大清律》全部，皆能成诵。旁搜律例根源数千卷，并远绍汉唐元明诸律，参考互证，必求融会贯通而后已。学成入署，即越级派充正主稿，从此名重一时，部中疑难案件及秋审实缓皆待君审定，虽职属候补主政而事权则驾实缺员郎之上。惟性情耿直，遇事抗言驳辩，虽长官前亦不稍阿附，尝作说帖，历指堂官定案用人之失。某堂官阅之不喜，诸事掣肘，沈滞郎署数年。然公道未泯，某正堂被裁后，即蒙继任保列京察一等记名道府，又保记名参议。时愚由大理院长派充考试法官总裁，君任襄校君，试题均有拟作。愚逐篇详加评注，又于阅卷之暇，彼此和诗一韵，叠至十余首，足征气味之相投。国变后，君闭门谢客，惟与愚时通款洽，当时愚任东陵马兰总兵，兼八旗都统，时人颇有责言。然愚行其心之所安，不为稍动，惟君知愚衷曲，适值贱辰，为愚作寿文，历述出仕苦心，至以柳惠比拟。嗟呼！愚与君异苔同岑，非君莫能知愚，亦非愚莫能知君也。君精于律学，近年变法，新学几欲尽铲旧律，君先之以苦口，继之以笔墨，几经争论，卒不可得，不但视为一己毕生之遗憾，亦即天下后世民生之隐忧。此篇乃委曲从权，欲以保存国粹。当时示愚，愚慨然曰：三纲沦，九法斁，乃天运使然，非人力所能补救。君所著述，名论不刊，将来有王者起，必可见诸实行。若当天未欲平治天下之时，只可藏之名山，以待后世之学者而已。"①

---

① 吉同钧撰，闫晓君整理：《乐素堂文集》，法律出版社2014年版，第132—133页。

《乐素堂文集》卷一至卷四目录如下：

| 卷一 | 卷二 | 卷三 | 卷四 |
|---|---|---|---|
| 词章门论著类 | 词章门论著类 | 词章门论著类 | 词章门赠答类 |
| 论大清一代政治得失／书当道兴学命令后／论复辟／再论复辟／三论复辟／蕴利生蘖论／圣贤言道名目繁多统归于仁说／仁义相济说／读古诗感发仁心说／论清丈田亩之弊／变法论／死节论／论立国当先养气节之士／安命论／处变论／论保民自躬行节俭始 | 读论语感言／读书当全体贯通说／读杜诗感言／杜少陵似孟子说／嗜酒说／文字招祸说／自述／驳智育重于德育之谬说／读书说／述今文尚书二十九篇之目次并辨明古文尚书之非伪书／彙录《汉书·艺文志》依托黄帝之书名并申明其书非尽伪托／论中国古代五行之说／史职始于殷代说／弭盗策／论历代国运皆以尊经而兴以变法而败／跋土(王)文端公惺园座右铭／论性道文章源流并自述读书经过之境 | 姚庄创建吕祖楼碑记／游妙峰山记／江源考／西迁论／御夷策／关中形势论／乐素堂主人自叙赋／家居四时乐赋／顽石自赞并引／米襄阳拜石为兄赋／朱氏族谱序／书沣西草堂诗集后／薛赵二大司寇合传／ | 贺赵大司寇入军机序／送萧小梅郎中归田序／祭陈筱文夫子文／论作令宜先崇俭告及门诸子／勋节妇王大姑文／族叔母高夫人八旬寿序／贡生薛汝迪七秩寿序／客问中国何以如此之穷作此答之／题王君先世画白菜图并送伊由京回陕／致乎威将军吴子玉书／附录吴公作 |

《乐素堂文集》卷五至卷八目录如下：

| 卷五 | 卷六 | 卷七 | 卷八 |
|---|---|---|---|
| 法律门述古类 | 法律门述古类 | 法律 | 补遗 |
| 五刑源流考／大清律讲义序／秋审条款讲义序／律学馆第一集课艺序／律学馆第二集课艺序／律学馆第三集课艺序／律学馆第四集课艺序／律学馆第五集课艺序／京师法律学堂开学演词／驳复仇杀人议／论孔道与法律之关系 | 律中六父十三母之解释并各项服制考／十三项外祖父母持服与定罪之分别／刑制论／徒流论／详谳论／赎刑论／宥赦论／禁烟总论／警察总论／地方自治总论／答友人问新旧法律之得失 | 上刑部长官减轻刑法书／论《新刑律》之颠末流弊并始终维持旧律之意／书旧律杀死奸夫门后／刑律缘宗教而生与宗教相表里论／论新旧律名称宗旨之不同并申言旧律为中国治乱之枢机／论私铸铜钱铜圆之流弊／书刑律诈伪门诈冒假官章后／书兵律主将不固守章后／书刑律干名犯义章后／刑法为治国之一端若偏重刑法反致乱国议／上法部长官请开差缺书／调和部院核覆陕西杀弟案说帖／论旧律与新刑律草案、中律与外律可并行不悖 | 答王绶廷书／答门生岑荔甫问看书读文之法／诫刘墭（大经）书／弔刿谏老人清源文／附录／万物于我何加焉义／附录／水月主人归隐记 |

《乐素堂文集》现存民国二十一年（1932）北平杨梅竹斜街中华书

局铅印本，另有2014年法律出版社出版的闫晓君据前者整理的《乐素堂文集》。在闫晓君整理的《乐素堂文集》中，不仅有文集本身的八卷内容，而且，《审判要略》《东行日记》《乐素堂诗存》一并纳入。

其中，《东行日记》是光绪二十八年（1902）吉同钧在随大学士裕德去奉天（沈阳）查办内蒙古哲里木盟图什业图亲王被旗下逼死案件期间的日记，对了解吉同钧的办案风格和当时的风土人情等有重要参考价值。关于此案，刘敦谨在《韩城吉石笙先生德教碑记》中称：吉同钧"生平精于法学，遇事能断，历任长官咸倚任之。凡疑狱巨案，必待先生审定。大学士裕公德奏调随往蒙古查办事件。蒙王激变蒙众，被逼自尽，株连数百人，案积年不决，先生连讯三次，即定谳，仅诛渠魁四人，余皆分别责释，全活无数"。①

《乐素堂诗存》共四卷，附有"补遗"和"附录"。在陕派律学家中，吉同钧诗稿最多，涉及法律的内容也最广。因此，《乐素堂诗存》亦为了解吉同钧法律思想的重要著作。例如，吉同钧在《法厅述怀五首》诗中不仅回顾了自己的司法生涯，还不忘表达对薛允升、赵舒翘等先贤的缅怀与敬意："秉笔秋曹十载余，缓刑窃慕路温舒。恤刑屡放入笼鸟，典狱不追漏网鱼。长安而后有归安，法学洋洋萃大观。我与同床仍异梦，内宗孔孟外申韩。李杜惟知耽讽咏，萧曹著述止明刑。法庭老吏骚坛将，一瓣馨香祝阮亭。申韩不解作诗乐，陶谢焉知用法严。争似新城王司寇，申韩陶谢一身兼。今世已无路温舒，谁人肯读缓刑书。本原经术决疑狱，关中犹有赵展如。"②

除此之外，吉同钧尚有《考试法官拟作》《皇朝续文献统考·刑考》等律学著作。《考试法官拟作》现藏于福建省图书馆，为宣统二年（1910）法部律学馆石印本。系吉同钧在法官考试前就《大清律例》部

---

① 闫晓君著：《陕派律学家事迹纪年考证》，法律出版社2019年版，第714—715页。
② 吉同钧撰，闫晓君整理：《乐素堂文集》，法律出版社2014年版，第278页。

分拟题批答,共二十个题目。通过该书,不难发现,吉氏答案的特点是沟通中西,既让考生明了外国相关规定的来龙去脉,又引导考生熟悉国情;既让考生知其然,又让他们知其所以然①。"吉氏综论中西、会通理论与经验,一方面有利于拓宽考生的知识面,另一方面又可以藉此提高考生的分析能力,对那些有机会从事司法审判工作的考生在将来审判案件时,在新旧法律交替时期存在大量的法律空白地带的情况下,恰当运用裁量权是有帮助的。"②

据《世载堂杂议》记载:"乾隆间敕撰《皇朝文献通考》,止于五十年,候补京堂刘锦藻私辑五十一年以后事为《续编》,宣统初进呈。既又托法部尚书劳乃宣,重为修订,乃宣卒,遂托毅。毅于是以刑属法部郎中吉同钧,以象纬、物异属典礼院直学士柯劭忞,以兵、职、官属弟业,皆成书矣。而毅所手订者,征榷之盐法,国用之漕运蠲贷,增益逾倍。"③由此可知,吉同钧对《皇朝续文献统考·刑考》亦有贡献。

## 四、陕派律学的基本特点及其贡献

律学作为通过注释现行法律以改善立法、推动司法的专门之学,是中国古代法文化苑中的一块瑰宝,见证着古代法制文明发展、进步与成熟,也代表着中国古代法学的成就。清代是中国古代社会的最后阶段,清代律学也代表着中国传统律学的最后辉煌。陕派律学是清代律学中的重要流派,也是最后流派。虽然处身于晚清这一数千年未有之大变局之中,但陕派律学依然传承着

---

① 闫强乐:《陕派律学著述丛考》,载《法律史评论》2020年第1辑,第144—147页。
② 李启成:《晚清法官考试研究》,载张生主编:《中国法律近代化论集》第二卷,中国政法大学出版社2009年版,第357页
③ 刘禺生:《世载堂杂忆》,钱实甫点校,中华书局1960年版,第242—243页。

中国传统律学特别是清代律学注律方法和学术观点，同时，也根据律例关系的变化、司法实践的需要和法制改革的推行进行了富有成效地探索，成为总结、呈现传统律学经验与智慧的优秀流派。整体而言，陕派律学具有以下特点及贡献：

### （一）陕派律学是中国传统律学流派发展历程的一个缩影

自商鞅改法为律始，结合司法实践的需求对法律术语、立法目的、律文关系等进行阐发、考辨和注释成为历代律学家的一大使命，律学也由此而兴盛。但欲形成名噪一时或产生深远影响的律学流派，还须同时具备天时、地利、人和等诸多因素。陕派律学之所以享誉晚清，并在影响上超越同时代的豫派律学，最终成为清代律学的集大成者，其原因在于：首先，清代"《律例》为专门之学"，《大清律例》亦载有"讲读律令"条，司法的需求和官员读律的规定为律学家注释律例提供了较为适宜的政治环境，使律学家可以专心从事这一经世致用之学；其次，陕派律学家均发迹于刑部，不仅"一方读律，一方治事"，而且"职责所关，尚多相与讨论"，这种学用相衔和热烈研讨的学术氛围，为律学家的产生提供了得天独厚的"地利"条件；再次，也是最重要的，无论薛允升、赵舒翘、吉同钧等，均籍贯陕西，特殊的地理环境、人文底色，使"秦人钟西岳秋肃之气，性情多刚强严威，故出仕之后，其立功多在刑曹"，加之陕派律学的开拓者和奠基人薛允升重视乡谊、"诱掖后进"，这些共同构成了其他律学流派难以比拟的"人和"优势。上述因素交相辉映，方成就陕派律学这一刑部显学。

## (二)陕派律学是源于传统、超越传统的律学流派

在清代，出身刑部官员的律学家们由于职责要求，需要比较全面地掌握国家整体与地方某些地区法律适用的情况，明确立法的重心和法律适用的症结所在，因此，产生了许多律学成果，而且其律注多是经验的总结与升华。而执法之官又竟相注律，由此形成了蔚然壮观的经验主义的佳作。这不仅是清朝律学发展的原因之一，也是律学价值之所在；而且，与前朝相比，清代律学家所关注的是开拓新领域，总结新经验，创造新价值。陕派律学作为在刑部发端并兴盛的律学流派，也在以务实、求实并密切关注法律实践与改革的基础上取得了新的风格和成就。此前，上迄秦汉，下至明清，律学领域不断开拓，出现了历史考证类、辑注律意类、律例便览类、成案汇编类、图表歌诀类、司法勘验类等律著成果，但多着眼于注释现行律典、归纳司法判例，或者总结司法勘验经验；而陕派律学则基于清代立法与司法的新变化，将关注点拓宽至历代律典的比较、律文及例文的演进、狱政法规的流变、新律要旨的提炼等方面。如薛允升撰写《唐明律合编》，通过唐、明律的比较，从传统视角谈及清律的缺陷，又纂辑《读例存疑》，细究例文与律文的关系、律例与部门则例的关系等，有针对性地对《大清律例》的完善提出修订意见；赵舒翘撰写《提牢备考》，将狱政管理的规定详加采编，系统整理，将律学的服务对象从准确适用律例以定罪量刑转为矜恤罪囚、规范刑罚执行；吉同钧编写的《大清现行律讲义》，将中外刑律合参，使中律之精粹、新律之精神、西法之原理等展露无遗，新律文本的优劣得失也一目了然，成为近代法律学堂中法学人才熟悉现行刑律和中央与地方各级司法官员准确适用法律的"指南车、首东马"。

## (三)陕派律学是清代律学精华的集中呈现

张晋藩先生在论及清代律学时,总结出"流派纷呈,互相推动","考证详审,阐释细微","充实立法,改进司法"等成就,这些在陕派律学中都有直观映现①。薛允升中举之年,正为道光二十年(1840),是年鸦片战争爆发,中国被迫打开国门,开启了艰辛的近代化之路。此后,陕派律学家的个人命运始终与国家荣辱密切相关,陕派律学也随之带有时代赋予其的深刻烙印。一方面,清入关以后,参汉酌金,制定《大清律例》,建立相应的司法制度,行至晚清,已诸弊丛生,"情事之变迁,罪名之舛错",等等,促使律学家"沿流溯源""肇肌分理",在总结立法及司法经验的同时,通过考证与研究,全面反思现行法制中存在的问题并给出解决之策。这是契合法治运行规律的必然之举,也是中国传统社会内部变革的重要内容。于是,中国第一部比较法著作《唐明律合编》、第一部监狱学著作《提牢备考》、导修律之"先路"的《读例存疑》,以及《汉律辑存》《服制备考》《审判要略》等相继诞生,为晚清改进立法及司法制度提供了源自传统的经验与智慧,并奠定坚实基础。另一方面,同治、光绪、宣统之际,西方法律文化不断输入,与传统法律文化激烈碰撞,特别是"博采中外良法",推行变法修律,彻底动摇了中华法系的根基,但这也为陕派律学取得超越性的成就提供了契机,如吉同钧《大清律讲义》中,首次会通中西律文,融合古今纵向比较与中外横向比较两大方法,以比较法的视野评述立法之得失,探讨扬弃之关键。这些体现于注律方法、关注内容等方面的显著变化,使陕派律学较此

---

① 张晋藩:《中国传统法律文化十二讲》,高等教育出版社2018年版,第309—310页。

前的律学著作有实质性的进步。总之,陕派律学孕育于清末刑部,扎根中华法系,是清代律学中熠熠生辉的重要篇章。

**(四)陕派律学有力推动了立法、司法、法学教育和法学研究**

陕派律学家注释律例,一则为修订《大清律例》做准备,二则为准确理解和适用《大清律例》提供参考。实际上,无论是晚清修律中《大清现行刑律》的顺利出台,以及一批富有真知灼见的修律建议的提出,还是一系列重大疑难案件,如李苤材、王树汶案的依法审判,均显示出陕派律学的积极影响和经世致用的价值。陕派律学家在司法中的表现,表现出"一个兼具儒者情怀与职业精神的优秀刑官的崇高形象"①,也正如陈景良教授所言:"清代治律之人,常能准确地找出最合本案的例或成案,律、例(案)结合的审判方式,使得案件审理既有成文法大前提、小前提、结论三段论的逻辑推演,又有案件具体事实比对的深深镶嵌。可以说,审判中无论是方法还是结论,都是相对严格的。"②对于法学教育和法学研究,陕派律学家也贡献颇丰,尤其是吉同钧在晚清法律教育和法学研究中一展身手,不仅在清末新式法学教育中为国家培育了大量的法学专门人才,"自光绪三十二年起至宣统三年止(1896—1911年),共主讲席六年,前后学成卒业者二千余人"③,而且完成了由关注律例的古今之变向"甄采中西""会通中外"的转型。由于修订新律期间各国法律与法学著作的不断翻译,以及

---

① 徐忠明、杜金:《案件的政治学:大司寇薛允升的司法技艺》,《学术研究》2014年第2期,第52页。
② 陈景良:《十年一剑:〈陕派律学家事迹纪年考证〉的史料与法学价值》,《江汉大学学报》(社会科学版)2021年第2期,第11页。
③ 吉同钧著,闫晓君整理:《乐素堂文集》,法律出版社2014年版,第95页。

担任《大清现行刑律》总纂官的特殊经历，使得吉同钧在继承薛允升律学思想的基础上，融入中西比较的视野，将日本、英国、法国、俄罗斯、美国等西方法律的相关规定与清律比较，关注点由修改传统的《大清律例》转向制定并解释新的《大清现行刑律》，使纵向比较与横向比较相得益彰，打破了"封闭型法律体系"下律学不与外国法律及法学互动的局面，从而实现了注律方法的重大突破，也呈现出与传统截然不同的律学思想和法律改革观。这一方法上的历史性转变，开辟了律学研究与近代法学研究的新路径。

总之，陕派律学具有诸多宝贵之处，特别是其始终着眼于实用，主动应变，不管是对律例关系的辨析，对条文与法意内在联系的分析，还是通过探讨条文背后的法理与情理以实现司法公正，通过古今中外法文化的比较寻求律例的良性改革等，都体现出律学家的理性思维的结晶，展现出中国传统律学的担当和魅力，也极大地推动了法制文明的发展。这些在今天看来，仍不失为值得珍视的法文化遗产。

## 五、中华法系的解体与陕派律学的落幕

法系，又称法族，是指由若干个国家的法律所组成的具有共同的历史渊源、制度内容、风貌特征和话语体系的法律体系。1884年日本学者穗积陈重在《法学协会杂志》第1卷第5号发表了《论法律五大家族之说》的论文，按照世界各国法律的传统与相似性，提出"印度法族、中国法族、回回法族、英国法族、罗马法族"即"五大法系"之说。此文开启了"法系"研究的先河。1904年，梁启超在《中国法理学发达史论》一文中，进一步对中华法系的概念和地位加以论述，他满怀豪情地说："近世法学者称世界

四法系，而吾国与居一焉，其余诸法系，或发生蚤于我，而久已中绝；或今方盛行，而导源甚近。然则我之法系，其最足以自豪于世界也。夫深山大泽，龙蛇生焉，我以数万万神圣之国民，建数千年绵延之帝国，其能有独立伟大之法系，宜也。"①梁启超同时认为，中国周边之"高丽、日本、安南诸国，皆以彼时代继受我之法系"②。此说对后世学者影响深远。

民国时期，杨洪烈、丁元普、程树德、陈顾远等撰写了一批探讨中华法系的论文并出版了《中国法律在东亚诸国之影响》等专著，极大地促进了中华法系研究的深入。这一时期的中华法系研究，并非一味分析中华法系解体的原因，或者驳斥中华法系业已消亡的观点，而是在日寇入侵、国家面临生死存亡之际、中华民族面临严重危机的形势下，一批有担当的学者自觉担负起以笔为刀的责任，发出赞美中华法系、复兴中华法系的呐喊，希图唤起民众的民族自豪感、自信心和爱国热情。这些努力为新中国成立后的中华法系研究奠定了基础。

新中国建立以后，中华法系研究经历了由低谷到高峰的变迁，尤其是改革开放以来，以张晋藩、陈朝璧、杨一凡、何勤华、张中秋、马小红、范忠信、刘广安、郝铁川、郭成伟等为代表的学者们相继发表了一批具有重要学术影响力的中华法系研究论著，将中华法系的生动面貌和丰富内涵全面客观地展现在世人面前。其中最具代表性的是张晋藩，他认为中华法系具备以下特点：一是农本主义的法律体系，二是皇权至上的法制模式，三是儒家学说的深刻影响，四是法与道德的相互支撑，五是家族法的

---

① 范忠信选编：《梁启超法学文集》，中国政法大学出版社2000年版，第69页。
② 范忠信选编：《梁启超法学文集》，中国政法大学出版社2000年版，第147页。

重要地位，六是法、理、情三者的统一，七是多民族的法律意识和法律成果的融合，八是重教化、慎刑罚的人文关怀等。[①]

除了学界的长期钻研，在全面依法治国不断推进的新形势下，中华法系也受到中央的高度关注，如习近平同志在中央全面依法治国工作会议上指出："自古以来，我国形成了世界法制史上独树一帜的中华法系，积淀了深厚的法律文化。中华法系形成于秦朝，到隋唐时期逐步成熟，《唐律疏议》是代表性的法典，清末以后中华法系影响日渐衰微。与大陆法系、英美法系、伊斯兰法系等不同，中华法系是在我国特定历史条件下形成的，显示了中华民族的伟大创造力和中华法制文明的深厚底蕴。中华法系凝聚了中华民族的精神和智慧，有很多优秀的思想和理念值得我们传承。出礼入刑、隆礼重法的治国策略，民惟邦本、本固邦宁的民本理念，天下无讼、以和为贵的价值追求，德主刑辅、明德慎罚的慎刑思想，援法断罪、罚当其罪的平等观念，保护鳏寡孤独、老幼妇残的恤刑原则，等等，都彰显了中华优秀传统法律文化的智慧。"[②]这段话既简要说明了中华法系的发展历程，也勾勒出中华法系的基本面貌，并提出了蕴含在中华法系之中的跨越时空的理性因素和史鉴价值，无异于一幅简明版的中华法系全景图。

中国传统律学是中华法系的重要内容，其发轫于战国，兴起于秦汉，繁荣于魏晋，成熟于唐，衰微于宋元，复兴于明清，最终随着清朝的覆亡和中华法系的解体而谢幕。从中华法系与传统

---

[①] 张晋藩：《中华法系论辑（1980—2006）》，中国政法大学出版社2018年版，第101—110页。
[②] 习近平：《坚定不移走中国特色社会主义法治道路　为全面建设社会主义现代化国家提供有力法治保障》，载《求是》2021年第5期。

律学的发展轨迹来看，传统律学不仅具有鲜明的本土性色彩，而且也具有和中华法系相伴而生、荣辱与共的发展规律。

第一，传统律学是随着中国古代成文法的出现、演变以及司法审判对准确理解立法原意的需要而日渐兴起的，中国古代立法技术的进步、司法文明的发展以及职业律学家群体的形成，助推了传统律学的兴盛，而传统律学的价值追求、法理诠释、核心内容等也集中反映了中华法系的基本特点。

如《唐律疏议》被誉为中华法系的代表作，是标志着中华法系发展成熟的重要法典，也是"现存最早也最为严谨的律学著作"①。《旧唐书·刑法志》记载，永徽三年，"诏曰：'律学未有定疏，每年所举明法，遂无凭准。宜广召解律人条义疏奏闻。仍使中书、门下监定。'于是太尉赵国公无忌、司空英国公勣、尚书左仆射兼太子少师监修国史燕国公志宁、银青光禄大夫刑部尚书唐临、太中大夫守大理卿段宝玄、朝议大夫守尚书右丞刘燕客、朝议大夫守御史中丞贾敏行等，参撰《律疏》，成三十卷，四年十月奏之，颁于天下。自是断狱者皆引疏分析之。"②可见，《唐律疏议》作为官方性的注律成果，不仅便于司法官员准确领略律意，公正断案，也便于为明法考试提供依据，选拔优秀的法律人才。

第二，律学作为一种学术形态，依附于其研究对象即历代立法而存在，而这种关系并不能完全促进律学的繁荣，只有在统治者重视法制，注意通过立法和司法调整和维护百姓的生产生活秩序时，律学才会和法律一样，迎来发展的空间；否则，无论是法律规范被束之高阁、国家治理全靠帝王或权臣肆意而为，还是法

---

① 张晋藩：《中国传统法律文化十二讲》，高等教育出版社2018年版，第298页。
② 《旧唐书》卷五十《刑法志》。

网繁密,动辄以严刑峻法立威,法律完全在司法官员的任意解释下适用,都无助于法治秩序的建立,亦无助于立法、司法的发展,更遑论律学的繁荣了。

为薛允升所推崇的《唐律疏议》,也正是在唐代统治者重视法制、以身作则、厉行法治的适合良法善治实现的宽松条件下产生的。正如长孙无忌在《进律疏表》中所言:"(高宗)日旰忘餐,心存于哀矜;宵分不寐,志在于明威。一夫向隅而责躬,万方有犯而罪己。仍虑三辟攸斁,八刑尚密,平反之吏,从宽而失情;次骨之人,舞智而陷网。刑靡定法,律无正条,徽纆妄施,手足安措!乃制太尉、扬州都督、监修国史、上柱国、赵国公无忌,……,摭金匮之故事,采石室之逸书,捐彼凝脂,敦兹简要,网罗训诰,研核丘坟,撰律疏三十卷。"①

王元亮在《唐律疏议·释文序》中也称:"圣慈惟刑是恤,冀同乐举觞,遂诏刑官,删修坠典,以宽猛相济,以轻重随时,一协公平,更无迷谬。然刑统之内,多援引典故及有艰字,法胥之徒,卒不能辨;又有新入仕员,素乖习熟,至临断案,事一决于胥,胥又无识,岂不有非圣慈者哉?且如问云:加杖二百比徒四年,部曲与奴婢不等,义服与正服有乖,若此之差,例皆多目。故此山贳冶子治经之暇,得览金科,遂为释文,以辨其义,此盖有志于民者也,又见不自诬举仕。仍为叙引,联志岁时云尔。"②

明清律学的繁荣,也与皇帝的支持有莫大关联。明代立国之初,太祖朱元璋指出,元代覆亡在于"法度日弛,纪纲不振"③,为避免重蹈因法制失灵而使政权"土崩瓦解,卒不可救"的覆辙,

---

① 《唐律疏议》附《进律疏表》。
② 《唐律疏议·释文序》。
③ 《明太祖实录》卷十五,甲辰年十二月丁巳。

朱元璋强调"律令者，治天下之法也"①，下令纂修《大明律》《大明令》。其后，又以律令"尚有轻重失宜，有乖中典"为由，②下令以唐律为模板，重新参酌唐律，更定律令条文。为了熟悉唐律要旨，朱元璋甚至多次和群臣共同学习、探讨《唐律疏议》；为了便于官民一体遵守《大明律》，朱元璋还亲自推动了明代首部以普及律令为目的的官方注律成果《律令直解》的产生。此后，王樵的《读律笺释》、王肯堂的《大明律附例笺释》等则勇开私家注律之新篇。清初律学同样在皇帝的支持下取得较大发展。顺治三年（1646）官修的《大清律集解附例》即吸纳了明代律学家的注律成果，以小注的形式加强对律例条文及字词的解释和说明。康熙时王明德《读律佩觿》的出现，"标志着清代律学家已经走上独立发展之路"③。康熙时沈之奇的《大清律辑注》为各级司法官员所推崇，成为理解律例与定罪量刑的重要参考。由于得到官方的支持和认可，一时间，律学大家辈出，注律解律蔚然成风。

可贵的是，陕派律学形成之际，晚清官场虽然腐败盛行，但皇帝及刑部官员依然保持着对司法的重视，国家法制依然运行有序，在这种环境下，陕派律学才不至于陷入在乱世泥潭中无法发展的困境。

第三，中国传统律学同中华法系均以相同的经济社会基础即以小农经济为主体的自然经济为依托，当这种经济方式和社会形态发生根本性的变革时，法律、律学皆面临着失去服务对象的严峻挑战。在西风东渐、外忧内困、中国民族危机空前严重的形势

---

① 《大明令》卷首洪武元年正月十八日圣旨，收入刘海年、杨一凡主编：《中国珍惜法律典籍集成》乙编第一册，科学出版社1994年版，第3页。
② 《明太祖实录》卷八十四，洪武元年八月乙卯。
③ 张晋藩：《中华法文化要略》，法律出版社2019年版，第259页。

下,晚清社会的礼法秩序与小农经济基础受到严重冲击,加之中国法制近代化的步伐加速,律学也就不可避免地随着中华法系的解体而趋于没落。

鸦片战争之后,西方列强先后在中国攫取领事裁判权,所谓"中国法律,不仅是极为专断的和极为腐败地实施的……它的体系在许多方面与欧洲人公平或正义的观念不相容",①"东方之国家(如中国)其文明程度与西方的基督教国家迥然不同,尤以家族关系与刑事法规及司法等最为差异。英美人居彼邦自以适用己国法律与法庭管辖为宜。"②中国的法律被西方人视为"封建破烂"。③"这些法律在一些重要的方面是残酷的、不合理的"。同时,西方人"对中国法庭执法的公平正直是毫不信任的"。④ 在这种情况下,西方的法律文化随着工业文化、商业文化一起传播到中国,清朝天朝大国的权威不复存在,在中西法律文化的冲突与对决中,薛允升、沈家本、吉同钧等一批司法官员都在考虑中国法律的前途和命运,以"求变"来应对《大清律例》的不敷时用,成为律学家们长期思考的首要问题。而薛允升给出的良方是在传统法文化的框架内改进传统法律,沈家本则在清廷变法修律的旨意下开启了法律近代化的新路。

历史证明,法律的近代化最终成为时代的潮流,而这一潮流伴随着社会结构、经济基础的重大变革,正如马克思所言,西方侵略者来到亚洲,他们肩负着双重使命,"一个是破坏的使命,

---

① H. B. Morse, Chronicles of the East India Company to China, (Oxford),转引自高道蕴等编:《美国学者论中国法律传统》,中国政法大学出版社1994年版,第450页。
② 强磊:《论清代涉外案件的司法管辖》,辽宁大学出版社1991年版,第184页。
③ 费成康:《中国租界史》,上海社会科学出版社1991年版,第147页。
④ [美]威罗贝:《外人在华特权和利益》,三联书店1957年版,第341页。

即消灭旧的亚洲式的社会;另一个是重建的使命,即在亚洲为西方式的社会奠定物质基础"。[①] 这既说明了历史的发展总是不以任何个人的意志为转移的,也预示着在新的物质基础和社会基础上所进行的变革,必然会打破万马齐喑的沉闷气氛,超越旧的窠臼,无论是在政治制度还是法律制度上都将出现新的作为和面貌。如果说法律近代化冲击了中华法系原有的秩序和内容,那么,清王朝的覆亡和《大清律例》的失效,不仅让中华法系失去制度支撑而走向解体,也让传统律学彻底失去了赖以依附的基础。于是,陕派律学不可避免地步入终结之路。

值得注意的是,除了浩荡历史潮流的推波助澜,陕派律学的衰微与律学家们的见识和立场也紧密相关。自薛允升始,陕派律学家无不以改革律例、完善立法为己任,但这种改革是儒家思想指导下的局部修补,礼本刑用、德主刑辅、宗法伦常、家族本位等仍是核心要义;虽然吉同钧已经尝试在中外比较的前提下分析、评论中国法律的优劣,但其最终没有同沈家本一道,致力于创建新的法律体系和符合时代进步潮流的法律学说;辛亥革命后的吉同钧,更以前清旧臣自居,不时流露出对传统法律的留恋,表达对在社会性质尚未完全扭转的中华故土上骤然嫁接、移植西方法文化及新式法律的忧虑与不满,以致在目睹民国初期军阀割据、政局动荡、法纪荡然的乱局之后更加坚守以纲常伦理为精粹的传统法律观念。这种观点在当时具有一定的代表性和合理性,但就社会发展大势而言,无疑又是滞后和古板的。只关注眼前帝制国情下的法律适用,未曾放眼于更为长远、更具进步意义的共

---

[①] 马克思:《不列颠在印度统治的未来结果》,载《马克思恩格斯选集》第一卷,人民出版社1995年版,第768页。

和制下法律的发展，这种认识上的局限和保守，是陕派律学乃至清代律学走向没落的根本原因。

　　总括上述，作为中国传统律学的集大成者，作为中国传统律学最后辉煌的见证者和代表者，陕派律学在中华法系和中华法制文明史中占有一席之地，薛允升、赵舒翘、吉同钧等律学家留下了丰硕的律学著作和独到的学术见解，他们始终着眼于实用，无论是对律例关系的辨析、对条文与法意内在联系的分析，还是通过探讨条文背后的法理与情理以实现司法公正，以及通过古今中外法文化的比较寻求律例的良性改革等，都体现出陕派律学家的理性思维和律学智慧，这些都极大地推动了司法文明的发展，对晚清的法律改革也具有一定的积极作用。因此，在去芜存菁之后，可以发现，陕派律学中的优秀因素，至今仍不失为值得珍视的法文化遗产。

# 第二章
# 陕派律学家法律改革思想的共同之处

作为中国古代最后的律学流派,陕派律学并不只是着眼于现行律例的注释、辨析和考证,也不满足于条文背后的义理的阐发,而是立足晚清的司法实践,积极总结司法经验,试图通过著书立说的方式表达改革《大清律例》等国家基本法律或执法、司法的规范,从薛允升、赵舒翘到吉同钧等,莫不如此。陕派律学家法律改革思想异中有同,均体现出传统律学在改善司法、促进立法方面的自觉与作为,具体体现如下:

## 一、都体现出强烈的礼本刑用的儒家政刑观

自《唐律疏议》确立"德礼为政教之本,刑罚为政教之用"的立法思想之后,礼本刑用一直是古代立法和司法的普遍遵循,也是最重要、最基础的正统法律观。仍属传统知识分子和刑部官员的薛允升、赵舒翘、吉同钧等对此也矢志维护。

薛允升在律学著述中,处处流露出对礼本刑用的坚持和尊崇。如对"祭享"律文撰写按语进而对唐明律立法之轻重进行整体性评价时,指出:"此律与唐律大略相同,惟唐律中小祀均各递减大祀罪二等,明律中祀罪同。是较唐律为重矣。而各项科罪之

处，均比唐律为轻。国之大事，祀典为重，此而慢不经心，不敬孰甚焉，故重其罪。明律均改而从轻，不知何故？大抵事关典礼及风俗教化等事，唐律均较明律为重，贼盗及有关帑项钱粮等事，明律则又较唐律为重，亦可以观世变矣。古人先礼教而后刑法，后世则重刑法而轻礼教，唐律犹近古，明律则颇尚严刻矣。"①先礼后刑的唐律受到薛允升推崇备至，即可明晓薛氏注律的立场。在评价"僧道拜父母"时，薛氏提出："此律即依照唐开元二年敕旨纂定者也。而服制律内并无此层。再，名例称道士女冠条云，于其师与伯叔父母同，弟子与兄弟之子同，则直视为期服至亲矣。律内亦无此服，而杀伤本宗卑幼，则俱以凡论，均属参差。应与僧道有犯各条参看。僧道在四民之外，亦为王化所不及。是以历代以来，俱度外置之。易系辞云：有男女然后有夫妇，有夫妇然后有父子，有父子然后有君臣。僧道并不娶妻生子，是已无夫妇一伦矣，又何知有父子、君臣哉？此律所云，盖亦不得已之办法也。"②该按语从五伦等视角对僧道这一法律主体和常人遵守礼制的情形加以区分，同样反映出以礼为本的刑罚适用观。

在评价"乡饮酒礼"时，薛氏指出："礼与刑相辅而行，出乎礼则入乎刑，昔人屡言之矣。此律即周礼所谓以阳礼教让则民不争。……《汉书·礼乐志》亦云：乡饮之礼废，则长幼之序乱，而争斗之狱蕃。明祖用法最严，而特著此律，盖亦知礼之可以为国也。其信然乎。"③在评价"讲读律令"时，薛氏提出："律令一书，专为犯法者而设，凡官吏之营私舞弊，及人民之作奸犯科，固已

---

① 薛允升著，怀效锋、李鸣点校：《唐明律合编》，法律出版社1999年版，第170页。
② 薛允升著，怀效锋、李鸣点校：《唐明律合编》，法律出版社1999年版，第186页。
③ 薛允升著，怀效锋、李鸣点校：《唐明律合编》，法律出版社1999年版，第191页。

详晰俱备矣。然惩之于已然，何如禁之于未然。专事刑法，何如崇尚礼教。礼律之乡饮酒礼，杂律之拆毁申明亭，犹得古意。"①在评价"拆毁申明亭"时，薛氏指出："明代添设之律，非近于苛刻，即失于繁琐，惟此律及乡饮酒礼律，犹得先教化而后刑法之意。世之论治者，恒以宗法为要务，然废弛已久，行之颇难，不得已而思其次，其惟蓝田乡约乎？今之使外吏者，有能见及于此者乎？明明著在功令者，尚视若弁髦。虽再增设若干条，亦仍置之不理而已。有治法而无治人，其奈之何。周礼有五刑，又有五禁，禁者禁于未犯之前，刑者刑于既犯之后。刑禁者，王者整齐天下之大法。故大司寇象魏布之，士师门闾悬之，又使布宪宣布于四方，不惮反复而丁宁者，凡以使家喻户晓也。此律犹有古意。"②

在薛允升看来，唐律一准乎礼，因而能得立法、司法之平，是后世最应效仿的模范法典，对唐律中关乎礼刑关系的条文，薛氏也多为肯定。对于明律，因其尚严苛、重刑罚、轻礼制，向来为薛氏所批评。而明律中以崇礼尚礼为初衷所设的"乡饮酒礼""拆毁申明亭"等条，薛允升则大加赞许，认为其与尊崇礼制之古律一脉相承。徐世昌曾借为《唐明律合编》作序之际评价薛允升的著述旨趣："长安薛允升尚书精于律学，官刑部垂四十年，潜心名法，融会贯通，尝取唐、明律之彼此参差、轻重互异者，逐条疏证，以类相从，成《唐明律合编》三十卷。先生一生服膺唐律，自言平日寻绎律义，有所未瞭……及就唐律求之，则事理炳然。……三丧礼服之学，盛于唐初，故唐律一本于礼，而得古今之平。"③

---

① 薛允升著，怀效锋、李鸣点校：《唐明律合编》，法律出版社1999年版，第202页。
② 薛允升著，怀效锋、李鸣点校：《唐明律合编》，法律出版社1999年版，第694页。
③ 薛允升著，怀效锋、李鸣点校：《唐明律合编》卷首，徐世昌序，法律出版社1999年版。

薛允升在《唐明律合编》后序中也提出："余合编唐明律竟,作而言曰:古律之为书,原根极于君臣、父子、夫妇之经,而使事事物物之各得其宜也……"①明礼,在于明贵贱、序尊卑、定名分;明刑,在于弼礼教、惩奸邪、稳秩序。礼法结合,方能收综合治国之效。而礼本刑用,方能彰显以礼为尊、以刑为辅的礼刑关系和施政方略的主辅之别。因此,薛氏的礼本刑用观愈是鲜明,愈能反映出其对传统政刑观念的认同和坚守,而这些论断并非仅是注律之言,其用意更在于启发日后修律者,注意在修订法律时勿忘礼本刑用的核心思想。

赵舒翘也以礼本刑用作为狱政法制改革及司法的基本观念。如在《提牢备考》中,赵氏提出:"宪典昭垂,共宜遵守。出乎礼即入乎刑,君子持身之严,未尝不视此为法戒也。"②在复核地方上报中央的司法要案中,赵氏也多遵守传统礼制特别是纲常名教和《大清律例》判定是非。如在《会议服制奏稿》中,针对光绪十年(1884)十一月二十九日内阁奉上谕交刑部会同礼部合议服制立法分歧一事,赵舒翘根据礼典的立法原意提出:"礼与刑相资为用,故律例必首列《服制图》,例载:为人后者为本生亲属俱从正服降一等,此礼之正也。《礼》例、《通礼》均与刑例同。又载:为人后者之子孙于本生亲属只论所后宗支亲属服制,如于本生亲属有犯,俱照所后服制定拟。其异姓义子与伊所生子为本生父母亲属孝服俱不准降等各项有犯,仍照本宗服制科罪。此条前半所论服制,惟《仪制司例》相同,《通礼》与《祠祭司例》均不载。揆之天理人情,殊欠允当。后半所论刑名,若以俱照所后服制定拟句善

---

① 薛允升著,怀效锋、李鸣点校:《唐明律合编》,法律出版社1999年,第821页。
② 赵舒翘著,张秀夫主编:《提牢备考译注》,法律出版社1997年版,第24页。

为解释云：明称之为本生，原非所后，然究系己所自出，恩谊重而服制轻。如有所犯，俱照所后服制定拟者，谓照未尝为人后之本服定拟，则与下文'亦俱不准降等，有犯，仍照本宗服制科罪'针锋相对，情理允当。否则，如所后系本生无服远宗，则为人后者之子孙于本生祖父母、伯叔父母亦皆无服，应以凡论，岂合情法之平？且与下文'亦俱不准降等'句相龃龉。况女子内夫家外母家，女适人男出后，均降父母之服为期，事极相类，女子之子为外祖父母服虽小功，如有犯，照期亲尊长论。辑注谓：母之所自出，即己之所自出，故服虽轻而恩义重，此极平允。且乾资始重于坤资生，为人后者之子孙为本生亲属服制应加于女子为外家甚明。今乃定为无服、以凡论之例，礼与刑胥缺之矣！"为了改变服制立法所出现的"彼此两岐，前后互异"的情况，结合上述分析，赵舒翘特别提出修改法律的建议："似应改为：凡为人后者，本身及其子孙为本生亲属均照正服降一等。有犯，仍照本宗服制定拟，庶礼教刑名足以使民敦爱而重犯法。"[①]

吉同钧在律学见识上受薛允升、赵舒翘的影响，虽处于晚清数千年未有之大变局之中，面对欧风美雨的侵染，仍坚守传统的礼本刑用观，并以此作为其撰写律著、修订《大清现行刑律》的根据，而且，即使清亡之后，吉氏仍恪守传统观念，并多次撰文抒发己见，呼吁恢复儒家思想的正统地位。如吉氏在《乐素堂文集》中提出："近年欧风东扇，哲学盛行，学堂不讲圣经，取士端凭技艺，少年有志功名，不得不借径于此，以为入仕之阶，然伦常之经，与天地并立；孔孟之道，如日月常昭。"[②] "王者之道寓于

---

[①] 赵舒翘著，闫晓君整理：《慎斋文集》，法律出版社2014年版，第92—93页。
[②] 吉同钧著，闫晓君整理：《乐素堂文集》，法律出版社2014年版，第35页。

经,霸者之道垂为法。经为立国之本,法为治国之具,二者相须而不可离也。惟经学有真伪之分,若假托经术以误国,则为经学之贼。法学有新旧之辨,若妄行新法以害民,则为法学之蠹。"①

吉氏关于礼法关系最集中的论述,莫过于在京师孔教会演说时所作的《论孔道与法律之关系》,该文开篇即说明自己长期饱读并领会儒家经典精髓的经历:"余少读四书,止玩章句,於义理全无会悟。长习吏事,稍更世变,始知《论语》一书非但道德之渊薮,而亦历代法律之鼻祖也。"随后,便举例说明法律的根本在于儒家思想,而儒家所提倡的道德伦理正是弥补法律中各种不足和缺陷的良方:"即如夫子之答叶公,不以证父攘羊为直而以父子相隐为直。斯言也,盖融铸道德法律于一炉,并以道德救法律之弊者也。夫刑事用证为断狱之通例,缘起两造相争非证不能得直,故律书有'众证明白即同狱成'之条,又有'证佐不言实情治罪'之条,然用证之事,止可施行于通常社会之中,而不可行于天亲伦纪之际。叶公不知此义,遂疑父子之间亦可用证,岂不谬哉!夫子知其流弊所极,必将以攻讦之风伤天伦之义,故反其言以折之而曰,'父子相隐,直在其中',盖逆知后世有薄天伦、残骨肉如申韩之学者,故以此言为防微杜渐之谋,意至深也。但圣人之言含蓄不尽,因叶公问及父子,故止言父子相隐,其实隐者不止此也。故汉唐以来,治律各家推广精义,著为'亲属相容隐'一条,父子以外,凡同居若大功以上亲及外祖父母、外孙、妻之父母、女婿若孙之妇、夫之兄弟及兄弟妻有罪,均得相为容隐,又推而广之,即奴婢、雇工亦得为家长容隐,非但为容隐,即亲属犯罪,密为泄漏其事及通报消息,致令隐匿逃避者,亦不坐

---

① 吉同钧著,闫晓君整理:《乐素堂文集》,法律出版社2014年版,第41页。

罪。总缘门内之治，可以恩而掩其义，此正《礼记》所谓'凡听五刑之讼，必原父子之亲'以权之者也，如有不相容隐而互相告发者，又著有'干名犯义'之律，凡子告父母，诬者处绞，得实者亦治以徒罪，其余亲属彼此相告，以次第减治罪，所告之事，均不准行。"吉氏认为，罗列上述条文，"无非维持名教、笃厚天伦之意，而根源皆自夫子'父子相隐'之语导之，故曰《论语》一书为历代法律之鼻祖也，此正中华数千年之国粹，为全球律书之特色"。

面对新律制定后尽以西方法律为宗、全然不顾儒家思想影响中华法文化由来已久且根深蒂固的现实，吉同钧感慨道："今之新律概不讲此，则是攘羊证父，可称直躬，叶公之说行而孔道废矣。"他还在此基础上列举其他律文，说明儒家思想与律例之间密不可分的关系："此仅略举一端，其余各项法律探源经训、扶持伦常者，尚不可胜举。如旧律子孙违犯教令、奉养有缺、父祖被殴救护犯罪、存留养亲、弃亲之任、匿父母丧各条，即经文之教孝也；卑幼私擅用财、兄弟别籍异财各条，即经文之教弟也；立嫡子违法、杀子孙图赖人各条，即经文之教慈也；犯奸杀奸、妻妾失序、尊卑为婚、嫁娶违律各条，即经文夫妇有别道也；亲属相奸、亲属相盗、亲属殴骂各条，即经文敦叙九族之道也。"

在举要陈述儒家思想影响下的《大清律例》中的"国粹"条文之后，吉同钧痛心疾首地指出儒家思想与旧律相互依存，废旧律即是废孔道，而废孔道即是危国本："今律亦一概废之，而犹曰言尊孔、表章经学，岂非南辕而北辙乎！废旧律即是废经训，经训废而孔道荡然，彝伦斁，国本危矣。"进而大声疾呼："今欲尊崇孔道，宜先修复古律，古律倡明，孔道自见诸实行，否则虽日拥皋比，口讲笔述，究属纸上空谈，于世道人心终无济也。明孝宗十二年（1499）诏修律例，给事中杨廉上言曰：臣愚以为非深于经者，不足以议律，非深于律者，不足以议例，望选素通经术之士，专理其事，俾以例通律之穷，不以例淆律之正。又《周礼》司徒以六行教万民，即继以八刑纠万民。教以六行者，教其孝、友、睦、姻、任、恤也。纠以八刑者，纠其不孝、不友、不睦、不姻、不任、不恤者也。足见经与律理本一贯，讲明经学者，尤必参考古律，现在古律废矣，而欲讲经以维孔，岂可得乎？因前文有未尽之意，复赘数语自记。"①凡此种种，都凸显出吉同钧在变法修律之际仍恪遵礼本刑用观念的"固执"，也反映出一代律学大家对传统法文化核心要义的坚守。

虽然提倡立法、司法及修律都要坚持礼本刑用，但对于单独突出德礼而忽视刑罚者，吉同钧也大加鞭挞，认为这类议论"惟专主德化而不及刑罚，未免迂阔寡效"，实在不可取。因此，他提出，施策应似"医者之疗病也"，"急则治其标，缓则治其本"，只有礼法结合，"本末兼治"②，才能收到大治之效。

## 二、都坚持"法与时转则治"的立法基本规律

早在《尚书·吕刑》中，便提出"刑罚世轻世重"的立法原则。所谓"世轻世重"按孔颖达疏："当视世所宜，权而行之。"另据《正义》："刑罚随世轻重，言观世而制刑也。"韩非主张的"法与时转则治"③即由此而来。这一体现立法须根据时代需要而进行必要修改和进步的观念是符合法律发展的规律的。因而，为历代思想家、政治家、律学家所承袭，薛允升、赵舒翘、吉同钧也概莫

---

① 吉同钧著，闫晓君整理：《乐素堂文集》，法律出版社2014年版，第97—98页。
② 吉同钧著，闫晓君整理：《乐素堂文集》，法律出版社2014年版，第40页。
③ 《韩非子·心度》。

能外。

薛允升在《唐明律合编》序言中提出在唐明律相比较的基础上以古律为模范的法律改革主张："讲求斯道(治律之道)者,莫不以为唐律为最善。……明太祖亲定明律,大体亦祖此书,而不免有所增删,其世轻世重之故。洪武七年之初本不传,无以考其改定之意,然尔时尚仍用唐律之十二章也。迨二十二年,改为三十门,分为吏、户、礼、兵、刑、工律,大非唐律之本来面目矣。前于坊肆购得嘉靖二十九年重修明律三十卷,并附例若干条,则隆庆元年巡按湖广御史陈省刊刻者也。余详加审核,其中仍照唐律者固多,而增减者亦复不少,且有删改失当者。他不具论,即大辟罪名,已增多至二十余条。虽历代典章,不相沿袭,而律为民命攸关,必当详慎周密,方可垂诸永久。事不师古,而私心自用,非良法也。"[①]

在具体问题上,薛氏也多据此褒唐贬明,实际则意在修订承袭明律而作的《大清律例》。如针对"流囚家属"条,薛允升提出："此律与唐律同,而无三流俱役一年一层。……明律既不应役,又未定有附籍之法,其佥妻发配之例,亦无端停止。此辈孤身无依,甚或衣食无资,穷困交迫,非为匪则脱逃矣。古法之不可轻改也如是。流犯终身不返,故必佥妻同往,亲属随行,役满后,即在彼处附籍,应役输课,不惟本犯安插得所,亦省却无数葛藤,此古法之最善者也。……今则大不然矣。流犯不应役,办理太宽,不定入籍之法,则又过严,势必终身为流犯矣。一经脱逃,即罹重谴,可乎?而徒流人逃律又无计日论罪之法,则皆删

---

[①] 薛允升著,怀效锋、李鸣点校:《唐明律合编》,法律出版社1999年,第1—2页。

改唐律之不得其当者。"①

在《读例存疑》中，薛允升也不厌其烦地申明必须适应司法实践的需要进行法律修订的必要性。如薛氏在总论中一方面提出律例有别："律者，万世之法也，例者，一时之事也。万世之法，有伦有要，无所喜怒于其间。一时之事，则人君有宽严之不同，卿相有仁刻之互异，而且狃于爱憎，发于仓促，难据为准。譬之，律者衡也、度也。其取而拟之，则物至而权之、度之也，部居别白，若网在纲。若夫例者，引彼物以肖此物，从甲事以配乙事也。其能无牵合影射之虞乎。律虽烦，一童子可诵而习。至于例，则朝例未刊，暮例复下。千条万端，藏诸故府。聪强之官，不能省记。一旦援引，惟例是循，或同一事也而轻重殊，或均一罪也而先后异。或转语以抑扬之，或深文以周内之。往往引律者多公，引例者多私。引律者直举其词，引例者曲为之证。公卿大夫，张目拱手，受其指挥，岂不可叹。且夫，律之设，岂徒为臣民观戒哉。先王恐后世之人君，任喜怒而予言莫违，故立一定之法以昭示子孙。诚能恪遵勿失，则虽不能刑期无刑，而科比得当，要无出入之误。若周穆王所谓刑罚世轻世重，杜周所谓前王所定为律，后王所定为令，均非盛世之言，不可为典要也。"②

另一方面，他主张修订条例以规范律例的适用："顺治元年，定问刑衙门，准依明律治罪（先是，国初律令，重罪有斩刑，轻罪用鞭责，至是始有用明律之制）。又奏准故明律令，当斟酌损益，刊定成书，俾中外知所遵守。是年奉旨，法司会同廷臣详绎明律，参酌时宜，详议允当，以便裁定成书，颁行天下。二年奉

---

① 薛允升著，怀效锋、李鸣点校：《唐明律合编》，法律出版社1999年，第37—38页。
② 此段为薛允升引"袁氏枚答金震方《问律例书》云"。薛氏评价此说："此篇识议，最为精深，断非俗吏所能，亦可见例文之不可任意增添也。因附录于此。"

旨，令修律官参酌满汉条例，分别轻重差等，汇集进呈。四年，律书成。名曰《大清律集解附例》。御制序文，颁行天下。总注云。律文，词义简奥，其关系紧要每在一字一句之间。现在律文虽有小注，不过承接上下文义，非解释本文。恐问刑官讲究未明，则毫厘千里，贻误匪细。"

为此，薛允升特别根据便于司法官员查阅之需，对《读例存疑》的体例做了特殊安排："今将律文之未甚分晰联贯者，另为解说，附录于正律文后，庶奉行者不致失错。谨按。小注，即各律内载明注语，是也。然亦有后来添入者。详见各条。至总注，系康熙三十四年增定。原奏云。律文词简义赅，诚恐讲晰未明，易致讹舛。特为汇集众说，于每篇正文后增出总注，疏解律文，期于明白晓畅，使人易知云云。乾隆五年，已将总注删去，并不载入律内，而人亦鲜有讲求者矣。相去不过百年，而两不相同已如此。"①

赵舒翘也秉持法与时转之立场，并在改进立法中付诸实践。譬如，他在《变通安置军流奏稿》中提出，流徒之刑其来已久，充军一项因袭明制，这两项制度的立法原意在于，"因人有过犯，杀之不忍、赦之不可，特权衡于出生入死之间，制此数法以使人悔罪而迁善，诚仁至义尽之政也"，均是使人保全生命、改过自新之良法。然而，当前的实施情况确实，奉行日久，诸弊滋生，各省军流徒犯逃脱日众，尤其是"徒犯之摆站、拘役仅有其名，军流之充警派巡更无其事。每遇一犯解到州县，委诸吏役，吏役推之里保，从此不复过问。所有按月点卯、发给口粮诸事悉成具文"。于是因犯们既要面临"背井离乡，冻馁交加"的困境，又要

---

① 薛允升著，黄静嘉编校：《读例存疑重刊本》，成文出版社1970年版，第75—82页。

忍受"主守空设、管束无法"而且缺衣断粮所带来的生存困难。逃亡,要处以死刑,不逃亡,则要被饿死冻死,因此,不仅"懦弱无能之辈,处此亦难安守",而且"强悍不法者"更对逃亡跃跃欲试,如此一来,逃亡"已有不能不逃之势",成了囚犯们唯一寻求生存的方式。在这种情况下,各省军流徒报逃之案,每年总至千余起,有些是"甫经到配数日即逃",有些是"一案数犯接连而逃迹",甚至"层见叠出,几至无犯不逃"。这其中,通过贿赂等手段成功脱逃者占10%至20%,其余均是"任其自来自去而散亡者",即使是抓住这些逃亡囚犯重新发配,"配所之弊如前,则各犯之逃如故"。长此以往,"旋发旋逃已成儿戏",犯罪之人不仅丝毫感受不到军流徒刑罚的权威性和惩罚性,而且屡屡玩弄,致使法不能行。正是基于上述分析,赵舒翘疾呼:"古云:穷则变,变则通,通则久。又云:琴瑟不调则改弦而更张之。今日之军流徒非所谓当变当更者乎?"[1]在赵舒翘的主持下,变通整顿军流徒刑罚提上议事日程。

吉同钧不仅屡屡提倡因时制宜改进刑制,而且上书刑部长官在晚清变法修律之前首倡减轻刑法。如吉氏在《刑制论》中提出:"制刑之道,有因地、因人因时三义,而因时制宜,尤为刑法中一大机关。"[2]

在《上刑部长官减轻刑法书》中结合古今中外之立法,提倡废除环首、凌迟、戮尸之刑,减少死罪的名目:"窃尝详考历代刑章,博览外国律书,而知现今中国之法网密矣,刑罚重矣。历代律法以《唐律》最为完善,《大清律例》大半取法是书,惟细按《唐

---

[1] 赵舒翘著,闫晓君整理:《慎斋文集》,法律出版社2014年版,第59页。
[2] 吉同钧著,闫晓君整理:《乐素堂文集》,法律出版社2014年版,第105页。

律》，死罪不过斩、绞，而现律加以枭示、凌迟、戮尸，是较《唐律》为重矣。《唐律》死罪不过百余项，凡误杀、戏杀、擅杀、窃盗、强奸、私造印信均不至死，而现例死罪多至一千五六百项，是较《唐律》为繁矣。然犹可曰：今与古异，例缘时定，不得不为时变通。若共列环球之上、同生一千九百余年之间，而以中国与外国相较，其轻重更有不可以倍蓰论者。西洋俄、法、英、德诸国死刑亦止於斩，均无枭首、凌迟、戮尸之制，且斩首之刑，英、法不过十余项，德、俄仅止二三项，较中国减少百倍。此犹可曰：欧亚相去数万里，风俗民情不同，未可以彼例此也。日本与我同洲，迩在东陲，较之新疆、云贵，距京师尚近，且昔年亦用唐明律，则其风俗民情与我当无大异，乃彼此相较，彼之新订刑法仅四百三十条，死罪不过二十项，且止绞而不斩，虽以故杀与强盗之犯亦不处死，以视中例，多至二千数百条，死罪一千五六百项者，其轻重繁简岂可以道里不哉！然彼之国势日进强盛，而民之犯法者逐年减少，中国反是，此可见严威之不可止乱，而史迁所谓'法令滋章，盗贼多有'者非虚语也。夫《大清律例》，本较历代增多，近年更加繁琐，尤可议者，莫如强盗一项。强盗之犯，唐律非赃至十疋及伤人，罪不至死，今则不论赃数多少，不问曾否伤人，如一人刦千金，伤其事主固当拟以骈诛，若十人止刦一金，并未伤人，乃亦不分首从，均拟斩决，是因一金而杀十人，岂不苛哉！"[1]

吉同钧在《上刑部长官减轻刑法书》中较为集中地体现出较为系统的法律改革观，其主张与沈家本《删除律例内重法折》等奏疏中陈述的法律改革观基本相同，二人通过分析、比较中外刑制的

---

[1] 吉同钧著，闫晓君整理：《乐素堂文集》，法律出版社2014年版，第115页。

差异和文明程度而提出符合司法文明进程的方法,也高度一致,而前者在时间上早于后者。光绪三十一年三月二十四日(1905年),修订法律大臣沈家本、伍廷芳联名奏上《删除律例内重法折》,认为中西法律比较之下,中国法律最大的弊端就在于残酷刑,凌迟、枭首、戮尸、缘坐、刺字诸刑既不仁道,也难收惩凶戒众的功效,对这些前人议其残苛、各国废弃不用的不仁、不德的酷刑应立予变通,这说明任职刑部的吉同钧,比修订法律大臣沈家本更早提出刑制改革建议,并得到沈家本的肯定与支持。

## 三、都主张恤刑慎杀、重视人命的刑罚观

恤刑慎杀、重视人命是中国古代重要的刑罚观之一。这一观念表面上看是对弱势群体的矜恤和囚犯人命的重视,实质上是儒家人本思想在中华法文化中的集中反映,尤其彰显出古人对人的价值和尊严的重视,对以农立国的国情下民力的珍惜。儒家认为,在自然界的万物之中,人是最尊贵的,"惟人万物之灵"[1],"天地之性人为贵"[2]。孔子传承和发展了周初萌发的人本思潮,创立"仁学",提倡"仁者,爱人",充分肯定了人的地位、价值和尊严,并以"仁"作为调整人际关系的基本准则。孔子的仁学不仅是具有特殊历史意义的人本哲学,也为理政、司法、治世提供了人道主义的基本原则。孔子的仁学被孟子全面继承和发展。孟子在"性本善"的认识论基础上,将"爱人"具体化为"亲亲而仁民,仁民而爱物"[3]的现实政治主张,把人本思想演绎成系统的"仁政"

---

[1]《尚书·泰誓》。
[2]《孝经·圣治》。
[3]《孟子·尽心上》。

学说。其核心是"重民",宣扬"天视自我民视,天听自我民听",①"民为贵,社稷次之,君为轻"。② 这些观念对于后世的思想家、政治家和执法者,影响深远。

在陕派律学家办理的案件中,最能彰显慎重人命的莫过于赵舒翘平反晚清四大冤案之一的河南王树汶临刑呼冤案。光绪五年(1879)十月二十七日夜,南阳县胥役胡体安与胡广得、程孤堆、王老么等盗匪,劫掠了镇平张楼寨张肯堂家,卷走财物并打伤事主后分路逃窜。案发前,邓州大汪营人王树汶至镇平,与胡广得同住一店。胡见王老实,令其为自己干活。二十七日晚,王在张楼寨外一破庙中看守衣服。事后镇平很久未能破案。几经周折,河南巡抚涂宗瀛严令通缉胡体安。胡贿赂镇平县捕头刘学泰,以王树汶冒名顶罪。镇平知县马翥把王树汶定为死罪。南阳知府任恺提审后维持原判转解开封。光绪七年(1881)七月八日,巡抚涂宗瀛、督按察司豫山、开封知府王兆兰及一些官员亲提监犯胡体安验明正身。王树汶临刑沿路大呼冤枉,于是将王树汶重新收监。负责本案复核的正是刑部郎中、秋审处坐办赵舒翘,赵氏秉公复审,多方查验,不畏强权,终于使真相大白,并得到薛允升的支持和慈禧太后的认可。最终王树汶九死一生:判杖一百,徒三年刑,不再喊冤。涉案官员如河南巡抚李鹤年、梅启照改职,王兆兰、马翥等改职发往军台效力赎罪。其余官员交刑部处理。此案从发生到结案,历时五年。

在赵舒翘所撰的《慎斋文集》中,保留了大量办理此案的奏折。在《剖析钟佩贤请复盗犯罪名旧例无庸酌复折》中,赵舒翘以

---

① 《孟子》引《泰誓》。
② 《孟子·尽心下》。

王树汶案为例，说明准确适用法律及慎重民命的重要性。赵氏说："至论河南王树汶一案，谓该犯随众行至中途，与盗合伙并未退却等语，不知中途原非盗所，该犯随众同行，迫令看守衣服，惟其不能脱逃即属被胁之实情，前既未同谋，随行又因逼胁，何得轻罪坐以合伙二字乎？又谓假使行至寨门，脱衣令其看守，则与程孤堆等同在一处，从何区别等语，如果该犯与程孤堆等一同上盗看守赃物，即与把风无异，按例拟斩，本不必与程孤堆等有所区别者正在乎同谋不同谋、上盗不上盗也。又谓河南于王树汶一案，设当时能将实情审出，坐王树汶以诱胁随行上盗罪，声叙该犯虽未同抵盗所，而随行已至中途，代盗看守衣服，应否照新例比拟，声叙达部，恐难遽斥其非等语；臣等查王树汶一案，该省办理乖谬者在始终以王树汶顶替正盗胡体浍一节，若如该少卿所论，该省果能审出实情，案已平反，则王树汶被胁随行，仅止看守盗衣，并未同行上盗，自有被胁服役及别故不行各例可援，若再拟以斩决，即属有心故人。倘或声明请示，亦照办理核复，是现行新例不独此案毫无窒碍，即各省办理盗案历有年所，亦皆毫无窒碍也。若因此案而欲酌复旧例，则断断不可。查言臣条奏酌复旧例，屡经刑部议驳，此次该少卿与李鹤年先后疏陈，其意不谋而合，无非为河南一案起见，其病均由于误会王树汶即属盗从。李鹤年扭合新例，明知原办之非而掩饰之；钟佩贤欲复旧例，又若以刑部为非而代掩饰之。不知王树汶果系盗从，即立复旧例而刑部已无解失出之愆；惟王树汶确非盗从，即不改复旧例而被胁原有可生之路。上其乎则曰恐长盗风，下其乎则曰慎重民命，皆耸听之言，非持平之论也。总之，案情万变，例文岂能尽赅,比附援引,情法自能平允。"①

除了薛允升、赵舒翘,吉同钧在复审蒙古蒙王案中也表现出强烈的慎重人命思想,在此不一一赘述。

但陕派律学家主张的矜恤罪囚、慎重人命并不是宽纵犯罪,致使重犯脱逃。如《读例存疑·刑律·断狱上》"陵虐罪囚"条例规定:"徒罪以下人犯患病者,狱官报明承审官,即行赴监验看是实,行令该佐领、骁骑校、地方官,取具的保,保出调治,俟病痊即送监审结。其外解人犯,无人保出者,令其散处外监,加意调治。如狱官不即呈报,及承审官不即验看保释者,俱照淹禁律治罪。若本犯无病,而串通狱官、医生捏称有病者,该犯并狱官、医生,俱照诈病避事律治罪。或病已痊愈,而该佐领、骁骑校、地方官,不即送监审结者,将本犯及该佐领、骁骑校、地方官,亦俱照诈病避事律治罪。若保出故纵者,将保人治以本犯应得之罪。疏脱者减二等,仍将取保不的之该佐领、骁骑校,该地方官题参议处。若有受贿情弊,计赃以枉法从重论。至督抚题报监毙人犯,将本犯所犯罪名,所患病症,及有无陵虐,曾否保释,逐一声明,如有朦胧情弊,查出交部分别议处。"薛允升认为:"徒犯情罪本轻,且系例得外结,是以一经患病,即行保出医治,不令监毙,自系钦恤之意。惟徒亦有不同,如例内有关人命之类,似未可一概而论。此例所云,自系指无关人命,罪名已定,及虽未定,而罪状昭著,讯有确供者而言。若命盗案内,甫经到官,首从尚未分明,及情节介在疑似者,如有患病之犯,其是否系属正凶首犯,碍难悬断,似未便遽行保出。傥监毙后,讯明该犯并非正凶,亦非首犯,承审之员即不得不照例议处,似应

---

① 赵舒翘著,闫晓君整理:《慎斋文集》,法律出版社2014年版,第126—127页。

修改。即如两人共殴一人身死,均供认轻伤,狡避重伤,或伤痕相等,不肯承认后下手之类,设一人患病,此等人犯应否拟绞,抑或拟杖之处,殊难臆断,即未定为何罪人犯,即不应先行保出,即实系杖罪人犯,而在监病故,与正凶减等尤有关系,似未可拘泥此例也。"即提出应具体问题具体分析,不可对囚犯笼统适用此条律例。

又如光绪二十二年(1896),兵科给事中桂年、江南道监察御史张仲炘上陈《奏为太监在外结伙持刀逞凶不服查拿拒伤勇丁殒命请旨饬交刑部严行审讯按律惩办恭折仰祈圣鉴事》,指出四月十八日,太监李苌材、张寿山(张受山)等五名并民人毕文禄一名在正阳门大栅栏庆河戏园寻衅打砸,并砍伤中城副指挥衙门六品衔练勇队长赵云起及勇丁多人,次日,赵云起因伤毙命,请交刑部严行审办,饬兵部照阵亡例抚恤死伤官兵,以儆不法而靖地方①。兵科给事中桂年等在附片中特别申明,清代太监犯罪,前有康熙三十三年(1694)康熙帝"断不可宥,尤宜加等治罪"的圣谕,后有道光四年(1824)内务府奏准太监外出购物不得在戏园酒肆听戏的事例,《大清律例》中也有太监外出索诈须照光棍例严惩的规定,可谓"法制森严,理应遵守"②。光绪帝命刑部"严行审讯,按律定拟",同时,"遵照康熙年间谕旨从严定议"③。此案经刑部、都察院、大理寺会审,并经刑部尚书薛允升依法定拟与据理力争,排除慈禧太后及大太监李莲英的干扰,最终"决一人","缓一人"④,即太监张寿山(张受山)斩立决,太监李苌材斩监

---

① 闫晓君著:《陕派律学家事迹纪年考证》,法律出版社2019年版,第404—406页。
② 闫晓君著:《陕派律学家事迹纪年考证》,法律出版社2019年版,第406页。
③ 《清德宗实录》卷三百八十九,光绪二十二年四月丁亥。
④ 翁同龢:《翁同龢日记》第五册,陈义杰整理,中华书局2006年版,第2927页。

候，其余人犯均受到法律制裁。此案中，尽管太监受到内廷的庇护，但在监察官员与刑部官员的协力下难逃法网。

从时人的奏疏和日记中，可以一窥李苌材案的凶险和薛允升援法断罪的不易。宋伯鲁在《劾太监寻衅疏》中云："惟近日太监李苌材等滋事一案，谕旨交刑部从严惩办，外间传言，谓我朝立法超越前古，该太监必难幸免。愚民无知，或私相告语，争访部拟以冀大快人心。迄今多日，未知该部如何定拟，而外间又复传言，此案为首太监李苌材系太监李莲英之侄，故太监李莲英从中周旋，欲从末减云云。……物议纷纷，如出一口，虽系不根之词，究属骇人之论。"①恽毓鼎在日记中称："太监李苌材杀人一案，德宗初谕严办（援康熙朝刘进朝杀人议抵例），既而制于东朝，欲减等。薛尚书执之甚坚，议不分首从皆斩。上不得已，密命枢臣喻指，尚书再执奏，乃斩其首而减其从。余从法律馆得见此疏，因全录之，以彰执法吏的严正。其文亦婉而直。"②由此可见，本案涉及宫中之事，薛允升既要严格遵行光绪皇帝的谕旨，又要回应慈禧太后和李莲英等的干涉，在政治风险和天理国法之间审慎平衡，最终将国法置于一切因素之上，殊为可贵。这也说明，陕派律学家在定罪量刑时，善于坚持原则，援法断案，虽然强调恤刑慎杀、重视人命，但并不意味着人命、慎刑可以凌驾于法律之上，以致屈法纵恶。

### 四、都主张天理、国法、人情相结合的司法观

在明清时期的州县大堂上，通常悬挂着"天理国法人情"的匾

---

① 宋伯鲁：《梵余草》卷上，转引自闫晓君著：《陕派律学家事迹纪年考证》，法律出版社2019年版，第420页。
② 恽毓鼎：《恽毓鼎澄斋日记》第二册，史晓风整理，浙江古籍出版社2004年版，第497页。

额,这既是中国传统司法观的鲜明写照,也是古人从长期儒法结合思想指导下的审判实践中总结出的宝贵经验。天理、国法、人情具有的共同的社会基础,三者联系起来,以国法为中枢使三者协调统一,有助于确保社会有序和国家稳定;同时,富有神秘性的天理、富有权威性的国法、富有社会性的人情在司法审判中互补互用,也可以促使天理与人情的交融,道德与法律的结合,亲情义务与法律义务的统一,从而较为充分地体现出禁暴止邪、安全良善、平息争讼、稳定秩序的法律效果和社会效果,最大限度地获取民众对司法的信任与支持。

陕派律学家在司法活动中同样坚持并维护了情理法相结合的传统司法观。

如清末山西发生的一起命案引发了夫妻应否离异的争议,赵舒翘从天理、国法、人情着手加以探讨,薛允升对赵氏的意见予以支持。光绪七年(1881),寄居山西省萨拉齐厅的河曲县民潘广录为其子潘汰娶杜存之女为妻,杜氏平日侍翁孝顺,潘广录素性急躁,杜氏做事稍不遂意,便时常殴骂,杜氏未敢言语。杜存痛惜其女,不知责女以妇道,令其委曲承欢,反而心怀气愤。闰七月初四日,潘广录因杜氏造饭迟延,又复詈骂。杜存闻知,气愤莫遏,欲与理论。初五日,杜存到潘广录家斥其不应时常殴骂儿媳,潘广录斥言杜存偏护,两人互争。杜存之子闻讯后又邀同族杜四前往解劝,其间发生口角争斗,以致将潘广录殴至重伤。案发时,潘杜氏与潘汰外出田间摘豆,事先均不知情,亦未参与。初六日,潘广录因伤殒命。杜四在押患病,保医在店,又因病身死。

光绪八年(1882),时任山西省巡抚张之洞将此案审理情况具题上报。在查条例有"凡审共殴下手拟绞人犯,果于未决之前,遇有原谋助殴重伤之人监毙在狱与解审中途因而病故者,准其抵命,下手之人减等拟流"①的规定之后,张之洞以未能先事承劝,起衅酿命,比照子贫不能养赡致父母自缢者杖一百流三千里例,拟流收赎,但对杜氏应否离异归宗,因律无专条,并未议及②。

就是否离异一事,刑部在复核时主要由赵舒翘拟定意见。赵氏主张判决离异,时任刑部左侍郎的薛允升予以支持。赵舒翘主张离异的理据如下:

第一,根据儒家经典及纲常伦理,应判决离异。由于"义有时而断绝,门内难掩以私恩,案情百出不穷,往往有律例未尽赅载,全在司谳者准情酌理,折衷至当,所以春秋比事不废属辞,汉唐引经用断疑狱,盖自古为然也。况案关父仇,事值伦变,若拘泥例无明文而不厘定其失,则因仍苟且之间即乖明刑弼教之道"。因而,杜存之女杜氏嫁与潘汰为妻,"惟潘汰之父被杜氏之父殴死,则杜氏乃仇人之女。潘广录之死,杜氏虽不知情,实由杜氏而起,则杜氏亦潘汰之仇。以仇之女为妻不可,以仇为妻更不可"。赵舒翘还援引《春秋公羊传》曰:仇雠不交婚姻。《穀梁传》曰:仇雠之人,非所以接婚姻也。"③说明与仇为婚,是向仇人示好的忘亲逆伦之事。按照儒家主张,与父仇不共戴天,子不复仇,非子也。兄弟之仇,应"不反兵而斗应",随时做好复仇的准备。复仇是为人子者、为人兄弟者的义务,否则于孝悌之道有亏,而古代法律对复仇杀人往往从宽处理。成婚之后,床笫之爱

---

① 田涛、郑秦点校:《大清律例》,法律出版社1999年版,第431页。
② 案情参见薛允升:《命案有关断离援拟请旨疏》,见《续修陕西通志稿》卷二百四,《文征》四之《奏议》四。
③ 赵舒翘著,闫晓君整理:《慎斋文集》,法律出版社2014年版,第90—91页。

反目变为杀父之仇,夫妻应离异自是必然。具体到此案,"潘汰之父,被杜氏之父殴死,则杜氏乃仇人之女。潘广禄之死,杜氏虽不知情,实由杜氏而起,则杜氏亦潘汰之仇。以仇之女为妻不可,以仇为妻更不可。"①总之,"仇不共天,法尚宽其报复;道由人合,礼原酌其去留。杜氏无罪,已不当与潘汰完娶。杜氏有罪,潘汰更不应与之合和。潘汰终为杜氏之夫,必使潘汰无父而后可。潘汰既为潘广禄之子,必以杜氏不为妻而后可。稽诸古训,参以往行,似应以断离为是。"②

第二,根据《大清律例》及唐律的规定,对"义绝"进行学理解释,增强判决离异的说服力。《大清律例》"出妻"条规定:"凡妻(于七出)无应出(之条)及(于夫无)义绝之状而(擅)出之者,杖八十。虽犯七出(无子、淫泆、不事舅姑、多言、盗窃、妒忌、恶疾)有三不去(与更三年丧,前贫贱后富贵,有所娶无所归)而出之者,减二等,追还完聚。若犯义绝,应离而不离者亦杖八十。"③但对怎样算夫妻"义绝",《大清律例》没有官方注解。义绝是否必离,律学家亦无定论。而明清两代律典以唐律为宗,而对"义绝"最详细的解释莫过于《唐律疏议》。因此,赵舒翘援引《唐律疏议》"义绝"的规定,他说:"《唐律·户婚篇》云:诸凡义绝者离之。长孙无忌等《疏义》谓:若夫妻、祖父母、父母、外祖父母、伯叔父母、姑姊妹自相杀,皆为义绝。《唐律》集秦汉以来法书大成,斟酌最为尽善,明言应离,更属可则。"④为申明义绝须离异的主张,赵舒翘还援引隋代、宋代及清朝的四个成例加以说

---

① 赵舒翘著,闫晓君整理:《慎斋文集》,法律出版社2014年版,第91页。
② 赵舒翘著,闫晓君整理:《慎斋文集》,法律出版社2014年版,第92页。
③ 《大清律例》,田涛、郑秦点校,法律出版社1999年版,第212页。
④ 赵舒翘著,闫晓君整理:《慎斋文集》,法律出版社2014年版,第91页。

明，并肯定明代丘浚《大学衍义补》之说："夫父子夫妇，皆人伦之大纲，然原其初，终是生身之恩，重于伉俪之义。盖女子受命于父母而后有夫，因夫而有舅姑。异姓所以相合者，义也，义既绝矣，恩从而亡。"①提出："名儒之论，足为世教，正可与此对观。"②

以上案例皆为异代之事，赵舒翘又列举了本朝案例加以说明，道光十一年（1831），"山东两令约为婚姻，尚未迎娶，后因事婿父戕女父死，女不忍事仇，自经死，诏旌其孝。此女卓绝之行，善处变以全节，固不可望之乡间愚妇。而当时议者，咸谓女即不死，其义已绝，后有此比，宜请断离。"③

第三，从伦理与人情出发，也应支持离异。虽然，赵舒翘意识到"妇女一与之齐，终身不改，中道断离，设有无所归者，改适则失节，不嫁则无依，亦堪矜恤"④。即潘汰与杜氏离异以后，杜氏如何自处？不是改嫁就是守志。改嫁则杜氏失节，不嫁则父兄已陷牢狱，无所依靠，亦非仁道。但不离异，夫妻相安无事，仍难免酿出新的案件。赵舒翘说："未见其能久相安。设有椎鲁无知，仍能顺处，是敦夫妻之爱，薄父子之恩，于情为逆，于理为悖，即治以违法，亦非过刻，而顾可从而遂其私乎？"总之，不离异是薄父子之天伦，私夫妻之恩义，于情、于理、于法皆不合，正如前引明儒丘浚所说。在此情形下，夫妻之义是小节，应让位于父子之天伦。"至离后妇女再醮，原所不禁，若能守贞不二，如山东令女，则又有旌表之例在，固未可狃小节而沦大纲也。"⑤

天理、国法、人情相结合的司法观在陕派律学家的审判实践

---

① 丘浚：《大学衍义补》，林冠群、周济夫校点，京华出版社1999年版，第934页。
②③④⑤ 赵舒翘著，闫晓君整理：《慎斋文集》，法律出版社2014年版，第91页。

中得以贯彻，而基于经验总结和实践反思所得出的认识，也影响着律学家们的法律改革思想。不过，因为时殊世易，陕派律学家并不固守传承数千年之"天理"，而是注意结合社会发展的需要，强调司法官在适用法律时要务实应变，不可过于呆板。譬如，吉同钧在《十三项外祖父母持服与定罪之分别》中提出："十三项外祖父母有持服、不持服之分。按礼应持服者六项，不持服者七项。若相犯，断罪有服者以服制论，无服者以凡论。而有服之中，更有应照期服与小功之分。照期亲断罪者一，照本宗。小功断罪者五，此持服定罪之大较也。至于其中因革损益，累经礼学、法学两家折中考订，至详至精，尤为司法官所当研究之端。……总之，外祖父母之持服，因母而起，丧礼谓之从服，所以尊母也。故嫡母、继母之父母，必嫡、继母在堂则为服，若已死则不为服。即亲母之父母，亦必亲母在室或死于室，然后为服，若亲母改嫁或被出，则不为服。其不为服者，从母而服，改嫁、被出则无所从矣。《礼》云：'所从亡者则已'，即此谓也，此礼经母党无两服之义。《现行律》之删改，即本于此。然按之情事，多有窒碍者，如自幼母死，经继母抚养，继母之父母平日名称已定；又如本生母之父母，更为血系相承，按礼虽均不应持服，而相犯邈同凡人，未免于情理未安，此皆古礼之不可行于今日者，又在审判官临时酌定，而不可拘拘于法律者也。"①师古而不迷信、盲从于古，参古酌今，古为今用，才是律学之旨趣所在，而最后一句也正是画龙点睛之笔。

---

① 吉同钧著，闫晓君整理：《乐素堂文集》，法律出版社2014年版，第104—105页。

# 第三章
# 陕派律学家法律改革思想的主要区别

陕派律学家虽然均主张不同程度的法律改革，但由于其任职经历、个人际遇、关注领域的不同，在法律改革思想上也有所差异。这些差异凸显出陕派律学家法律改革思想和而不同和各具所长的特性，也从侧面展现出陕派律学家法律改革思想的丰富和多姿。薛允升、赵舒翘、吉同钧等律学家在法律改革思想中的差异性集中表现如下：

## 一、薛允升对律例提出系统具体的修改意见

薛允升在陕派律学中，对古律特别是唐明律的研究最为精深，与此同时，对于《大清律例》与各部院则例如《户部则例》等部门法规的关系等，也颇有见解。其法律改革思想正是从这两方面产生并体现的。一方面，在《唐明律合编》中，薛允升从前朝最具代表性的唐明律入手，以古鉴今，评价《大清律例》的得失。另一方面，在《读例存疑》中，薛允升从现行各部院则例与《大清律例》的比较出发，丰富对《大清律例》条文源流的认识，提出修订《大清律例》相关条款的建议。《唐明律合编》中的法律改革思想在前文已有呈现，现以《读例存疑》所见薛允升的法律改革思想为重点加以分析。

## (一) 对《大清律例》提出具体的修改意见

《读例存疑》通篇均涉及对《大清律例》的考证与点评。由于卷帙浩繁，提出修改意见和建议之处难以一一呈现，而各部分均具典型性和代表性，因此，暂以《名例律》六卷内容为例。

对于律例规定存在缺陷，不能完整反映法律制度时，薛允升主张增补内容，充实律例。在"五刑"中，薛允升针对"秋审之名，不著于律"，而"斩、绞"律文小注内始添入秋审朝审字样，提出"似应纂为条例"，以示重视现行制度并对律例加以增补。为了使其他条款的修订整齐划一，他主张"凡断狱门关系秋审各条，均分列于此例之后，或照赎刑名目，标明秋审朝审字样，列于赎刑各条之前，以为一代之典章，似甚合宜"。①

对于律例重复规定的情况，薛允升认为例文应删则删，以保持律例的实用性和有效性。薛允升认为，"五刑"条例中有"凡官员有先参婪赃革职提问者，如审无婪赃入己，止拟因公那用，因公科敛及坐赃致罪，犯该杖一百者，革职。徒流军罪，依例决配。如罪在杖一百以下者，依文武官犯私罪律，交部议处，分别降罚。其先经革职之处，准予开复"的规定，此条例所列罪行"此专指以赃入罪而言，故有分别是否入已准予纳赎之文。既将纳赎一层删去，则凡犯各项赃款均有治罪明文"。因此，条例的规定显然与《大清律例》其他律例条款（如职官有犯门条例等）有所重复，属于"无关引用"，"似应一并删除"。②

对于"名例律"与其他章中律例规定内容互补、同时有效但应

---

① 薛允升撰，黄静嘉编校：《读例存疑重刊本》，成文出版社1970年版，第2页。
② 薛允升撰，黄静嘉编校：《读例存疑重刊本》，成文出版社1970年版，第13页。

适当调整的，薛允升主张及时调整，以保持立法的严谨与整齐。他认为，"应议者犯罪"律目系统言"八议者有犯"，而例文则俱言"宗室觉罗犯罪之事"，"以八议徒有其名，故也"，但"三品以上大员一条，与此不类"，即与"三品以上大员一条"在立法及司法中并非徒有虚名，而要实际执行，因此，"似应移于职官有犯门内"。①

对于情势变迁，有些条文中的法律关系及内容已严重过时，薛允升主张一概删去，以示《大清律例》务实、稳定。针对"犯罪免发遣"条例中"凡移来盛京、新满洲等，若有犯法，着该将军照新满洲例办理。如过五年，仍照旧人治罪"的规定，薛允升一面表示，"新满洲例，刑律并无明文，且现在亦无此等人犯，无关引用"，一面提出，"旧例尚有盛京所招之民，犯徒流者，照旗下折枷之例。后经删除"，即无论从何种层面出发，该条皆形同虚设，内容不合时宜，因此，比照新例，"似不必纂入"，比照旧例，"似亦可删除"②，总之，去除为好。如果说上述条款还是清初原创，那么，此前沿用但现今已经沦为具文的某些明律条款，更应删除。他在评价"军籍有犯"律文时指出，"此前明一代之定制，盖指世隶军籍之人而言，以示别于民人之意。今隶军籍之人与民无异，有犯亦一体同科，不过籍贯稍殊耳"，因此，该规定纯属"无关引用，似可删除"③。针对"充军地方"例文内容，薛允升提出，"充军系沿前明旧例。前明军犯俱在卫所当差。本朝俱归州县收管，并无可当之差，与流犯无异。是有军之名，而无军之实，又何必多立此项名目耶？若以为满流之上罪无可加，不得

---

① 薛允升撰，黄静嘉编校：《读例存疑重刊本》，成文出版社1970年版，第24页。
② 薛允升撰，黄静嘉编校：《读例存疑重刊本》，成文出版社1970年版，第33—34页。
③ 薛允升撰，黄静嘉编校：《读例存疑重刊本》，成文出版社1970年版，第36—37页。

不示以等差，似应专留极边足四千里安置一层，其余附近、近边及边远、极边，均行删去。存以俟参"①。

对于律例规定过于分散，不便于理解和参照的情况，薛允升力主合并内容，使律例表述更加集中严整。他针对"流囚家属"条例"旗民发遣人犯，系奉特旨着金妻子及例应金妻者，听遣所该管官同本犯一例管束。本犯身故后，有情愿携骸回归者，该将军等照例咨部，准其回旗回籍。若非特旨金遣及例应金遣之家属，原系随往遣所，本非罪犯，各该衙门于起解文内务将随往字样注明，遣所该管官记档安插，毋得概同本犯一例羁管。有愿回旗籍，及本犯身故后有情愿携骸回归者，即准回归，咨部存案。其力不能来者，系旗人，入于本处档内，令其披甲。系民人，安插为民。日后力能回归，仍听其便。倘该管各官故为留难刁蹬，不行咨报及失于查察者，交部分别议处"的规定提出，"此例原系二条。一系雍正十三年、乾隆元年定例，五年并为一条。一系乾隆七年，刑部议覆侍郎张照奏准定例，嘉庆六年修并"。加之"此发遣本犯身故，妻子携骸回籍之例"，因而主张将此例文"与上条(例文为：内地军流人犯身故，除妻子不愿回籍并会赦不准放还外，其余令该地方官给咨回籍。若妇人无子及子幼者，咨明本省督抚，令本犯亲戚领回原籍，不准官为资送。)似应修并为一"。②

对于律例规定不一致，尤其是例文之间存在冲突现象时，薛允升主张果断参照现行条款修改，以示法律与时俱进。他指出，"常赦所不原"例文中有"凡遇恩诏内开有军流俱免之条，其和同诱拐案内，系民人改发烟瘴少轻地方者，即准宽免，系旗下家人

---

① 薛允升撰，黄静嘉编校：《读例存疑重刊本》，成文出版社1970年版，第176—177页。
② 薛允升撰，黄静嘉编校：《读例存疑重刊本》，成文出版社1970年版，第41页。

于诱拐案内发遣为奴人犯,亦许一体援免"的规定,其中,"烟瘴少轻地方,亦系从前旧例,与现行例文不符(现行例系极边足四千里)","似应删除"。①

对于《大清律例》与其他条例内容不一,存在适用难题时,薛允升主张相互参酌,修改律例,使法律规范之间协调有序。他指出,就"流犯在道会赦"例文而言,旗下逃人、匪类发遣黑龙江等处,三年后悔过者,挑选匠役,复犯罪者,销除旗档,发云贵两广管束,见徒流人又犯罪。旗人因犯逃人、匪类及别项罪名,发遣黑龙江等处者,三年后果能悔罪改过,即入本地丁册,挑选匠役、披甲,复行犯罪者,改发云南等省,见《督捕则例》。"均不免互相参差,且有重复之处。似应修改一律,列入犯罪免发遣门。"②

以上可见,薛允升提出的修改《大清律例》的方法,是非常理性、睿智又因时制宜的,无论是内容欠缺时增加新律新例,内容冲突时删去问题条款,内容冗杂时删并现行律例,还是为了实现法律规定的相对集中调整相关内容,均显示出薛允升具体而微又系统全面的注律特色。以《名例律》为例仅是管中窥豹,其他篇章的修律意见和建议亦可归纳为上述几种。

(二)通过律例比较为修订《大清律例》做准备

由于《读例存疑》所涉法律改革思想是多方面、多领域的,对律例的比较也是多层次、全方位的,暂以其中所载《大清律例》与《户部则例》相关条文的评述为切入。

---

① 薛允升撰,黄静嘉编校:《读例存疑重刊本》,成文出版社1970年版,第50页。
② 薛允升撰,黄静嘉编校:《读例存疑重刊本》,成文出版社1970年版,第56—57页。

薛允升在《读例存疑》中考证得出，《大清律例·户律》中的民事例文，多数源于《户部则例》，说明《大清律例·户律》与《户部则例》之间互为法源，而《户部则例》在一些问题上规定得更为细致和及时，适用《大清律例》时必须参考，否则便难以准确司法，保障当事人的合法权益。这也为进一步修订《大清律例》提供了空间，有些条文的完善甚至具有迫切性。举例如下：

其一，《大清律例·户律·户役》"脱漏户口"条康熙五十二年例文规定："直隶各省编审，查出增益人丁实数，缮册奏闻，名为盛世滋生户口册。"户口是国家丁税的重要来源，康熙五十一年（1712），实行"盛世滋生人丁，永不加赋"。《大清律例》条例虽然规定了编制《盛世滋生户口册》，但并未指出户口册的造报时间，对此《户部则例》规定："直省民数，每岁十月内，同谷数一并造册咨部会题。"①从而明确了地方官要在每年十月份完成造册会题的任务，这是对《大清律例》的重要补充，也反映出《大清律例》的立法缺陷。

其二，《大清律例·户律·户役》"立嫡子违法"条乾隆五年（1740）例文规定："旗人除乞养异姓为子，诈冒荫袭，承受世职者，仍照本例拟发边远充军外；其虽无世职，而诈冒抱养民间子弟、户下家奴子孙为嗣，紊乱旗籍者，将朦混抱养继立之旗人，及以子与旗人为嗣之人，并知情之义子，俱比照乞养义子诈冒袭荫充军例，减一等，杖一百，徒三年。若有冒食钱粮情事，无论所继者系属异姓旗人、民间子弟、户下家奴，悉照冒支军粮入己，计所冒支之赃，准窃盗律从重科罪，分别旗、民办理，其先后领过银米，照数着追。倘本犯力不能完，该旗查明历任参佐

---

① 薛允升撰，黄静嘉编校：《读例存疑重刊本》，成文出版社1970年版，第232页。

领，各按在任月日分赔，批解户部归款，失察各官交部议处。"《户部则例》根据社会上旗人也多选择异姓为子嗣的情况，在规定"旗人无子者，许立同宗昭穆相当之侄承继，先尽同父周亲，次及大功、小功、缌麻。如俱无，方择立远房同姓"的同时，又指出"如实无昭穆相当之人，准继异性亲属，取具该参佐领及族长族人生父列名画押印甘各结，送部准其过继"①。使得旗人异姓承继合法化。这一条同样反映出仅依据《大清律例》，已不能及时有效地调整相关法律纠纷。

其三，《大清律例·户律·田宅》"典买田宅"条雍正十二年（1734）例文规定："凡八旗人员置买产业于各省者，令该员据实首报，交与该督抚，按其产业之多寡，勒限变价归旗。如有隐匿不首及首报不实者，该督抚访查题参，将所置产业入官。其隐匿不首者，照侵占田宅律治罪。首报不实者，按不实之数，亦照侵占律治罪。如地方官扶同徇隐，别经发觉者，照例议处。其未经查出之知府并督抚、司道，均照例分别议处。至于查禁以后，仍有违禁置产，私相授受者，照将他人田产朦胧投献官豪势要律，与者受者各杖一百，徒三年，产业入官。其托民人出名诡名寄户者，受托之民人，照里长知情隐瞒入官家产，计所隐赃，重者，坐赃治罪。受财者以枉法从重论。地方官失于查察者，照例议处。"《户部则例》根据雍正十三年（1735）谕旨在例末加入"驻防兵丁不在此例"八字②，即允许驻防兵丁在各省置买产业。如果没有《户部则例》的补充，依据《大清律例》条例进行具体的司法活动，显然是不合时宜的。

---

① 薛允升撰，黄静嘉编校：《读例存疑重刊本》，成文出版社1970年版，第248—250页。
② 薛允升撰，黄静嘉编校：《读例存疑重刊本》，成文出版社1970年版，第281页。

其四,《大清律例·户律·田宅》"典买田宅"条嘉庆十三年(1808)例文规定:"旗地旗房,概不准民人典买,如有设法借名私行典买者,业主售主俱照违制律治罪。地亩房间价银一并撤追入官。失察该管官,俱交部严加议处。至旗人典买有州县印契跟随之民地民房,或辗转典卖与民人,仍从其便。"仍然严禁旗民交产,但在实际的经济生活中,旗民交产是较为普遍的现象,因此,《户部则例》旗民交产各条做出变通规定,无论京旗屯田、老圈、自置,俱准旗、户民人互相卖买,照例税契升科。① 此条是对《大清律例》的重要补充,目的在于救济旗人穷困的生活,也反映出《户部则例》比《大清律例》更贴近旗人这一重要民事法律关系主体的生活需要。

其五,《大清律例·户律·婚姻》"嫁娶违律主婚媒人罪"条道光十六年(1836)例文规定:"八旗内务府三旗人,如将未经挑选之女许字民人者,将主婚人照违制律,杖一百。若将已挑选及例不入选之女,许字民人者,照违令律,笞五十。其聘娶之民人一体科罪。"说明旗、民之间仍沿不通婚之禁,但社会生活的实际状况是,旗、民之间通婚已经较为普遍,因此,《户部则例》中特别规定有民人之女嫁与旗人为妻,及旗人娶长随家奴之女为妻妾,并旗人在外落业,准与该处民人互相嫁娶各层等,对《大清律例》进行相应的变通。②

以上可见,《大清律例》条例虽对日渐纷繁的民事法律关系有所规定,但具有明显的滞后性,反而在《户部则例》中进行了更新,《户部则例》也成为《大清律例》民事内容的重要补充。

---

① 薛允升撰,黄静嘉编校:《读例存疑重刊本》,成文出版社1970年版,第284页。
② 薛允升撰,黄静嘉编校:《读例存疑重刊本》,成文出版社1970年版,第314—315页。

除此之外，薛允升在《读例存疑》其余部分也通过与《吏部则例》《吏部处分则例》《兵部则例（中枢政考）》甚至前朝《问刑则例》等法规的比较详述了《大清律例》的种种不足，并在卷首"自序"中申明心意："朝廷功令，凡条例之应增应减者，五年小修一次，十年及数十年大修一次，历经遵办在案。同治九年修例时，余亦滥厕其间，然不过遵照前次小修成法，于钦奉谕旨及内外臣工所奏准者，依类编入，其旧例仍存而弗论。自时厥后，不特未大修也，即小修亦迄未举行。廿年以来，耿耿于怀，屡欲将素所记注者汇为一编，以备大修之用。甫有头绪，而余又不在其位矣。然，此志犹未已也。后有任修例之责者，以是编为孤竹之老马也可。"

总之，在陕派律学家中，薛允升的修律意见和建议最具全面性、基础性，其所达到的高度、深度和广度，均为其他陕派律学家难以企及。

## 二、赵舒翘力主监狱管理法制之健全

在陕派律学家中，赵舒翘是比较特殊的一位。在为官经历上，与薛允升深耕刑部、官至刑部尚书相比，赵舒翘亦发迹于刑部，但官运亨通，有后来居上之势，不仅担任刑部尚书，而且任总理各国事务衙门大臣和军机大臣，可谓位极人臣；后起之秀吉同钧则比薛允升、赵舒翘升迁要慢，赵舒翘的军机大臣一职更为吉氏遥不可及。在律学著述上，薛允升、赵舒翘、吉同钧均精通律意，有经典著述传世，但薛允升、吉同钧长于《大清律例》的注释与解读，而赵舒翘长于狱政法规的稽考和阐发。因此，赵舒翘的法律改革思想也集中体现在狱政改革上。

## (一) 重视囚粮的保障和管理

民以食为天,狱政管理亦以囚粮为要,赵舒翘首先关注囚粮的发放与保障,以示对传统儒家人本主义的遵循,并期待由此着手推动狱政管理的规范化。赵舒翘在《提牢备考》中开宗明义,由于监狱里需用的物品不一而足,唯独囚粮是大量需要的,因此积弊中唯有囚粮方面最深,还把囚犯比喻为笼中嗷嗷待哺的小鸟,较之哀鸣觅食的飞雁,更使人怜悯:"监内所需不一,惟囚粮为大宗,丛弊亦惟囚粮最深。笼鸟待哺,较嗷嗷飞鸿尤堪悯,狱囚口粮律所以特立专条也。仁人君子,宜于此先留意焉。"[1]

据赵舒翘统计,当时刑部在押在二百人左右,只是此前的几分之一,但是,囚粮的保障形势依然严峻。因此,他建议,每年要定期领取囚粮,可领取三次,每次领取三百石。为了杜绝官吏在领取囚粮时与米铺勾结而弄虚作假,他要求领米时,派司狱一名、南北两监头役各一名,相互监督,"以杜请托而昭公允"[2]。

赵舒翘认为,从仓库领出的粗米,总会有一百三四十斤不等,碾成细米之后,也有一百一十斤上下,而根据章程规定,这些数目只需维持在一百斤即可,其目的在于:"立法极为宽裕,无非使均有余利可沾,庶不至剥削正项,而囚犯得食好米也。"换言之,多余的部分本身就是给米铺创造福利用的。但因为这样做"米铺获利过厚",于是刑部提出每石米以一百斤算,另外提出余米三斤作为监狱的办公经费,一年三次下来,可以得余米两千七

---

[1] 赵舒翘撰:《提牢备考》卷一《囚粮考》,收入张秀夫主编:《提牢备考译注》,法律出版社1997年版,第4页。

[2] 赵舒翘撰:《提牢备考》卷一《囚粮考》,收入张秀夫主编:《提牢备考译注》,法律出版社1997年版,第6页。

百斤。对这些余米怎么处理,赵舒翘采取了如下措施:"以六百斤换作白面,为囚犯年节、端午节、中秋节,作面饭用,以一千五百斤,换作小粟米,为冬三月添放粥汤,以四百斤换作绿豆,作夏日放汤用。均系饬该米铺承办,一斤抵算一斤。"这样做的好处在于,"以提牢自有之款,作提牢应办之事,庶可经久"。即用监狱自有的钱,办监狱自己的事情,可以行之久远。这些措施经过赵舒翘试验和推行,效果良好,既改变了米铺"获利过厚"的现象,也使其保持一定的利润,还为监狱增加了额外的办公经费。如此一来,各方实属互利共赢。因此,赵舒翘建议,"后任君子,固不必向该米铺索添余米,致涉刻薄,亦不必将此余米视作无用,赏於吏役,以博小人之誉"。同时,既然"盖米铺之余利,吏役已索分矣",那么,吏役们也就不要继续从中作梗,"徒饱彼无厌之溪壑"了。①

对于囚饭的烹饪,赵氏也详加规范:"米必常核其粗细,饭必时尝其生熟。日放两次虽雨雪必应亲历,勿轻诿诸司狱。盖提牢与犯人见面者,惟恃此行耳。一有不至,则禁卒怠弛而无所畏,新犯屈抑而无从诉,种种弊端,由此而起,其散饭不均,尤小焉者也。"②囚饭虽为小事,但种种弊端,由此而起,赵氏要求官吏一定经常查看米的粗细,饭的生熟。每日开饭两次,就是雨雪天气,也应亲临现场查看,而不要轻易委托给司狱们。这一规定不仅在于保障囚饭的发放能够及时,而且更为犯人与提牢官见面创造机会,使新犯在冤屈受欺时能够及时申诉。

---

① 赵舒翘撰:《提牢备考》卷一《囚粮考》,收入张秀夫主编:《提牢备考译注》,法律出版社1997年版,第8页。
② 赵舒翘撰:《提牢备考》卷一《囚粮考》,收入张秀夫主编:《提牢备考译注》,法律出版社1997年版,第23页。

除了自己改革狱政，赵舒翘对前任提牢官制定的立意良好且施行有效的章程或办法，在大加赞赏的同时也给予充分阐释，希望引起继任提牢官的重视和遵守。例如，他举出前任提牢官徐亚陶和廷用宾的例子，称徐亚陶在冬季曾向犯人发放小米粥，而廷用宾不仅延续了这一办法，还将厅内多余的粮食换成小米，在冬天熬粥发放。赵舒翘十分认同二人的举措，尤其推崇后者的办法，他解释道："此举有数利，冷晨先吃稀粥足以御寒，一利也；司中如提犯早审，得此稍充饥腹，二利也；病犯如不能吃干饭，食之足资调养，三利也。"御寒、充饥、补充营养，可谓一举三得。这项工作既需要"以余米换小米"，更需要"诸友助款"，而在历任提牢官的努力下，竟然"放粥一年不断，甚盛德也"。因此，赵舒翘呼吁，保留此项善政，而且继任者要重视经费保障，"须有常款，方可永久"，要将其作为善事来做，"除余米抵放外，每年若得八十金，则此粥可终岁放矣"①。

(二) 重视狱政管理法规的整顿

有规矩方成方圆，狱政管理必须遵循一定的法律法规。赵舒翘认为，"宪典昭垂，共宜遵守"，提牢官责任重大，动辄关乎功过是非，尤须在法律的约束下"兢兢"，奉公执法。② 在《条例考》中，赵舒翘详述对囚犯的用刑、羁押、医疗、探视等规定，特别是明确狱卒的法律责任，要求其及时给予需要医疗的囚犯于应有的善待。

---

① 赵舒翘撰：《提牢备考》卷一《囚粮考》，收入张秀夫主编：《提牢备考译注》，法律出版社1997年版，第14页。
② 赵舒翘撰：《提牢备考》卷二《条例考》，收入张秀夫主编：《提牢备考译注》，法律出版社1997年版，第24页。

如第十条规定："凡狱囚应请给衣粮、医药而不请给，患病应脱去锁杻，而不脱去，应保管出外而不保管，应听家人入视而不听，司狱官、典狱卒，笞五十。因而致死者，若囚该死罪，杖六十；流罪，杖八十；徒罪，杖一百。杖罪以下，杖六十徒一年。提牢官知而不举者，与同罪。若已申禀上司，不即施行者，一日笞一十，每一日加一等，罪止笞四十。因而致死者，若囚该死罪，杖六十；流罪，杖八十；徒罪，杖一百。杖罪以下，杖六十徒一年。"赵氏认为此条规定"系指一时疏忽者而言。如因克减衣粮致死，自有凌虐本律，不能照此科断。再，此律系矜恤贫病罪囚之典，管狱者宜详玩也"。① 从而使法律责任的承担更加细化。

对于老弱病残等特殊囚犯群体，赵氏也主张格外照顾。如赵氏提出："凡牢狱禁系囚徒，年七十以上十五以下，废疾散收，轻重不许混杂。锁杻要常须洗涤，荐荐常须铺置。冬设暖床，夏备凉浆。凡在监囚犯，日给仓米一升，冬给絮衣一件，病给医药。看犯支更禁卒，夜给灯油，并令于本处有司，在官钱粮内支放，狱官预期申明关给，无致缺误。有官者犯私罪，徒流锁收，杖以下散禁，公罪自流以下皆散收。"②类似的矜恤囚犯规定比比皆是，这些都反映出赵舒翘立足实践需要的人本主义的狱政改革思想。

面对晚清风雨飘摇的政局和"满目疮痍"的政治形势，赵舒翘深感光阴易逝，补救无方，但仍可专注于本职工作，通过著书立说和规范狱政管理为晚清官场带来一丝生气。他在《条例考》的最

---

① 赵舒翘撰：《提牢备考》卷二《条例考》，收入张秀夫主编：《提牢备考译注》，法律出版社1997年版，第51页。
② 赵舒翘撰：《提牢备考》卷二《条例考》，收入张秀夫主编：《提牢备考译注》，法律出版社1997年版，第53页。

后表明心迹:"意外风波,自天主之;当前职分,自我主之。自问不作刻薄事,得失应听之于天。疮痍满目,患拯救之无方。一年光阴,又倏忽而易逝,何必以有用心力,戚戚于不可知之事哉。"①天有不测风云,非人力所能主宰。但管理监狱的事务,全凭自己做主。这些务实的论说,使陕派律学的理性风格更加彰显。

此外,赵舒翘提出:"制随时变,拘泥匪通;法赖人行,维持乃久。"他认为,制度规章随时势而变化,不能拘泥于旧制,而法律要维持长久,全凭人来施行。因此,对于执法的官吏而言,如果未把握法律之精髓,就不能轻易断言法律是尽善尽美的,所谓"顾未究其所以然,勿遽谓化裁尽善也"。为了方便提牢官掌握法律,熟悉成例,他还特意在条例之外,增加了章程的内容。并将其与古人所言"不习为吏,视已成事"和"前事不忘,后事之师"结合起来,希望对继任者有所启迪。② 这些章程包括《领米事宜》《提牢厅各项事宜》《本部南北两监酌定防范事宜》《计开稽查南北两监事宜十条》《南北两监规条》《提牢厅规条》《两监外围弁兵条规》《立秋后待质各犯名册章程》《刑案汇览》所载提牢案例等。

在上述章程中,赵舒翘对提牢官漠视许多现行规章的做法极为不满,譬如,他认为,《计开稽查南北两监事宜十条》均系针对狱政之弊而制定的,非常严密稳妥,内容见于《刑案汇览》所载《刑部事宜》,而提牢厅竟然不知道有这一良法存在,实有必要将其"刻板收存",并建议:"同后约束禁卒规条,每年提牢上任时

---

① 赵舒翘撰:《提牢备考》卷二《条例考》,收入张秀夫主编:《提牢备考译注》,法律出版社1997年版,第69页。
② 赵舒翘撰:《提牢备考》卷三《章程考》,收入张秀夫主编:《提牢备考译注》,法律出版社1997年版,第70页。

刷印标示一次，以新耳目，而申警戒。"①

另外，为了整顿狱政，赵舒翘亲自制定了相关章程，涉及囚衣发放、刑具管理、生病囚犯医治、提牢厅地面修整、每年收监人数统计、吏役分辨、囚犯抚恤等方面。他特别指出，这些事情前任均有探索，自己将其汇总并加以整理。之所以做这些努力，并不是为了沽名钓誉，而是真诚期待狱政有所改善，而且希望继任者能够在自己已经整顿的法制秩序之下尽心竭力，公心任事，所谓："提牢固属烦难，然法制严肃，事权归一，较在司办事少掣肘聚讼诸弊，苟公正而无私，允号令之罔阻。"同时，他也告诫继任者，如果不能秉公任事，遇事畏缩不前、战栗恐惧、目光短浅、固执己见，则"为吏役所窃笑也，若无知而作任意以行，则又失矣"②。

## 三、吉同钧以比较法视野深化改革观念

与薛允升、赵舒翘仅着眼于中国古代纵向比较的律学视野不同，吉同钧处于中西法文化激烈碰撞、西方法文化大肆输入的晚清变法修律之际，其观察、注释、解读和研究法律的角度以及改革法律的方法、立场均出现了重大变化，即从贯通古今、中外的视野不断深化对法制改革的认识。

### （一）通过古今中西比较突出修律中的"国情"因素

吉同钧从古今中外法律制定的角度，多次说明法律须与时变

---

① 赵舒翘撰：《提牢备考》卷三《章程考》，收入张秀夫主编：《提牢备考译注》，法律出版社1997年版，第90页。
② 赵舒翘撰：《提牢备考》卷三《章程考》，收入张秀夫主编：《提牢备考译注》，法律出版社1997年版，第125页。

通但须符合国情的客观规律。如吉同钧在《大清律讲义序》中说："总之，法律与时为变通。开创之初，法网疏阔；叔季之朝，科条繁重，其大较也。统观上下四千年来，唐虞三代，刑法简矣。降及春秋，渐失烦密，至秦而刻酷极矣！由秦至汉初，为刑律由重变轻之世；由汉至六朝，为刑律由轻变重之世；周隋以迄唐宋，复由重而变为轻；南宋以迄辽金，复由轻而变为重；元代金而复尚宽大；明代元而改用严威。若专论一代之法，汉律始宽终严，明律始严终宽。秦法始终严酷，元法始终宽纵。得宽严之中者，其惟唐、宋二代乎？"他还给出了修订《大清律例》的模范，即《唐律疏议》，"国初[朝]虽沿用明律，而修订之本仍根源于《唐律疏议》，此《大清律》所以斟酌百王，为损益尽善之书也。近来条例虽涉纷繁，惟光绪三十一年已经刑部奏请，删除三百四十四条，去[上]年又经修律大臣奏准，删除数十条，现又奉旨大加修订。将来书成，更当删繁就简矣"。

又说："又尝综观外国法典，《英律》有成文法、不成文法共一百二十余篇。其刑有死刑、徒刑、囚狱、苦役、隘牢、笞刑、罚金数种，而死刑则止于绞。《美律》五千五百余条，其刑分死刑、囚狱、苦役、罚金，死刑亦止于绞。《俄律》十二卷，共一千七百十一条，其刑分处决、罚作苦工、发往极边边远看押监禁身刑、的决、申饬、罚缓并剥夺公权数种，而处决用斩，间有用枪毙者，则为特别之法也。《德律》二十九章，共三百七十条，其刑分死刑、无期惩役、有期惩役、长期禁锢、短期禁锢、长期拘留、短期拘留、罚金、剥夺公权数种，而死刑止用斩不绞。《法律》四编，共四百八十四条，其刑分死刑、徒刑、流刑、囚禁、徒役、追放、剥夺公权、禁锢、罚金等项，死刑亦斩不绞，其弑亲应死者，于刑场使跣足、首蒙黑绢而已。《日本刑法》四百三十条，其主刑分死刑、无期徒刑、流刑、有期徒刑、重惩役、轻惩役、重禁狱、轻禁狱、重禁锢、轻禁锢、拘留、罚金、科料十四项，此外又有剥夺公权、停止公权、监视、罚金、没收五项为附加之刑，而死刑则用绞不斩，《改正刑法》减缩为二百九十八条，主刑止留死刑、惩役、禁锢、罚金、拘留、科料，而废除流刑、徒刑、禁狱数项，做德法也。至于瑞士，刑法二编，共二百五十六条，其刑止惩役、禁锢、罚金三项。《和兰刑法》三编，共四百七十五条，主刑为禁锢、拘留、罚金三项，附加刑为剥夺权利、工役场人监、物品没收、判决公告四项，而均无死刑。意、比、西、葡诸国，大略同于和、瑞，均无死刑。此外洋各国刑法之大略也。"凡此种种，都说明了古今中外的立法内容不尽相同。

为了加深世人的理解，吉同钧着眼于古今中外法理的异同，由浅及深地阐明法律改革须符合各国历史及国体。他援引西方法学家斯宾塞尔的论断"一国之法律必须与本国之历史及国体有同一性质，否则实行之际，流弊不可胜防"为"我国变法之药石"，说明"无论东西各国均有习惯之法，虽政教日趋新异，而本国习惯之法终不能废"。进而直言"《大清律》即中国之习惯法也，废之是犹乘马驾车而去衔勒，如之何？其可乎？"有鉴于此，吉同钧精准地论述了其注释和解读《大清律例》的方法："一篇之中，先溯根源，继揭宗旨，如篇幅过长，更为节解支分，俾令脉络明晰，遇有深奥之处，或援经史以阐其理，或引刑案以实其事，此外如王氏之《笺释》、洪氏之《辑注》、吴中丞之《律例通考》、薛尚书之《读例存苑》，苟有发明，均为采入。盖理惟求其显露，故词无取乎文深，篇末又杂引外国之律与中律比较，彼法所长者必加以褒美，彼法所短者不曲为附和。"

在综合比较后，吉同钧得出结论："而论者[谓]现在变法自强，当改用东西各国法律，反鄙薄《大清律例》，以为不适于用，不知外国法律行之外国则尽善，行之中国难尽通。夫以中国政教统一之邦，而直、奉川、陕各省犹有专条，蒙古有《蒙古之例》，回民有《回民之例》，苗蛮有《苗蛮之例》，彼此犹难强同，况中外风俗不同，宗教各异，而欲屈我之法就彼之范，岂非削足适履乎？"因此，吉同钧主张，不能一概否定传统法律，也不能盲目移植西方法律，依然要以中国旧有的立法为基础和根本，"虽采辑外国之新法，仍恪守中国之旧典"[1]。

## （二）以古今中西比较突出中律中的可取之处

在具体条文的解读上，吉同钧也恪遵古今中外横纵比较相结合的方法，说明法律应改应革或必须坚守之处。如对于"谋反大逆"条，吉同钧提出："汉代最严，《唐律》稍宽，《明律》复严于唐。我朝律文虽沿于明，而条例改从宽典，深仁厚泽已足超越汉唐。上年减轻刑章，凌迟改为斩决，并删去一切缘坐法规。现在反逆案之除正犯处斩外，其余远近亲属非但不依律处斩，并不依例发遣，深合文王治岐、罪人不孥，帝德好生、罚弗及嗣之道。岂不追踪三代，媲美唐虞？又按：反逆之罪，东西各国均从重典。法国谓之妨害国家安宁之罪；德国谓之大逆谋杀之罪；俄国谓之谋危皇族，谋危社稷之罪；日本谓为关皇室，关内乱之罪。虽处绞处斩各有不同，皆不得贷其一死，此可见天经地义，中外所同，政体虽有专制、立宪、共和之殊，而干犯至尊，即民主之国亦当立置重典。至于凌迟缘坐之法，各国均无，一旦划而除之，

---

[1] 以上见吉同钧《大清律讲义序》，收入吉同钧著，闫晓君整理：《大清律讲义》，知识产权出版社2017年版，第3—5页。

宜其为外国称颂也。此为六律中最重之罪，故列于刑律之首。律文设此严法，使人望而知畏，庶可遏恶于初萌，悔悟于未发，亦即火烈民畏之意，未可以现例之宽而訾此例之苛。《周礼》云：新国用轻典，乱国用重典；《书》云：刑罚世轻世重；《传》曰：宽以济猛，猛以济宽。盖刑罚之轻重各因其时，若一味从宽，则水懦民玩，反贻姑息养奸之祸。此又减轻刑法者不可不知也。"①对于这一罪名在刑罚执行中的改重为轻，吉同钧是深为认可的。

再如，对于"干名犯义"条，吉同钧提出："《唐律》惟告尊长谋反、逆叛三事者不坐，此律补添窝藏奸细一层，又于篇末增妻父母与女婿义绝一段，均为《唐律》所无，其余俱与《唐律》相同，不过文字详略之间稍有异耳。此律之意盖定亲属讦告之通例以正名分也。名者，名分之尊。义者，恩义之重。本章与《名例》犯罪自首及亲属相为容隐并诬告三章，理本一贯而义实相须。夫亲属得相容隐，又准为首免罪而告则干名犯义。盖名分所关，恩义为重，若不许容隐则恐有以伤其恩，若不许为首则恐无以救其亲。首则欲其亲之免罪，本乎亲爱之意而出之也。告则欲其亲之罹法，本乎贼害之意而出之也。既著容隐为首之例，又严干名犯义之法。《辑注》谓为天理人情之至，非虚言也。此正中华国粹所寄，扶植纲常，敦厚风俗，全在于此而非外国刑法所可同矣。"②对类似"干名犯义"的凝聚传统儒家经义特色的律文，吉氏显然是排斥改动的。

## (三) 基于慎重比较提出法律适用的折中之法

为了表达对旧律精粹的坚守以及对新律的接受，吉同钧提出

---

① 吉同钧著，闫晓君整理：《大清律讲义》，知识产权出版社2017年版，第49页。
② 吉同钧著，闫晓君整理：《大清律讲义》，知识产权出版社2017年版，第192页。

了折中的办法,即在司法实践中,"旧律与新刑律草案、中律与外律可并行不悖"。吉氏从立法、司法当"因地而异""因人而异""因时而异"三个角度说明新旧有别、中外有别,但又不乏可以衔接、共存之处。他进一步提出:"夫《大清律》者,乃历代相传之法典,斟酌乎天理人情,以治中华礼教之民,犹外国之有习惯法、普通法也。《刑律草案》者,乃预备外人收回治外法权、办理华洋交涉之案,犹外国之有特别法及成文法也。"并把法律适用比喻为医疗用药,以示因地制宜。所谓:"医家之用药也,寒热燥湿,因人而施。"因此,吉氏主张"华洋交涉案件而绳以《大清律》,使强就我服制礼教之范围之中,是犹以参附治实热之证,必益其疾。若审理内地人民而骤用草案之法,强奸强盗不处死罪,弑父弑母等诸凡人,是犹以硝黄治虚寒之人,反速其毙"。

从新旧法律与宪法、经义之间的关系出发,吉同钧也给出新的见解:"《刑律草案》与宪法相为附丽者也,《大清律例》与经传相为附丽者也。宪法成立之后,官民知识均换新理,国家制度顿改旧规,逆计彼时经传且为陈迹,遑论旧律。故必以草案继之,非此则宪法不能完备,若尚在立宪甫萌之时,缙绅心胸犹有旧书余味,草茅传诵尚知儒术为高,则我《大清律》者仍在,当可谓时之列,即骤施以《草案》之法,鲜不群相非笑矣。当此新旧交讧之际,旧学以《草案》为败俗、为敦敩,新学又以《大清律》为严酷、为迂腐,虽持理不为无理,而其拘于一偏则一也。苟用当其可,二书皆不可废,盖治内地可用《大清律》而租界华洋杂处之地则宜《草案》;治国人可用《大清律》,而对旅居中国之外人则宜《草案》。且现时可遵用《大清律》,而数十年后宪法完备之时,则可参用《草案》。然其用《草案》也,立法之权归诸议院,须经上下议院公同认可,否则仍无效力,此其所以为宪法也。夫《易》卦之

《噬嗑》《丰》《旅》均言刑法，而其中仍寓变动不居之妙，如《丰》之'折狱致刑'则曰：'与时消息'；《旅》之'明慎用刑'则曰：'时之义大'。经训昭然显示准绳，故曰：知乎此义，乃可决定旧律与新律草案、中律与外律并行不悖也。"①

这段论述被法部尚书戴鸿慈誉为"审时度势，虽变而不离其宗，是有功世道之文，旧学新学一齐俯首"②，在当时也具有一定的代表性。

但是，吉同钧在字里行间仍念念不忘维护以礼为尊的传统法律对广大国民及内地法律关系的调整与适用，而以《新刑律》等新律专用于租界等涉外地域，这种一国"两法"的设想在当时不仅难以实现，而且明显是脱离其所口口声声申明的国情实际和法律发展潮流的。

## 四、吉同钧晚年法律思想中的"保守性"

虽然吉同钧的法律改革思想有进步的一面，但随着《大清律例》《大清现行刑律》的废止，其一生赖以为信仰的儒家思想和礼本刑用的法律观在新律的冲击下不再居于正统地位，于是，吉同钧的法律思想开始出现"保守"倾向。尤其是清朝的覆亡和民国对新律的推广，吉同钧法律思想中的"保守性"更加凸显，以致他彻底陷入保旧律即保"国粹"、失旧律则失"国粹"的逻辑之中，无法走出。因而，陕派律学也一步步丧失了脱胎换骨的机遇，最终伴随着"保守"的气息和新律以及新的法律体系渐行渐远。

---

① 吉同钧著，闫晓君整理：《乐素堂文集》，法律出版社2014年版，第131—132页。
② 吉同钧著，闫晓君整理：《乐素堂文集》，法律出版社2014年版，第132页。

## （一）由倡导改革到维护《大清律例》的权威性

吉同钧在修律之际多次发出改革《大清律例》之倡议，这些均对修律起到了积极的推动作用。然而，改革《大清律例》，并不是完全否定《大清律例》，吉同钧的底线是在《大清律例》的基础上小修小补，以适应社会发展的需要，这就与一众坚持效法西方法律以建立西式法律体系的大臣意见相左，而在当时，后者明显占有上风。因此，吉同钧多次撰文呼吁重视旧律，并将《大清律例》奉为良法。

吉同钧在《刑制论》中提出，清朝立国之初，命儒臣详定刑法，沿袭前明旧律，略加条例，历康熙、雍正、乾隆三朝，"久道化成，几于刑措不用，雍雍乎三代之休风焉"。刑法修订时出现"一革国初严重之例"的"迭次减轻"趋势。但嘉庆之后，"承平日久，法令纵弛"，尤其是道光末年，外侮不断，内乱频生，为了"用严法以示惩创"，刑法复由轻入重。光绪时期，更因内忧外患，"刑法愈趋严重，章程繁密，较前加倍"，已经到了刑罚太重、不改不行的地步。尽管如此，《大清律例》在吉同钧眼中"仍不失为金科玉律"。事实表明，无论陕派律学家的苦心注律，还是参与修律，都是在维护《大清律例》，希望《大清律例》更加完善的动机下进行的。因此，对于修律中的重要成果《大清现行刑律》，吉同钧认为，虽然删去律文数十条、例文数百条，从前之缘坐、凌迟、枭示、戮尸、枷号、刺字、鞭责、铁杆、石墩、笞杖诸法尽行删除，又改死罪为流徒者数十项，以致法轻易犯，匪徒鸱张，良民被害，但是，总而言之，"利弊参半，先王之遗制犹有存焉"。即使无法挽回《大清律例》，保留了旧律精华的《大清现行刑律》，虽然有种种弊端，但仍是可以接受的。而对于完全革故鼎新之《大清新刑律》，吉同钧的态度就无法继续友善了，他痛斥《大清新刑律》"聘用日本博士冈田，举历代旧律、大清条例一概废除，全依日本法修讨"，"不惟文义名词尽仿外洋，并举历代之服制、名分、礼教一扫而空"，一旦施行，"则三纲沦、九法斁，其弊不可言矣"[①]。

在《徒流论》中，吉同钧对具体的徒刑和流刑改革，也表达了类似观点，他说："故近日修订《现行律》，将遣罪列入正刑，军流仍其旧制，惟徒罪停其外发，留于本地作工，与旧制稍异。而《新刑律》又除去流刑，止有徒刑，且所谓徒刑者，非特不外发也，而年限又与旧律大相悬绝。旧律五徒，自半年起至三年止，新律徒罪自二月以上递加至十五年，且有终身作徒者，虽时势所趋，不得不变，然变通尽利可也，变本加厉不可也。若借收回法权之名，致数千年之良法美意一旦摧残殆尽，虽利多而害少，君子犹或惜之，况有十害而无一利乎！"[②]

纵然《大清新刑律》通行全国势不可挡，而吉同钧仍未放弃对《大清律例》的宣扬。他在《京师法律学堂演说词》中提出，在"现今新学竞尚，士多见异思迁，剽窃外国法政学说以为禄利之阶，遂致中国经史旧学渐就荒芜"的情形下，"法律一门尤为《广陵之散》，不绝如线"，可谓硕果仅存。而平心而论，"外国法政各有精意，固当采集所长以资补救，惟《大清律例》恰当乎中国风土，尤当深切究明，以为判案之资"。因此，吉同钧号召学子们"固不可守旧而鄙新，亦不可务外而忘本"，言外之意，就是要学好《大清律例》。为了增强说服力，他还从自己的治律生涯及研究方法举例，劝诫学子勿要舍旧趋新，以致数典忘祖，他语重心长地说："鄙人自问德薄能鲜，殊觉有愧皋比，惟供职刑曹二十年，受业於长安薛大司寇之门，律学稍有会悟，今应当道之聘，忝列讲席，以作识途老马，惟祈与诸学友相观而

---

① 吉同钧著，闫晓君整理：《乐素堂文集》，法律出版社2014年版，第106页。
② 吉同钧著，闫晓君整理：《乐素堂文集》，法律出版社2014年版，第108页。

善,共相勉励,先研究中律精意,然后涉猎东西各国刑法大要,庶几操乐不背土风,数典无忘祖制,勉副修律大臣造士之苦心,以仰体皇上立宪变法、修订法律之至意,是则区区之心所深愿也夫。"①

在吉同钧看来,《大清新刑律》不过是《大清现行刑律》的支流,而《大清现行刑律》也只是《大清律例》的支流,再往前溯,则可发现《大清律例》仍不过是《唐律疏议》的支流而已。对于唐律的推崇,吉同钧始终与薛允升具有高度共识。因此,吉同钧提出,欲全面理解《大清新刑律》,需要完整学习《大清现行刑律》,学到《大清现行刑律》的要旨,既能掌握《大清新刑律》之要义:"遽谈《新律》,何以异是?盖新订之律,表面仅四百余条,初阅似觉简捷,而不知一条之中实孕含数条或数十条,将来判决例成,仍当取《现行律》之一千余条而一一分寄于各条之内,不过体裁名词稍有不同耳。今岁律学命题,一本《现行律》,功令所垂,不得不从时尚,要其法学之理,则新旧原无二致,会日之讲求《现律》,即为异日发明《新律》之根柢也。"②在《大清新刑律》无论是指导思想、原则体例,还是主要内容,都与《大清律例》及《大清现行刑律》截然不同的情况下,吉同钧无视这一根本性的新旧之别,仅仅以"支流"之说为基础探究"法学之原理""律学之参变",可见其思想转型之困难。

(二)将维护《大清律例》与维护"国粹"相等同

吉同钧认为,《大清律例》是儒家思想影响下立法的典范,是蕴含"国粹"的重要法典,而这种"国粹"的根本在于,适应中华民族的历史文化传统和生产生活习俗。基于中西国情不同,法律应因俗而异的认识,吉同钧对许多在修律中已经取得共识的举措仍不以为然,他

---
① 吉同钧著,闫晓君整理:《乐素堂文集》,法律出版社2014年版,第95页。
② 吉同钧著,闫晓君整理:《乐素堂文集》,法律出版社2014年版,第93页。

在考辨五刑源流时提出:"夫各因其俗,各有所宜,不但中与东不同,东与西不同,即西与西亦各有不同,我之不能为彼,亦犹彼之不能为我。今则五刑之中,删除笞杖,则学外国之罚金矣;徒不发配,流罪轻者亦不发配,分别作工,则学外国之惩役矣。近又有死罪止用绞刑之议,将来斩刑亦在所废矣。数千年之成法不数岁而刬削殆尽,可胜慨哉!可胜慨哉!"①在参与修订《大清现行刑律》时,他也不遗余力地力保"国粹"内容能够继续有效。

当《大清律例》和《大清现行刑律》面临相继谢幕的结局,吉同钧思想中固执的"保守性"不断涌现,这种情绪促使吉同钧甚至以近乎偏执的语言抨击种种改革之失,表达痛失"国粹"的悲愤和不满,他说:"根极於天理民彝,深合乎土俗民情,所谓循之则治,离之则乱者也。自上年变法令下,仿泰西之皮毛,舍本来之面目,初改《大清律》为《现行律》,继又改《现行律》为《新刑律》,表面看似新奇,内容实归腐败。兹就显然可见者言之。自缘坐之法废,而叛逆之徒不惮牺牲一身以逞不轨之谋,故湖南、广东相继焚烧衙署,而大员被刺之事不一而足矣。自笞杖改为罚金,而富豪强梗之徒益复无所畏忌,故近来抗官拒差、诱拐奸占之案愈办愈多矣。自奴仆之制废,而名分荡然,欺陵家主之风不可遏止矣。自开设娼寮并起意为娼者不治其罪,而风俗颓败,廉耻道丧矣。自儒师与凡人同论,学堂中视师长如路人,桀傲嚣张之气酿成世变矣。自流徒免其实发,而无数匪徒丛集辇毂之下,一旦有事,揭竿为乱者不在草泽而在萧墙矣。自各省设审判厅而以未经历练之法官审判命盗大案,既无刑幕佐理,又不经上司覆审,不知冤死几多良民矣。今日祸乱之根,虽由于政府昏浊,贿赂公行,不尽关乎法律。然刑罚轻纵,审判偏谬,亦酿乱之一端也。余向充法律馆编纂,亦尝慨慕外国轻刑之刑,思革重典,乃行之未及二年

---

① 吉同钧著,闫晓君整理:《乐素堂文集》,法律出版社2014年版,第84页。

而已流弊滋出，乃知'不愆不忘，率由旧章'，圣言真如蓍蔡，而子产之火烈民畏，诸葛之法行知恩，洵治乱之药石，而非姑息养奸者所能喻也。今者祸患方兴，结果尚不可知，如外人狡焉，思启坐收渔人之利，则我中国一切典章将归沦胥，此集亦必为覆瓿之用。若犹是，炎黄之神胄也，无论君主、民主，治中华之人须用中华之法，将来穷则思返旧律，仍有复兴之日，安知兹集不为后事之师资乎？"①

吉同钧在《论大清一代政治得失》中依然显示出极渴望政治风气焕然一新、旧有制度有所改革但仍需恪守"国粹"的复杂心态。他认为，清朝统治期间，"善政有三：曰爱民，曰崇儒，曰恤刑"，"秕政亦有三：曰偏袒旗族，曰捐纳得官，曰书吏用事"。三项善政为清朝强国之根本，三项秕政亦为清朝亡国之渊薮。"今者民国建立，化种族之界，满汉不分畛域；停捐纳之法，人材皆取学堂；黜书吏之蠹，办公尽用雇员。可谓宿弊一空矣。"这些均为吉同钧殷切盼望实现的新改变，但是，他并不认为这些举措可以使国家长治久安："然吾犹有隐忧者，赋税日见增加而人不聊生，则爱民之意少；学校概讲西学而士不穷经，则崇儒之典缺。至新订法律，名为减轻刑罚，实则草菅人命，长官得操生杀权柄而总统不问，死罪不经秋朝覆审而立予枪毙，则恤刑之制度更荡然无存矣。"因此，吉同钧提出："去其三弊而不法其三善，是犹医病者仅治其标而不培其本，治水者止疏其流而不濬其源，以此求治，吾恐治未至而乱复随之矣，有心人所以日抱杞忧也。"②

这种不安与矛盾的心理在其他著述中也多有体现。如吉同钧在《书当道兴学命令后》感慨："学术为国家命脉，人心之生死，气运之盛衰，国势之兴亡，皆决于学术之纯疵。未有学术不纯而能建国基于

---

① 吉同钧著，闫晓君整理：《乐素堂文集》，法律出版社2014年版，第94页。
② 吉同钧著，闫晓君整理：《乐素堂文集》，法律出版社2014年版，第12—13页。

不拔者也。民国建立，去岁既举行祀天尊孔之典，本年元日复下兴学之令，以为国家根本在教育，而教育方针莫如保存国粹。……是大清二百年长治久安、国本巩固者，皆由尊崇程朱以上绍孔道培其基也。惜乎末年变法不善，极力崇尚西学，尽弃国粹，是以人不穷经，纲纪败坏，士气嚣张，国事遂不可为矣。迄入民国，变本加厉，人人抱平权自由之心，尊卑无序，男女无别，以致盗贼蜂起，生民涂炭，于是憬然觉悟，惩前毖后，力求正本清源，始有今日改良教育之命。"①

正因为"国粹"不存，吉同钧认为清末变法修律整体上是失败的。虽然他也是晚清修律的参与者和推动者，但面对力保"国粹"却无能为力的失望情绪，只得借保"晚节"聊以自慰："余自反生平四十以前，汲汲求仕，心中惟悬一富贵之想，并不知功名为何事，而反以富贵为功名。四十以后，始知富贵功名判然两事，稍有向上之志，然一念功名，又一念富贵，二者横扰于心胸之间，而不能自主。迄乎五十以后，始有定见，自念身膺司法，每审一案一稿，未必情罪允协，惟恐妄杀一人，虽因公获咎，沈滞郎署十余年，仍自安迂拙，不肯作乞墦垄断之行，以求利达。功名所在，全力赴之。虽不敢言道德，已置富贵于度外矣。方思一麾出守，藉以除暴安良，不负半生所学。乃所素志未伸，而世变骤起，于是辞官归家，一切富贵功名，万念俱灰，惟思保全名节以苟廷（延）暮齿，而涵养未深，牢骚不平之气不觉流露于语言文字间，缘无道德以镇其浮躁之心，故未能遁世无闷也。……呜呼！往已不谏，来犹可追，自今而后，惟三复陶公《归去来辞》一篇，乘化归尽，乐天不疑，庶几保此晚节也乎！"②

---

① 吉同钧著，闫晓君整理：《乐素堂文集》，法律出版社 2014 年版，第 14 页。
② 吉同钧著，闫晓君整理：《乐素堂文集》，法律出版社 2014 年版，第 33 页。

## (三)不忘固守"国粹"以改革民国法律的设想

吉同钧在清亡之后总以"顽石老子""前清小臣"等自居①,而且与所有遗老遗少一样,对儒家思想到了推崇备至而且丝毫不接受改变的地步。他悲愤地指出:"近年欧风东扇,哲学盛行,学堂不讲圣经,取士端凭技艺,少年有志功名,不得不借径于此,以为入仕之阶,然伦常之经,与天地并立;孔孟之道,如日月常昭。苟非先读道理之书以端其本,多读经济书以救其偏,一旦得志,矜才使气,争权攘利,小则败名堕节,大则亡身败家,目前之祸可为前鉴。"②虽长期赋闲,但吉同钧对于在儒家思想的框架下改革民国法律的设想及努力,仍未彻底丧失希望。除此之外,他也曾两次捕捉改革民国法律并恢复旧律精髓的机会。

第一次,系袁世凯执政之后。1915年,袁世凯请吉同钧修改法律。刘敦谨在《韩城吉石笙先生德教碑记》中云:"民国四年,项城总统以新律行多窒碍,迭请修改,先生始则却之,后思法律关系世道人心,古法可复,国犹有瘳,遂允所请。然约定在家秉笔,不入局,不署职,以三月为期,举旧律中关于伦纪名分各条搀入其中,藉存国粹。"但一番努力之后,"书成交,遂为议院阻隔不行,而项城亦即殂谢,此书置之高阁,惜哉!"③可谓无功而返。

第二次,系吴佩孚权势熏天之际。吉同钧在1926年正月致信吴佩孚时称:"当今之世可膺大任者惟阁下一人,可与进言者,亦惟阁下一人。"因此,他从任职刑部的经历和平生读律的经验出发,谈到"鄙人任司法二十余年,凡古今中外法律亦尝博览而详说之:盖法者

---

① 吉同钧著,闫晓君整理:《乐素堂文集》,法律出版社2014年版,第61页。
② 吉同钧著,闫晓君整理:《乐素堂文集》,法律出版社2014年版,第35页。
③ 刘敦谨:《韩城吉石笙先生德教碑记》,现藏陕西省韩城市博物馆。

治之具,而非治之本。治之本在礼,礼以辨上下,定民志。民志定乃可以言法治,若舍礼言法,彼申韩商鞅诸法家尚不能保其身,遑云治国乎?前清之亡,民国之乱,正由学堂废讲六经,政治改行新法,以致纲纪紊乱,酿成今日分崩之祸,若犹不悔其失,舍中华之国粹,袭外人之皮毛,曰立宪曰宪法,是犹救火反添薪,其炎愈炽不可向迩矣"。进而再次强调这些观点"乃鄙人半生阅历经验所得,非新学理想之谈,亦非腐儒泥古之论",希望吴佩孚能够"采纳而推行之,不惟天下生民之福,而中国之转亡为存亦将于此卜之"。然而,吴佩孚出兵不利,连连败于北伐军。兵败后,吴佩孚曾作联语:"得意时清白乃心,不置妾,不积金钱,饮酒赋诗,是犹书生本色;失败后倔强到底,不出洋,不走租界,灌园抱瓮,从此解甲归田。"吉同钧读后批注:"此将军自写胸怀之作,光明正大,民国以来不可无一,不能有二者也。"[①]随着北伐的胜利,北洋政府土崩瓦解,一个新的历史时期开始了,吉同钧企图以旧律为根本修订民国法律的念想,终成黄粱一梦。此后,直至吉同钧逝世,再无类似机遇。

然而,固守"国粹",为《大清律例》打抱不平的心理却贯穿了吉同钧的一生,直到屡次尝试屡次失败之后,吉同钧依然认为:"大清之律,非大清所创造也,乃中华数千年之国粹,经历代圣君贤相,参合理法以辑为成书,与经籍之道相为表里,俗儒不知,指为申韩之学,则谬矣。惟自道咸年间,发捻扰乱,海内分崩,不得不用重法弭乱,於是律外添入严重条例,与律文相辅而行,盖法理广大悉备,与外洋草昧初开简单之法不同。"他始终不否认修律的必然性和必要性,"时值海禁大开,西人之侨吾国者少见而多怪,群相指为严酷而不受制裁,时势所迫,不得不略为

---

① 吉同钧著,闫晓君整理:《乐素堂文集》,法律出版社2014年版,第78—79页。

变通。"却执拗地认为"然变通尽利可也，变本离宗不可也。当时老成彫谢，新进用事，虽素称耆臣宿儒之辈，亦惑于新学而曲为附和，《大清律》改为《现行律》，已可谓变动不拘矣，而犹以为陈腐。又聘外人袭洋法，沿用外国名词，名曰《新刑律》，析文破义，纵恶养痈。凡杀人越货、元恶大憝及忤逆枭獍之徒，亦为网开一面，不尽处以骈诛。此不仅误用硝黄，又加以乌附毒药，使寒热内江，溃其脏腑，是以病入膏肓而不可救，此行新律之结果也。"所以，他把民国以来的种种乱象归因于《大清律例》之不存，所谓"经学者，法学之本。根本既坏，则纪纲弛矣。旧律者，新律之粹。精粹既失，则名分紊矣。纪纲一弛，何乱不生？名分一紊，诸恶皆作。民国十五年（1926年）来，无君无父，无礼无义，军阀放恣，学徒妄作，直如洪水之泛滥，扩流而不可遏抑，是犹退扁鹊而召卫巫，虽有玉札丹砂，赤箭青芝，亦无如之何矣"①。

需要指出的是，吉同钧虽然固守传统思想，但这并不意味着吉同钧只会抨击新思想下中律精粹丧失殆尽的改革后果，他的法律改革思想中的"保守性"，恰恰与其长期在刑部为官所依赖的"经验主义"有关。所谓"律学是适应司法实践的要求而发展起来的，是注律者从事刑名断狱经验的积累和总结。凡问题的提出无不源于经验，注释的根据与心得亦不外于经验。律学的最高成就就是综合新经验并使其条文化，成为国家修律的新内容，因此，律学的应用价值超过了它的学术价值"②。闫晓君教授提出，"实际上，吉同钧既不保守，也不顽固，而是采取实用主义的观点，这正得益于吉氏"数十年用功甚勤的法律学识及丰富的司法审判

---

① 吉同钧著，闫晓君整理：《乐素堂文集》，法律出版社2014年版，第126—127页。
② 张晋藩：《中国传统法律文化十二讲》，高等教育出版社2018年版，第319页。

阅历"①。陈景良教授也称："吉同钧不仅早于沈家本一年提出了'删除重法'的请求，从而先于沈家本而开启了清末修律的进程，而且还是《大清现行刑律》制定的实际参与者，并位居五位总纂官之首。这些都说明，吉同钧对旧律极其熟悉，能发现旧律之于时代的不足，也能前瞻改革法律的目标。人们将他看作'保守者'，看到的是他坚持旧律，很少思考法律需要与社会相适的内理。"②

正如吉同钧在《律学馆第一集课艺序》中总结道："鄙人为诸生时，作幕豫臬署中，时陈臬者为南宁唐公，以平反王树汶大案由黄堂骤陟柏台，鄙人时听绪论，即欲弃儒司法。通籍后，果分刑部，适值乡先辈薛赵二司寇先后迭长西曹，因得日诣门墙，质疑问难，从此律学稍有门径，然于办案之法尚茫然也。后充奉天、四川等司正主稿六年，任秋审处坐办三年，任提牢一年，又兼充京师内外工巡局审判官三年，阅历既多，情伪尽知，然后案件到手，办理稍有把握，但仅折狱于京师，尚未周知京外情形也。嗣经裕寿田中堂奏派随往哲里木盟审判事件，周历奉天、蒙古各地，又知关外土俗与内地不同，而蒙古人情又与关外有别，始恍然于《大清律例》止可治内地，不可治外藩，从此研究理藩院《蒙古律例》与《大清律例》不同之故，知律之道，因地制宜，因人立法，而以胶柱鼓瑟之见求之则左矣。上年并充修例馆提调、法律馆总纂，博览英、美、德、法、俄、奥、和[荷]、比、日本各国刑法，更觉法律一道广大精微，变动不居，思欲以半生管窥蠡

---

① 闫晓君：《吉同钧：中国传统法律文化的守望者》，《中国社会科学报》2021年3月24日第5版。
② 陈景良：《十年一剑：〈陕派律学家事迹纪年考证〉的史料与法学价值》，《江汉大学学报》(社会科学版)2021年第2期，第7页。

测之见与二三同志讲明而切究之。"①这段"肺腑之言",谈任职志趣、谈律学入门、谈在京断案、谈外出审判、谈比较中西,等等,都在为自己的感悟做旁证,无疑是对"经验主义"的最佳诠释。也正因为如此,吉同钧更似"中国传统法律文化的守望者"②,而非简单的片面的"保守者"。

---

① 吉同钧著,闫晓君整理:《乐素堂文集》,法律出版社2014年版,第91页。
② 闫晓君:《吉同钧:中国传统法律文化的守望者》,《中国社会科学报》2021年3月24日第5版。

# 第四章
## 陕派律学家法律改革思想对晚清修律的影响

陕派律学虽伴随着清朝的覆亡和中华法系的解体而逐渐湮没,但薛允升、赵舒翘、吉同钧等律学家的法律改革思想不仅在传统律学的发展史上留下浓墨重彩的一笔,而且直接影响到变法修律中《大清现行刑律》的制定,吉同钧对《大清现行刑律》的笺释还作为民国初年适用《现行刑律》进行民事司法的重要参考,至1929年中华民国民法的颁布,才最终告一段落。

### 一、陕派律学家在晚清修律前对部分例文的修改

从现存的律学成果及陕派律学家的奏折、笔记等不难发现,薛允升、赵舒翘、吉同钧无一不是修律的倡导者。薛允升、赵舒翘为正式修律做了准备,而吉同钧则有幸参与《大清现行刑律》制定的全过程。仅以赵舒翘为例,通过赵舒翘的奏议和文稿等,可以看出赵舒翘在为官期间非常重视因事言法,因事修法。

譬如,赵舒翘在《变通安置军流奏稿》中,已经提出修改旧例的设想,他在《新疆流犯屯田奏稿》和《汇核各省安置军流徒奏稿》中,继续对该项奏议进行充实并最终提出较为稳妥且操作性强的立法改革建议。他高度重视军流徒人犯在新疆的安置,将其与固

守边防、开发边疆结合起来。认为新疆"地壤肥美，山川高敞，无瘴厉恶札之气，更不可谓非善水土也"，"就目下新疆情形而论，舍屯田似别无良策，特恐狃于积习，不乐耕作者动以有妨操练为词；而于发遣罪犯，又以为桀骜难驯，约束匪易，兼恐别滋事端，以致浮议摇阻，辄罢不行，全在该抚等督饬所属实力经理。将来各犯到配，由州县管者州县督责，由兵屯管者兵屯考察。断不可畏难苟安，借端推诿，致使良法美意有始无终，更宜时加安辑，无苛剥欺凌，俾人得尽力乐生，行见化荆榛为康衢，变汗莱为闾井，内可省腹地挽输，外可作关陇屏蔽，将为我国家开财赋之区，成西陲一大都会也。岂徒罪犯得所已哉！"随后，他提出了初步的律例修改意见："嗣后遇有秋审减等之犯，即令同妻室子女发配，其车辆口粮一并由沿途地方官拨护资送，以符旧制。"即修改现行例文，恢复乾隆年间已经停止的发遣之人同妻子佥发的旧例，他认为此法颇得古意，所谓："新疆甫定，诸事草创，拨派屯种之犯，应请破除成例，其有情愿携带妻室子女，应请量为资送，藉以羁縻，则各犯衣食有资，又得家室相聚，当亦奉法惟谨……臣等查流犯终身不返，故历代定例均云：犯流者，妻妾从之，父祖子孙欲随者听。盖安其身而曲顺人情者，至为周密。"

为了破解军流徒人犯不断逃离的难题，赵舒翘奏请皇帝下诏听取各省督抚的意见和建议，结合各地奏报及意见，他提出，"刑法之设，原为禁暴惩奸，使强横者知畏惧而不敢犯，所谓'辟以止辟'也。自肉刑废而代以徒流，已属宽典，乃在配者不思安静守法，动辄乘间脱逃，彼此纷纷效尤。立法本以惩恶，而伊转得逃乎法之外，不特宪典几成虚设，亦不足以惩凶顽而昭炯戒。今详查各该省所议，或代为筹给口粮，或责令学习手艺及小贸营生，或分罪犯之老壮强弱妥为安插，或拨给正佐文武衙门充当杂役及戍边捕盗等事，无非束缚之使不能逃，维系之使不欲逃之意"。针对各地督抚关于是否删除五军中"附近、近边、边远三军"的争议，赵舒翘认为："军流之设，一系入军籍当差，一系入民籍为民，本自有别。自裁撤边卫而军流始无分，而充军之名仍相沿，至今不改。一旦删去附近、近边、边远三层，律例内条目纷杂，诚多窒碍。即添枷号，不特与例内改发各项重复，且军犯本罪加枷号者甚多，若再加枷号，更属太重。"为了不使立法轻重失衡，赵舒翘主张："附近、近边、边远三军，虽与三流道里相同，然各从本罪加等，尚系由近及远。惟军流交关之际，满流三千里加一等，发附近二千里充军，则反较本罪近一千里，未免轻重倒置。现在军犯既无军差可当，而各省之安置军犯亦与流犯无异，欲从今日而区画军流，只有以道里远近分轻重。即谓五军罪名沿袭已久，未便全行节删，而满流加等之犯悬绝太甚，有失情法之平，应请嗣后凡系由流三千里加一等者，均改发极边足四千里充军，其余均仍从其旧，似此量加变通，庶不必尽更成法，而已足稍示区别矣！"这一建议得到光绪皇帝的支持："光绪十一年（1885）六月十三日奉旨：依议，钦此。"[①]

然而，晚清种种立法之弊并不完全由于律例规定之欠缺，更多情况是有法而不遵，以致有些本身制定良好的律例条文近乎失效。不过，一些衙门和官员面临此种问题时，往往不明就里地归咎于立法之不完善，因此呼吁修改相关立法。在这种情况下，赵舒翘并非一味遵旨修改律例，而是注意分析律例的沿革和历次修例的原因，并深入探讨律例在实践中无法落地生根的缘由，在综

---

[①] 赵舒翘著，闫晓君整理：《慎斋文集》，法律出版社2014年版，第99—109页。

合各方面因素之后，从立法、执法等层面给出意见。

例如，光绪九年（1883），步军统领衙门和顺天府五城等以"钱铺票存开发期限以及东伙罪名，向例太宽易犯，有加等之名无加等之实"为名，奏请由刑部修改条例，整顿钱铺章程。赵舒翘接到谕旨后，详细考证了相关立法的来龙去脉和"法之不行"的具体原因。他说："臣等查京城关闭钱铺之案，侵匿银钱动至盈千累万，危害闾阎良非浅鲜。从前律例并无治罪专条，非疏漏也，以其系诓骗赃，已包于诈欺取财律内，故不另立名目。自道光初年，此风日甚，始为订立加等拟军并勒限开发及包揽票存各例，虽系从严之意，究未离准窃盗本法也。"咸丰十年（1860）、同治九年（1870）曾两次修订例文，前者"改照窃盗赃治罪"，以罪止拟流之赃"加入重辟"，"极其峻厉"，但"定法以后，从未见一案照此办理，而串通官吏包揽折扣诸弊较前更甚"，说明此次例文虽已修改，但形同虚设；后者"酌复旧章，并参用监守自盗律法，以追赃为首务，破其诓骗之局"，将旧例"勒限两个月未完者即行治罪"改为"分别再限以期，其全完其赃多问拟重罪。人犯如不完，即行永远监禁，并令将以前短保钱铺一律觅保补送。如有关闭不能开发，即加等治罪"，赵舒翘对此次修律颇为认可，认为"法不在徒重而在能行"，本次修例正是"准时立法，层层周到"的体现。但由于"地方官视为具文，阳奉阴违，当钱铺开设时只图得其陋规，不问其家之是否殷实，不查其铺保值是否得当。及关闭后，地面吏役非得贿以潜行纵放，即包揽折扣以取利，何怪乎关闭之案层见叠出"，加之"近时钱法之坏，其弊有不专在于钱铺者……官钱日形其少，私钱日见其多者，盖销毁官铸大钱一枚，杂以铅沙可改铸私钱数文。都城僻静之区以及近畿村壤，往往聚集多人洪炉广铸，钱铺牟利之徒贱价售卖，掺入官钱混使"，在这两种因素的影响下,同治九年(1870)例文流于形式。

因此,赵舒翘提出,对律例的探讨,不能只局限于表面,"议者不咎官司之不力,而徒欲加重于科条,抑可谓不探其本矣";同时,要解决京城钱铺侵匿银钱的问题,需要从执法入手,"今欲整顿钱法,必自禁铸私钱始。欲禁私铸,必自禁私销始,无私销则官钱自裕,无私铸则物价自平"。他也进一步表明了自己对改轻为重的反对:"若此弊(禁铸私钱)一日不除,即将关闭钱铺之犯再行加重,亦不过徒悬一严峻之条,而于闾阎生计仍无实际。"[①]可见,赵舒翘在主持律例修改的讨论时,始终站在理性客观的立场上思考问题,既不逢迎同僚,也不追求严刑峻法,而是坚持立法应因时制宜、执法应严格有力,这种态度并不是因循守旧,反而彰显出陕派律学家对立法、执法规律的精准把握和面对律例修改奏议时的谨慎与认真。

此外,赵舒翘在《强盗赃议》和《代核妇女实发例议》等著述中,也有对律例修改的思考和见识。这就表明,陕派律学家倡议法律改革,并非泛泛而谈,而是实事求是,有的放矢,并且通过各种渠道的努力,不断实现部分修订或全面修订律例的目的。

## 二、《大清现行刑律》:体现陕派律学精髓的重要立法

《大清现行刑律》是中国传统律典的殿军之作,是最后一部在传统法律的框架内铺陈内容的重要法典。但其在浩荡历史潮流中的现身却是转瞬即逝,作为旧的律典,既未能较好地完成过渡之作的历史使命,也未能唤起当时绝大多数政治家、思想家对中国

---

[①] 赵舒翘著,闫晓君整理:《慎斋文集》,法律出版社2014年版,第56—57页。

固有法律精粹的坚定支持，仿佛一切都来去匆匆，可谓"'胎运'多舛"，"出生即死亡"。① 然而就是这么一部留下极少历史印迹的法典，却凝聚着数代陕派律学家的心血，其中律例条文的更新、惨酷刑罚的蠲除、冗杂内容的删并，等等，都印证着薛允升、吉同钧等律学家对法律改革的思考与付出。虽然《大清现行刑律》终成缄默少言的历史过客，但贯穿于字里行间的陕派律学家的法律改革思想，仍似惊鸿一瞥，更如流风回雪，不断向后人传递着传统律学及立法的经验及智慧。

(一)《大清现行刑律》之纂修经过

在《大清现行刑律》纂修之前，清代以《大清律例》为主要律典。《大清律例》自乾隆五年(1740)纂成，一直沿用至清末。其间，律文基本保持不变，而例文则根据乾隆十一年(1746)定例，五年一小修，十年一大修，自乾隆十一年(1746)始，清廷先后进行了20余次修例活动。自同治九年(1870)修例之后，《大清律例》几乎在三十余年间未有增修。因此，薛允升等律学家才大声疾呼修订完善《大清律例》。

光绪二十八年(1902)二月，清廷下诏："中国律例，自汉唐以来，代有增改。我朝《大清律例》一书，折衷至当，备极精详。惟是为治之道，尤贵因时制宜，今昔情势不同，非参酌适中，不能推行尽善。况近来地利日兴，商务日广，如矿律、路律、商律等类，皆应妥议专条。着各出使大臣，查取各国通行律例，咨送外务部。并著责成袁世凯、刘坤一、张之洞，慎选熟悉中西律例者，保送数员来京，听候简派，开馆纂修，请旨审定颁行。总期

---

① 陈颐点校：《钦定大清现行刑律》(点校本)，北京大学出版社2017年版，第3页。

切实平允，中外通行，用示通变宜民之至意。"①根据这道谕旨，袁世凯、刘坤一、张之洞连衔上疏奏称，西方各国，"其变法皆从改律入手"，为此，举荐沈家本、伍廷芳主持修律馆，"就目前所亟宜改订者，择要译修"②。清廷遂即颁发上谕："着派沈家本、伍廷芳，将一切现行律例，按照交涉情形，参酌各国法律，悉心考订，妥为拟议，务期中外通行，有裨治理。"③从此，沈家本、伍廷芳作为修订法律大臣主持修律工作。自此，晚清修律正式拉开帷幕。

然而，这次修律虽然合乎律例须因时修订的规律，但并非在传统因素的驱动下进行，而是迫于外力，在西方法文化的影响下，试图在中国建立以大陆法系国家立法为样板的全新的法律体系。这就意味着中国传统法律必须接受近代化的命运转折。

光绪三十一年（1905）三月十三日，沈家本在《奏请先将律例内应删各条分次开单进呈折》中，提出应删条例共有344条之多。同年三月二十日，《奏请变通现行律例内重法数端折》中，提出无论罪名、刑制，中重而西轻者为多，以致西人每訾为不仁，其旅居中国者，皆借口于此，不受中国之约束。他提出，刑法之当改重为轻，为今日仁政之要务，且符合会通中西的修律宗旨。奏折所云亟宜应删之重法包括凌迟、枭首、戮尸、缘坐、刺字等，沈家本强调，要将重法数端，先行删除，以明示天下宗旨之所在。此奏折在当时颇有震撼力，得到清廷的首肯，下谕："伍廷芳、沈家本等奏考订法律请先将律例内重刑变通酌改一折。我朝入关之初，立刑以斩罪为极重。顺治年间修订律例，沿用前明旧制，

---

① 《清德宗实录》卷四百九十五，光绪二十八年二月癸巳。
② 袁世凯：《会保熟悉中西律例人员沈家本等听候简用折》。
③ 《清德宗实录》卷四百九十八，光绪二十八年四月丙申。

始有凌迟等极刑。虽以惩儆凶顽，究非国家法外施仁之本意。现在改定法律，嗣后凡死罪至斩决而止，凌迟及枭首、戮尸三项，着即永远删除。所有现行律例内凌迟斩枭各条，俱改为斩决。其斩决各条，俱改为绞决。绞决各条，俱改为绞监候，入于秋审情实。斩监候各条，俱改为绞监候。与绞候人犯，仍入于秋审，分别实缓办理。至缘坐各条，除知情者仍治罪外，余着悉予宽免。其刺字等项，亦着概行革除。此外当因当革，应行变通之处，均着该侍郎等悉心甄采，从速纂订，请旨颁行。务期酌法准情，折衷至当，用副朝廷明刑弼教之至意。"①

此后，修律的重心由删修旧律改为纂修《大清新刑律》，但《大清新刑律》因过于模范列强、移植西法而遭到朝野上下的普遍批评。在这种情况下，光绪三十四年（1908）正月二十九日，沈家本奏请先修订《现行刑律》，作为《大清新刑律》的过渡，他在《奏请编定现行刑律以立推行新律基础折》中说："新政之要，不外因革两端，然二者相衡，革难而因易，诚以惯习本自传遗，损益宜分次第，初非旦夕所能责望也。""现在新律之颁布，尚须时日，则旧律之删订，万难再缓，臣等公同参酌，拟请踵续其事，以竟前功，并酌拟办法四则，敬为我皇太后、皇上陈之。"沈家本提出的"办法四则"是：

1. 总目宜删除。"刑律承明之旧，以六曹分职，盖沿用元《圣政典章》及《经世大典》诸书，揆诸名义，本嫌未安，现今官制或已改名，或经归并，与前迥异，自难仍绳旧式，兹拟将吏、户、礼、兵、刑、工诸目一律删除，以昭划一。"

2. 刑名宜厘正。"律以笞、杖、徒、流、死为五等，而例则

---

① 《清德宗实录》卷五百四十三，光绪三十一年三月癸巳。

于流之外，复增外遣、充军二项。自光绪二十九年刑部奏诸（请）删除充军名目，改为安置，是年刑部又于议覆升任山西巡抚赵尔巽条奏，军、流、徒酌改工艺。三十一年臣家本与伍廷芳议覆前两江总督刘坤一等条奏，改笞、杖为罚金。三十二年奏请将秋审可矜人犯随案改流。三十三年臣等遵旨议定满汉同一刑制，是年法部覆奏请将例缓人犯，免入秋审等因各在案。叠届变通，渐趋宽简，质言之，即死刑、安置、工作、罚金四项而已，而定案时因律例未改，仍复详加援引，偶一疏忽，舛迕因之，似非循名核实之义。兹拟将律例内各项罪名，概从新章厘订，以免纷歧。"

3. 新章宜节取。"新章本为未纂定之例文，惟自同治九年以来垂四十年，通行章程，不下百有余条，阅时既久，未必尽合于今。兹拟分别去留，其为旧例所无，如毁坏电杆，私铸银圆之类，择出纂为定例，若系申明旧例，或无关议拟罪名，或所定罪名复经加减者，毋庸编辑。"

4. 例文宜简易。"律文垂一定之制，例则因一时权宜，量加增损，故列代文法之名，唐于律之外有令及格式，宋有编敕，自明以《大诰》《会典》《问刑条例》附入律后，律例始合而为一。历年增辑，寖而至今，几及二千条以下。科条既失之浩繁，研索自艰于日力。虽经节次删除，尚不逮十之二三。其中与现今情势未符者，或另定新章，例文已成虚设者，或系从前专例无关引用者，或彼此互见，小有出入，不胜缕举。凡此之类，拟请酌加删并，务归简易。"

奏折在最后特别指出："以上四者系就大体言之，其余应行刊改之处，临时酌核办理。如蒙俞允，即定其名曰《现行刑律》，由该总纂等，按照修改、修并、续纂、删除四项，逐加按语，分门编录，并责令克期告成，分别缮具清单，恭候钦定。一俟新律颁布之日，此项刑律再行作废，持之以恒，行之以渐，则他日推暨新律，不致有扞格之虞矣。"①清廷旋即批准沈家本的奏议。

修订法律馆纂修《大清现行刑律》的流程大致如下②：第一，修订法律馆诸馆员出具说贴，提出初步修改意见；第二，修订法律大臣汇总说贴，组织馆员讨论，形成基本方案；第三，修订法律馆提调将具体修订工作布置给各馆员；第四，各馆员在修订底本上直接修改，或以"墨书粘单"的方式将修订内容及理由粘贴在底本上；第五，修订法律大臣在同一底本上对馆员的粘单及底本内容直接批注，或另粘一单批注；第六，誊写人员清写誊录底本及粘单内容，将各篇汇总，形成《大清现行刑律草案》(即《大清现行刑律案语》)，上呈御览。而后，这一草案由上谕发交宪政编查馆核定。宪政编查馆核定后，再上呈御览，由上谕允准颁行。

宣统元年(1909)，《大清现行刑律》修成，清廷在谕旨中回顾了此次纂修的重心及审定之经过："前据修订法律大臣奏呈刑律草案当经宪政编查馆分咨内外各衙门讨论参考，以期至当。嗣据学部及直隶两广安徽各督抚先后奏请，将中国旧律与新律详慎互校，再行妥订，以维伦纪而保治安。复经谕令修订法律大臣，会同法部详慎斟酌，修改删并，奏明办理。上年所颁立宪筹备事宜，新刑律限本年核定，来年颁布，事关宪政，不容稍事缓图。着修订法律大臣，会同法部迅遵前旨修改删并，克日进呈，以期不误核定颁布之限。惟是刑法之源，本乎礼教，中外各国，礼教不同，故刑法亦因之而异。中国素重纲常，故于干犯名义之条，

① 《修订法律大臣沈家本等奏请编定现行刑律以立推行新律基础折》，见《清末筹备立宪档案史料》(下册)，中华书局1979年版，第851—854页。
② 陈煜：《清末新政中的修订法律馆——中国法律近代化的一段往事》，中国政法大学出版社2009年版，第134—144页。陈颐点校：《钦定大清现行刑律》(点校本)，北京大学出版社2017年版，第7页。

立法特为严重。良以三纲五品，阐自唐虞，圣帝明王，兢兢保守，实为数千年相传之国粹，立国之大本。今寰海之通，国际每多交涉，固不宜墨守故常，致失通变宜民之意。但祇可采彼所长，益我所短。凡我旧律义关伦常诸条，不可率行变革，庶以维天理民彝于不敝。该大臣务本此意，以为修改宗旨，是为至要。至该大臣前奏请编订现行刑律，已由宪政编查馆核议，着一并从速编订，请旨颁行，以示朝廷变通法律循序渐进之至意。"①

宣统元年（1909）八月二十九日，沈家本等奏编定《大清现行刑律》告竣，同时，清廷批准《秋审条款》"按照现行刑律逐加厘正，藉为亭比之资"②。十二月二十四日，宪政编查馆奏《核议沈家本等奏编定现行刑律折》，说明《现行刑律》："大致汇辑新章，删约旧例，统计律文四百四十四条，例文一千六十六条，并于每条博考源流，诠识要义。"③宣统二年（1910）四月初七，清廷随即下谕：《现行刑律》经"朕详加批览，尚属妥协，著即刊刻成书，颁行京外一律遵守。"④七月十六日，《秋审条款》修成，清廷批准与《大清现行刑律》一并颁布，所谓："内阁、法部会奏编辑秋审条款告成缮单呈览一折，秋审条款一书本与刑律相辅而行，现行刑律业经详加修订，饬令刊印成书，颁行京外。所有秋审条款，自应按照现行刑律，妥速厘正，免致纷歧。兹据法部会同修订法律大臣奏称，编辑告竣，共订定为一百六十五条，加具按语进呈。朕详细披览，尚属周妥，著即与现行刑律一律颁行。新刑律未经实行以前，凡有应归入秋审核办案件，均即遵照此次所定条款，

---

① 《宣统政纪》卷七，宣统元年正月戊申。
② 《宣统政纪》卷二十，宣统元年八月乙巳。
③ 《大清法规大全·法律部》卷三，《变通旧律例二》，政学社印行，中国政法大学图书馆藏。
④ 《清末筹备立宪档案史料》下册，中华书局1979年版，第880页。

悉心拟勘，毋得少有出入，以昭画一而利推行。"①

可见，无论是沈家本结合修律实际提出的"办法四则"，还是清廷谕旨中修订《大清现行刑律》的基本思路及注意事项，均与陕派律学家长期对修律的呼吁及见解高度吻合，这也反映出《大清现行刑律》的纂修偏好与陕派律学家法律改革思想一脉相承。

### (二) 薛允升、吉同钧等对《大清现行刑律》的贡献

《大清现行刑律》在具体条文的撰写与修律人员的配置上，也都体现出陕派律学家的卓越贡献。

就条文撰写而言，薛允升曾在《读例存疑》自序中指出："同治九年修例时，余亦滥厕其间，然不过遵照前次小修成法，于钦奉谕旨及内外臣工所奏准者，依类编入，其旧例存而弗论。自时厥后，不特未大修也，即小修亦迄未举行。廿年以来，耿耿于怀，屡欲将素所记注者汇为一编，以备大修之用。"②薛允升孜孜以求的修律事业，在其生前并未如愿实现，但这一念想嘱咐给了后学者沈家本，《读例存疑》一书也成为沈家本修订《现行刑律》的重要参考。沈家本在为薛允升《读例存疑》所做的序言中提出："(薛允升)以所著书为托……《读例存疑》一编，同人携来京师，亟谋刊行。家本为之校雠一过，秋署同僚复议，另缮清本进呈御览，奉旨发交律例馆。今方奏明。修改律例，一笔一削，将奉此编为准绳。"③负责《现行刑律》修订工作之一的董康也指出：《现行刑律》之编定，"大致采长安薛允升《读例存疑》之说"④。从而

---

① 《宣统政纪》卷三十九，宣统二年七月丁巳。
② 薛允升著述，黄静嘉点校：《读例存疑重刊本》，成文出版社1970年版，第53页。
③ 薛允升著述，黄静嘉点校：《读例存疑重刊本》，成文出版社1970年版，第62—63页。
④ 董康：《中国修订法律之经过》，载何勤华、魏琼编：《董康法学文集》，中国政法大学出版社2005年版，第462页。

反映出《现行刑律》实际上不只是清廷为颁行《大清新刑律》所做的"过渡之用",而且是陕派律学家法律改革思想的最终贯彻之作。

就人员配置而言,修订法律大臣沈家本与总纂官吉同钧是《现行刑律》最核心的修订者,特别是吉同钧贡献尤多①。这一点,时人多有肯定,如宣统二年(1910年),法部律学馆监督陈康瑞称:"我朝《大清律》一书虽沿仍《明律》,实用《唐律》为根据,加以圣圣相承,慎重审定,参酌得中,今上御宇,继志述事,为立宪之豫备,允当首定新律以与薄海同风,而又恐吾民狃于习惯,骤与之语更张,或有扞格而不相入者,爰命修订法律馆就前此删定旧律,再加删繁就简,以为接递新律之用,名之曰《现行律》,君实分承馆务,预于斯役……"②法部郎中刘敦谨称:"《现行刑律》颁行,其中因革损益多有变更,先生职总纂修,笔削皆出其手……"③因此,"《现行刑律》不过是沈家本与吉同钧在薛允升的修律构想上参以新章而成"④。

经过沈家本与吉同钧等人的努力,定稿后的《大清现行刑律》与新官制法相适应,删去六部总目,仍为三十门,后附《禁烟条例》十二条、《秋审条例》一百六十五条,卷首除奏疏外,有律目、服制图、服制;将《大清律例》中有关继承、分产、婚姻、典卖、

---

① 陈煜:《清末新政中的修订法律馆——中国法律近代化的一段往事》,中国政法大学出版社2009年版,第132—144页。李欣荣:《吉同钧与清末修律》,载《社会科学战线》2009年第6期。
② 吉同钧纂辑,闫晓君整理:《大清现行刑律讲义》卷首,陈康瑞序,知识产权出版社2017年版。
③ 吉同钧纂辑,闫晓君整理:《大清现行刑律讲义》卷首,刘敦谨序,知识产权出版社2017年版。
④ 陈颐点校:《钦定大清现行刑律》(点校本),序,北京大学出版社2017年版,第8页。

田宅、钱债等纯属民事的法律不再科刑，以示民刑有分[①]；在刑制上将笞、杖、徒、流、死以及发遣、充军等刑名，改为罚金、徒刑、流刑、遣刑和死刑五种，死刑只分斩绞两种，废除凌迟、枭首、戮尸、刺字、缘坐等酷刑；删除"良贱相殴""良贱相奸""同罪异罚"等在身份上不平等的条文，并将"奴婢"改为"雇工人"，同时将满汉一体的思路贯彻到律文中，取消满人特权；又将新出现的罪，如毁坏铁路或电信、私铸银圆、妨害国交等作为新例，纂入律中；同时删除部分旧例。《大清现行刑律》仍然保留了《大清律例》中关于帝制秩序的条文如"十恶""八议"等条，说明《大清现行刑律》的性质仍然与《大清律例》无异。

有学者认为，《大清现行刑律》之编定，于旧律贡献最大者，无疑是对条例的清理，即所谓"删约旧例"[②]。此说颇为公允。正如修订法律馆于《大清现行刑律案语》"凡例"称，条例次叙，向以时代为后先，惟叠经修辑，间亦错出，检阅为难。此次拟以修改、修并、移改、移并、删除、续纂六项分列，其原例之应存者，则以仍旧别之，统俟钦定之后、续进黄册之时，再合各条，循类纂辑，庶条分缕析，秩序井然。据统计，《大清现行刑律》条例数量由同治九年的 1892 条减为 939 条，删去了 953 条，删除的条例占到了原例的 50.4%；从律文附例情形来看，同治九年之大清律例的 285 条律文有附例，附例律文占全部律文的 65.4%，而

---

[①] 涉及民事者并非一律不科刑，而是有所区别，参见奕劻等：《呈进现行刑律皇册定本请旨刊印颁行折》："臣奕劻等上年进呈核议《现行律》黄册之时，附片声明《现行律》户役内承继、分产、婚姻、田宅、钱债各条应属民事者，毋再科刑，仰蒙俞允，通行在案。此本为折中新旧，系指纯粹之属于民事者言之。若婚姻内之抢夺、奸占及背于礼教、违律嫁娶，田宅内之盗卖、强占，钱债内之费用受寄，虽隶于户役，揆诸新律，俱属刑事范围之内。凡此之类，均应照《现行刑律》科罪，不得诿为民事案件，致涉轻纵。合并声明。"载陈颐点校：《钦定大清现行刑律》(点校本)，北京大学出版社 2017 年版，第 18 页。

[②] 陈颐点校：《钦定大清现行刑律》(点校本)序，北京大学出版社 2017 年版，第 9 页。

《现行刑律》减为210条，附例律文所占比重减为54%；从条例文字来看，修订后的条例文字亦清减不少。律文律注抵牾、律例扞格、规则繁复等情形大体上得以清理。① 这就说明，《大清现行刑律》所体现的清理旧例的特色，既是陕派律学家梦寐以求的修律效果，也符合清代律例发展的基本规律。

因此，《大清现行刑律》的编纂与颁行注入了陕派律学家的心血，作为中国最后一部传统意义上的以刑为主、诸法合体的法典，也是传统律学特别是陕派律学家法律改革思想影响下的重要立法成果。作为向新律过渡之用，《大清现行刑律》借以标榜清廷实施预备立宪的一个步骤，所谓"编定现行刑律，应遵宪政筹备清单，豫为规画，以便逐渐施行新律。盖新法未实行旧法未遽废之时，其闲必应编定经过法以调和之"②。然而，事实证明，《大清现行刑律》的特殊性不仅在于其是《大清新刑律》的过渡之作，更在于其是传统框架内清廷组织的最后一次大规模的修订旧律活动。而这次修订即使没有外力的干涉，也会成为立法演变之必然。也就是说，《大清现行刑律》虽然借着修律的东风而诞生，但如果没有强邻环伺、西法东渐，《大清律例》在律学家的呼吁和推动下也会自我衍生出更加符合社会经济发展和司法审判需要的《大清现行刑律》。因此，《大清现行刑律》在总体上反映了律例的变化趋势，浓缩了传统律例的精华，以致被誉为"清末颁行的法典中最进步的一部法典"③。

---

① 陈颐点校：《钦定大清现行刑律》(点校本)序，北京大学出版社2017年版，第9页。
② 《大清宣统政纪》卷之二十六。
③ 杨鸿烈：《中国法律发达史》(下册)，上海书店出版社1990版，第842页。

## 三、"《现行律》民事有效部分"吉氏注解与民事司法

民国元年(1912)三月十日,北京临时政府大总统袁世凯令:"现在民国法律未经议定颁布,所有从前施行之法律及《新刑律》,除与民国国体抵触各条应失效力外,余均暂行援用,以资遵守。"①由此确立前清变法修律中颁布各律在民国初年继续有效。此后,参议院在《新法律未颁行以前暂适用旧有法律案》咨文[元年(1912)四月三日]中,提出:"惟《民律草案》,前清时并未颁布,无从援用,嗣后凡关民事案件,应仍照前清《现行律》中规定各条办理。"②由此,对究竟适用何种民事法律加以明确,因《民律草案》并未颁行,于是民事诉讼皆以《大清现行刑律》相关规定为准。需要指出的是,并非民刑事全部案件都依照《大清现行刑律》。因晚清变法修律时,《大清现行刑律》与《大清新刑律》相继颁布,而前者仍为诸法合体之作,后者则为民刑分立之后纯粹的刑事法律。因而,民国初年在司法实践中,刑事案件均遵《大清新刑律》,民事案件则依照《大清现行刑律》中的民事部分,时人亦称之为"《现行律》民事有效部分"。

为便于《现行律》民事有效部分的适用,民国时期出现了不少专门解释性著述,较有代表性的有沈尔乔、熊飞编《〈现行律〉民事有效部分(附〈户部则例〉)》,杭州武林出版社1918年版;史文

---

① 《临时政府公报》(第41号,元年三月十七日)附录·电报·北京来电。电文影印件参见"北京临时政府大总统府发布袁世凯命令各省有关从前施行之法律及《新刑律》除与民国国体抵触外余均暂行援用的通电(第四百七十号,1912年3月10日)",载中国第二历史档案馆编:《南京临时政府遗存珍档》(第4册),凤凰出版社2011年版,第1344页。
② 《参议院议决案汇编》(甲部一册),载李强选编:《北洋时期国会会议记录汇编》(第6册),国家图书馆出版社2011年版,第445页。

编《〈现行律〉集解》，上海共和书局1919年版；郑爱诹编《〈现行律〉民事有效部分集解》，上海世界书局1928年版；郑爱诹编《〈现行律〉民事有效部分新解释》，上海世界书局1929年版，等等。其中，史文编辑的《〈现行律〉集解》（又称：《最新〈现行律〉集解》）中，在每一律例条文之后，几乎都附有吉同钧《大清现行刑律讲义》的原文，称为"笺释"，史氏还根据民国司法实际的需要，对律例发出新论，即"余论"。正如"弁言"所称：查前清《现行律》，虽以"刑律"标名，然非一种单纯之刑法，乃集合诸种法典之有制裁者而成。其关于民事各条例，除与国体抵触及制裁部分外，自属继续有效。惟散见各编，检阅匪易。不佞乘公余之暇，蒐集成书，定其名曰《现行律集解》。中分律文（小注仍旧）、例文、律（例）意（一篇主旨）、笺释（纂取吉同钧氏京师法律学堂《现行刑律讲义》）、解释（大理院法令解释）、判例（大理院民事判决例）、余论（比较新、旧法律，附以己意）七门，无者从缺。讹误之处，知所不免，改正补订，俟诸异日。① 可见，吉同钧的律注及观点对民初司法及法律注释产生了一定影响。

## （一）吉氏注解成为民初民事司法的重要参考

吉同钧的释律成果虽然停留在对传统法律的关注上，但这并不意味着其观点随着清朝的覆亡与《大清律例》等旧律的废止而失去影响，恰恰相反，吉同钧对《大清现行刑律》的注解是民初民事诉讼和法律注解的重要参考，民初的法律注解则在吉同钧的基础上进行了发挥和拓展。

---

① 史文：《〈现行律〉集解》"弁言"，载陈颐点校：《"〈现行律〉民事有效部分"集解四种》，法律出版社2016年版，第99页。

譬如，对于"盗卖田宅"条，吉同钧认为，"'盗卖'，谓私将他人田宅作为己产而盗卖与人也。'盗换易'，谓以己之瘠薄朽坏换人之膏腴完好也。盗卖与换易言欺业主之不知而卖之、易之，皆为盗也。'冒认'，谓妄冒他人之田宅认为己业，欺业主之不在而妄冒之也。'虚钱实契'，谓实立典卖文契，未交价钱，虚填数目，或出于逼勒，或被其诓骗，非业主之得已也。'侵占'，谓因彼此亩宅相连而侵越界限，占为己业也。投献而曰'朦胧'，谓不明告其情也"。民国三年的判例在对律文的理解和适用上基本与吉同钧的观点保持一致，如"三年上字第七一七号"判例认为：仅保管他人所有物，未经其所有主授以处分之权限，而擅行表示处分该物之意思者，则其物权并不因而移转。"三年上字第四〇八号"判例认为：未得他人同意处分他人所有物，既无正当权原，一旦该所有人出而主张，则买主对卖主虽仍得为债权法上之主张，要不能发生物权法上之效力。史文解释道："禁止盗卖、盗换、冒认他人田宅，为所有权效力所生之当然结果。其盗卖过田价及各项田产中递年所得花利，追征给主，亦与近世侵权行为之损害赔偿相当。中外法理固无二致也。告争远年坟山，必备如许条件，所以安坟茔、杜纷扰。否则仍归现实占有之人继续管业，可推而知。子孙盗卖祀产，庄头、雇工私擅变售主人物业，不能发生物权法上效力固已。惟卖价入官一层，与近世法律思想不合，现行判例亦无有采用之者。"[①]可见，史文的观点系在赞同吉同钧笺释的基础上补充而成，亦与判例观点毫无冲突。

再如，对于"妻妾殴夫"条，吉同钧笺释云："妻以夫为天，

---

① 史文：《〈现行律〉集解》"盗卖田宅"条，载陈颐点校：《"〈现行律〉民事有效部分"集解四种》，法律出版社2016年版，第122—123页。

妻而殴夫，是自绝于天也。治罪而外，即当离异。然离者，法；不离者，情。既缘情以立法，不容执法以违情。故离否、听否自便，不必绳以定法也。但妻殴夫，则曰'夫愿离异者，听'；夫殴妻，不曰'妻愿离者，听'，而曰'先行审问夫妇，愿离者，断罪离异；不愿离者，收赎完聚'。盖夫为妻纲，妻当从夫。妻殴夫，离合听夫可也；夫殴妻至折伤，夫虽犯于义绝，而妻无自绝于夫之理，故必审问夫妇，俱愿，仍听离异；如夫愿而妻不愿、妻愿而夫不愿，皆不许离。至于夫妻有'愿离''不愿离'之文，而妾无之者，缘妾本微贱，与夫妻敌体不同。妻非犯七出之条，不得擅离；妾则不然，爱则留之，恶则遣之，无关轻重，不得同妻论也。""民国三年上字第六一一号"判例认为：夫虐待其妻，致令受稍重之伤害，如愿离异者，亦准离异。可知，吉同钧对律例的注解尚未摆脱传统纲常伦理的束缚，认为"妻以夫为天"，妻妾殴打丈夫即是违反天道，因此提出一系列维护律意的论说。民初的判例也遵循了律意。而史文已经认识到在"文明各国"中，夫妻在法律上地位相同是一种普遍而进步的潮流，这一点与吉同钧的观点迥然不同。史文提出："按文明各国法例，夫妻在法律上之地位相等，有相犯者，各以凡论，本律规定似太悬绝。且照律文解释，夫纵殴妻至折伤以上，苟非两愿，犹不准离，则于法律尊重人命、身体健康之谓何善！"[①]由此不难发现，虽然吉同钧的律注具有一定的权威性，但在与新风尚、新观念相背离的情况下，民国司法界显然是以一种扬弃的态度对待之。

---

[①] 史文：《〈现行律〉集解》"妻妾殴夫"条，载陈颐点校：《"〈现行律〉民事有效部分"集解四种》，法律出版社2016年版，第151—152页。

## (二)民初学者对吉氏注律方法有所继承

吉同钧释律方法的最大特色在于贯通古今、融汇中外，这一点也为民初学者所继承。譬如，对于"男女婚姻"条，吉同钧认为，"《周礼》以媒氏以司婚姻之事。古制男女定婚后，即立婚书，报于有司。其不报者，即私约也。今世不行此法。而律所谓'私约'，解者谓'无媒妁，两家私下议约也'。若男女采兰赠芍，不得谓之'私约'矣。聘财不拘轻重，但同媒妁纳送礼仪者皆是。若相见为贽之物，如巾帕之类，不得即为聘财矣。至于成婚、离异，亦不可拘。若女子不愿改嫁，男子不愿别娶，则亦不在离异之限。若未成婚者，仍依原定，亦谓相见之人，男女惟愿者也。若妄冒之人，或非本宗男女，其门第不同，贫富各异，有不情愿者，亦当听之，不得据此强断也。又妄冒相见男女，先已聘许他人者，不在仍依原定之限。凡断婚姻离异之案，固须根据法律，亦要参酌情理。若舍情理而拘泥法律，每致酿成意外之变，均须慎之"[1]。吉同钧从《周礼》婚姻之事说起，对古代婚姻司法娓娓铺陈，特别指出，离婚案件的处理，不能完全一断于法，而应在"根据法律"的基础上，"参酌情理"，以防酿出意外之变。这既是对传统婚姻案件司法经验的总结，也是从婚姻关系这一特殊社会关系本身出发的理性判断。史文解释道：

> 《易》称"有天地，然后有万物；有万物，然后有男女；有男女，然后有夫妇；有夫妇，然后有父子君臣"，《中庸》

---

[1] 史文:《〈现行律〉集解》"男女婚姻"条，载陈颐点校:《"〈现行律〉民事有效部分"集解四种》，法律出版社2016年版，第127页。

亦曰"君子之道，端乎夫妇"，第质实言之，则曰"夫妇"，而法律之规定则曰"婚姻"。婚姻者，固组织社会之根本，而于秩序风俗大有影响者也。男女以正，婚姻以时，王化所基。婚姻礼废，夫妇道苦，昔贤所薄。故关于婚姻之事，各国多设为重重之制防，以维持善良之风俗。统观古今中外婚姻之状态，约分五种：一曰掠夺婚；二曰买卖婚；三曰聘娶婚；四曰允诺婚；五曰自由婚。

掠夺婚者，专用暴力掠夺他人妇女据为己妻之谓也。征诸古代历史及近代野蛮人中，尚多有此习俗。第此可以力掠得者，彼亦可以力劫回。彼此扰攘，有害社会和平。故掠夺婚之风衰，而买卖踵之。

买卖婚者，以金银财帛送给女之父母因而买得其女之谓也。夫男女婚姻而出于买卖，文化发达社会均鄙其非，于是买卖婚废而行聘娶婚。

聘娶婚者，明知以妇女为卖买，大背乎人道，遂易金钱卖买为礼物聘娶，妇女之父母以得礼物，故遂将妇女许配之是。妇女终身婚姻大事尚专由父母主持，嗣因文化进步而允诺婚以起。

允诺婚者，礼物略备与否，尚非所问，必不可少者，须男女两造情愿与父母同意之谓也。近世泰西诸国，虽行允诺婚居多，然抱社会主义者，于允诺婚尚未为满足，谓允诺婚虽已注重于两造之意思，然关于婚姻之成立及效力与夫撤销等事，均由法律规定，不许夫妇以自由意思为变更，终多未便，于是盛倡自由婚之说。

自由婚者，凡关于婚姻，专由当事人契约而定，不用国家与教会干涉。考泰西诸国，婚姻制度在今日已为允诺婚而进于自由婚时代。

至吾国现今社会婚姻实际之状态，于掠夺婚一种，早已悬为厉禁；而买卖婚一种，陋习尚未能尽除，往往两家议婚时，有计较聘金多寡者。若中流以上之社会，则两家议婚，只言聘礼，不言聘金；且聘礼多寡，从不计较，但求备而已足。似聘娶婚一种，已为吾国社会所公认。且考之古礼，只有纳采、问名、纳吉、请期等礼，并不言及财物。《文中子》曰"婚姻而论财，夷虏之道也"，可知以财物为结婚之要件，是夷礼，非古礼。本律虽屡言财礼，然非以此为婚姻成立之唯一要件，故其精神仍采聘娶婚。特《民律草案》于专认聘娶婚外，兼采允诺婚主义，不可谓非立法之进步也。兹将新、旧律(《新民律草案》、旧《现行律例》)关于本章规定互异之点，略志如下：

(甲)及婚年龄。旧律无明文规定，惟例中有云"男女婚姻，各有其时"。正当解释，应参照历来惯例办理。民草男十八岁、女十六岁。

(乙)婚姻制度。旧律采聘娶婚。民草采聘娶婚兼采允诺婚。

(丙)当事人无为婚姻之意思。旧律许撤销。民草无效。

(丁)婚姻预约。旧律有明文规定其效力。民草无之。[①]

可见，史文也延续传统律学的注释方法，从《易经》《中庸》《文中子》等经典着眼，解释婚姻现象及法律问题，特别是将近代西方的婚姻法观念和已经定稿但未及颁布的《民律草案》一起纳入，体现出其

---

① 史文：《〈现行律〉集解》"男女婚姻"条，载陈颐点校：《"〈现行律〉民事有效部分"集解四种》，法律出版社2016年版，第129—130页。

洞察之敏锐、视野之开阔、观念之前瞻。

再如，对于"出妻"条，同样反映了史文与吉同钧注律方法的一脉相承及与时俱进。吉同钧笺释云："'义绝'之说，现律无据。考之《唐律疏议》，曰'义绝，谓殴妻之祖父母、父母，及杀妻外祖父母、伯叔父母、兄弟姊妹；若夫妻之祖父母、父母、外祖父母、伯叔父母、兄弟、姑、姊妹自相杀；及妻殴詈夫之祖父母、父母，杀伤夫外祖父母、伯叔父母、兄弟、姑、姊妹及夫之缌麻以上亲；若妻母奸，及欲害夫者，虽会赦，皆为义绝。妻虽未入门，亦从此令'云云，此解义绝之状详悉无遗。而《明律》注疏谓'义绝专指自得罪于夫者而言，如殴夫及欲害夫之类，非谓殴姑舅等项也'云云，其说虽较《唐疏》为略，然《唐疏》亦有难行之处，须善会之。盖夫妇为五伦之一，联之以恩，合之以礼，又必待之以义，三者备，而后正始之道无愧焉。'七出三不去'之说，载于《家礼》。三不去，礼应留之也；七出者，礼应去之也。义绝必离，姑息不可也；恩绝听离，强合不能也。不应离而离，则悖于礼；应离而不离，则害于义，其违律一也。若背逃改嫁，则恩、礼、义三者俱绝。《辑注》云'义绝而可离可不离者，如妻殴夫及夫殴妻至折伤之类；义绝而不许不离者，如纵容、抑勒与人通奸及典雇与人之类'，此可见义绝原无定论，当随事酌夺。七出者，乃礼可以出，非谓必应而出也，与义绝必应离者不同，不可不知。"史文注解云：

《语》云，"妻者，齐也"。一与之齐，终身不改。离异之说，诚非君子所忍言。故虽犯"七出"之条，仍有"三不去"之理，所以维风化也。惟夫妇究由人合，本殊于天属之亲。时处其常，固不容有仳离之叹；事逢其变，亦难保无情意之睽。于是乎，离婚之制，因之而起。考各国从来关于离婚之制度有三：一自由离婚；二呈诉离婚；二禁止离婚。日本、丹麦、挪威认呈诉离婚，兼认两愿离婚(狭义的自由离婚)。奥、比等国认两愿离婚；英、法、德、俄、瑞典等国认呈诉离婚，不认两愿离婚，但英、法、德诸国兼认别居制度，俄国、瑞典则不认之。本律则兼认呈诉离婚与两愿离婚，与日、丹诸国同，观"出妻"门规定各条可知。《民草》亦同。(注：自由离婚者，即许以当事人之意思自由离婚之谓。)此制度又分为二：(甲)广义的自由离婚。即许以配偶者一造之意思即可离婚。罗马时及犹太教中许之。晚近文明各国，均不认此种制度。(乙)狭义的自由离婚。即所谓两愿离婚者是也。呈诉离婚又名制限离婚，虽认婚姻得以解除，然必合于法定之原因，经官核准，始得离异。禁止离婚者，两愿离婚固所不许，即呈诉离婚亦所不认。此制度惟西历千八百八十四年以前之法国及葡萄牙、意大利之属于加力特教者行之。

或曰婚姻之撤销与离婚，其性质上不甚差异，既认婚姻之撤销，似无规定离婚制度之必要，不知此两者中显有区别：(一)婚姻撤销之原因须于结婚时已经存在，而离婚之原因则须于结婚后发生。(二)婚姻之撤销，婚姻当事人以外之人亦可呈请；而离婚则惟两造得呈请之。

本律于离婚之效力缺焉勿详，院判、解释足补律例所未备，当一并参之。①

史文不仅详细比较了中外对离婚的观点分歧，而且将西方现行离婚制度的类型及法理逐一阐明，并结合新的法制发展对婚姻之撤销和离婚之间的区别加以厘清，足见吉同钧提倡的融汇古今中外，一体比

---

① 史文：《〈现行律〉集解》"出妻"条，载陈颐点校：《"〈现行律〉民事有效部分"集解四种》，法律出版社2016年版，第136—139页。

较的注律方法的普遍适用性和影响力。

值得注意的是,吉同钧与史文对律例的注解,既得益于平日的律学或法学素养的积累,也获益于二人对办案经验的梳理、归纳与总结。吉同钧在注解律例时,多从清代的成案出发,加以说明,如"妻妾失序"条就有吉氏"乾隆十九年、道光二年均有成案,可与此律合参"的论说。史文在注解律例时,也仿照此法,多从大理院解释例中查找依据,如史文对"妻妾失序"条的解读主要依据四则大理院解释例:

1. 前清《现行律》中现在继续有效之部分关于定婚等项,曾经明晰规定,限制綦严,而"妻妾失序"门内称"妻在,以妾为妻者,处罚,并改正"等语,则该律显系认许以妾为妻,不过妻在时为此项行为者,乃加禁止,认其无效。至以妾为妻,除成婚时应守各律条亦应遵守外,关于定婚专有之律例,自不适用。故仅须有行为,并不拘于形式。(统字第六二四号,复湘高,六年五月)

2. 兼祧双配,所娶均在《新刑律》施行前时,不为罪。若在《新刑律》施行后者,以重婚论。至妻亡有妾,现仍娶妻者,不得以重婚论。(统字第四二号,复陕高,二年七月)

3. 在前清时,兼祧后娶之妻应认为妾。(统字第四二八号,复川高,五年四月)

4. 甲原娶乙为妻,乙被贼掠去,失踪年余,传闻已因不屈遇害,甲遂正式娶丙为妻。未几,乙自贼中逃归。甲妻外出仅年余而归,既别无消灭身份(由婚姻关系所得妻之身份)之原因,则仍然为甲之妻,了无疑义。至甲后娶丙,在刑事重婚罪纵或不能成立,而民事则就其已成之事实言之,仍然为二个之婚姻。现行法既不许一人二妻,丙与甲之婚姻自应准其请求予以撤销(以重婚为理由)。惟在判准撤销或自行离婚以前,其与甲之婚姻关系亦尚存在。此种现象,普通犯重婚时往往有之。若其自愿改妻为妾,于法尤无不可。(统字第六一七号,复苏高,六年四月)①

因此,虽然所处时代不同、所持观点有异,但无论是传统社会的律例注释,还是民国初期的释律观点,都体现出对法律条文的理解必须符合司法审判需要的显著特色,这既是律学必须依附于立法、司法而存在的根源所在,也是古往今来律学(注释法学)发展的一条颠扑不破的规律。吉同钧的注律成果原应随着中华法系的解体而消逝,但在民初过渡性地适用《大清现行刑律》中民事有效部分的情况下,依然产生了一定的影响,这是陕派律学之幸,也是律学发展规律的见证。而蕴含在吉同钧律学成果中的贯通古今、融汇中外的注律方法,则是一条闪耀着比较法思维光辉的科学方法,这一方法融历史解释、文义解释等于一体,其不仅对民初学者对法律的解释有所启发,而且发挥着跨越时空的影响,对今天准确理解法律原意也有一定的现实借鉴意义。

---

① 史文:《〈现行律〉集解》"妻妾失序"条,载陈颐点校:《"〈现行律〉民事有效部分"集解四种》,法律出版社2016年版,第131—132页。

# 第五章

# 陕派律学家法律改革思想对个案的影响
## ——以"故杀胞弟案"为例

"故杀胞弟案"全称"陕西赵憘憘故杀胞弟二命案",原为发生在地方的一起普通命案,案情并不十分复杂,但因时处晚清法制变革与新修法典《大清现行刑律》颁行之际,当时大理院、法部的断案依据新旧不一,双方皆据理力争,互不相让。意见分歧很大,"几致决裂",审断与覆核扑朔反复,过程非常曲折。围绕该案的法律适用和思考更是引起陕派律学家吉同钧、沈家本的重视,两人在各自的著述中皆有详细反映。而陕派律学家法律改革思想之于司法的影响,在此案中也体现得淋漓尽致。所以,该案在晚清刑事案件中,颇具时代特色和典型意义。

## 一、命案肇始:"故杀胞弟案"的案件事实

但凡断案,先要熟悉案情。本案的原始案卷已不可考,但整个覆核和争议过程记录在《调和部院核覆故杀胞弟案说帖》[1]与

---

[1] 吉同钧著,闫晓君整理:《乐素堂文集》,法律出版社2014年版,第129—130页。

《故杀胞弟二命现行例部院解释不同说》[1]两篇说帖之中，两帖又分别纂入吉同钧的《乐素堂文集》和沈家本的《寄簃文存》。

## （一）吉、沈说帖中的凶案经过

仔细翻阅《调和部院核覆故杀胞弟案说帖》与《故杀胞弟二命现行例部院解释不同说》记载，即可遍睹本案之来龙去脉：

晚清光绪年间，陕西省有一户普通家庭——赵家。赵昌喜为一家之主，与前妻离异，有现任妻子冯氏。子嗣若干：赵憘憘、赵九成、赵火成、赵秃子。其子赵憘憘为前妻所生，儿子赵九成、赵火成为后妻冯氏所生，赵九成刚刚年满七岁，赵火成则刚刚年满五岁。另有次子赵秃子（生母记述不详）。赵憘憘与胞弟赵九成、赵火成为同父异母的兄弟，兄弟之间平日相处较为和睦。但是，继母冯氏憎嫌赵憘憘，在赵昌喜面前恶意挑唆，于是赵昌喜与赵憘憘分家，让赵憘憘自谋生路。光绪三十四年（1908）八月初十日，赵昌喜、冯氏并次子赵秃子一起下田地务农活，留赵九成等在家看门，将房门钥匙系在赵九成身上。赵憘憘得知消息，因贫起意，欲把父亲衣服窃来换钱用。赵憘憘独自前往，至父亲门前，见钥匙系在弟弟赵九成身上，将钥匙诱去，开门搜检箱内衣服。赵九成呼喊阻止，声称将翻箱窃取衣服之事告知其母。赵憘憘怒不可遏，触起继母冯氏"挑唆分出"之仇嫌，并将报复情绪发泄在赵九成身上。于是赵憘憘顿生杀机，企图将继母之子赵九成杀死泄愤，取刀砍伤赵九成"右腮颊连右耳"，看赵九成倒地，仍不收手，持刀继续行凶，砍在赵九成脑后等要害部位，赵九成

---

[1] 沈家本：《寄簃文存》，商务印书馆2015年版，第104—114页。本章中有关"故杀胞弟案"事实及讨论经过的引文均来自吉氏和沈氏说帖。

当即身亡。年方五岁的弟弟赵火成在旁哭闹，赵憘憘再现穷凶极恶之心，起意将幼弟一并致死灭口，随后将赵火成按在地上，持刀猛砍，连伤其左耳、耳轮和脊背，赵火成当场殒命。原本一户耕织之家，因被继母挑唆另居而萌生盗窃之心，乃至临时迁怒行凶杀人，连续凶狠残害幼弟两条人命，赵憘憘手段之残忍，犯意之恶劣，世所罕见。事后赵憘憘携赃逃逸，不久被捉获归案。审讯时，赵憘憘对所犯罪行供认不讳，案件事实清楚明了，证据确凿。

## (二)"故杀胞弟案"的事实要点分析

案件事实清楚，是准确适用法律的前提。虽然说帖呈现的"故杀胞弟案"事实部分并不烦琐惊奇，但细枝末节，势必会影响定罪量刑，一举一动，更是关乎人犯生死。本案仍需对犯罪经过抽丝剥茧，重点回答以下几个关键问题：第一，因贫盗窃还是骗取财产？赵憘憘的最初犯意如何厘清？第二，从谋取家财到行凶杀人，是何理由促使凶犯瞬间转变犯罪动机？第三，从同父异母到刀下冤魂，赵憘憘与被害人的真实关系如何界定？

对于问题一，赵憘憘最初的作案动机是窃取父亲衣服，所以独自前往父亲家中翻箱取衣。何谓"窃取"？《唐律疏议》的解释为："窃盗人财，谓潜形隐面而取。"刘俊文解析："按窃盗罪，指以非法占有为目的，窃取公私财物之行为。其特点是秘密或者乘隙行盗，疏议所谓'谓潜形隐面而取'，与强盗之公然劫夺者有所不同，故律另立为条。"[1]《大清律例·刑律·贼盗下》"窃盗"条，律注："乘人所不知而暗取之，曰窃。"[2]《大清律例·刑律·贼盗

---

[1] 刘俊文著：《唐律疏议笺解》，中华书局1996年版，第1382—1384页。
[2] 沈之奇撰，怀效锋、李俊点校：《大清律辑注》，法律出版社2000年版，第559页。

下》"亲属相盗"条,"凡各居亲属,相盗财物者,期亲减凡人五等"。律注:"各居亲属,谓不同门户,不共财产。不分同姓、异姓,自期亲、大功、小功、缌麻以至无服之亲,皆是也。相盗者,或尊长盗卑幼,或卑幼盗尊长也,此'盗'字专指窃盗言。凡各居之亲属有相盗者,不分尊长卑幼,一体同论,但以服制之亲疏,为减科之差等。"比较可知,古人将窃取行为做了细致划分,其中"窃"的含义为"潜形隐面而取""乘人所不知而暗取",窃取他人财物,是为"窃盗"。赵憘憘因贫起意,趁其父外出务农之际,欲独自潜入父亲家中实施盗窃,既有"窃"之动机,也有符合"窃"之特征的具体行为,是典型的"窃盗",且属于"亲属相盗"。需要说明的是,赵憘憘从弟弟赵九成身上诱去钥匙,"诱"是否属于"诈欺官私取财"中的"诈欺"行为呢?《大清律例·刑律·贼盗下》"诈欺官私取财"条:"凡用计诈欺官私财物者,并计赃,准窃盗论,免刺。律注:用计,谓设为方略,以行其诈欺取财之事也。'诈欺'二字,是一串说,诈为事端,以欺瞒乎人也。'官私'二字,是两平说,或诈欺官以取官财物,或诈欺私以取私财物也。阴谋诡计,欺人之不觉而取之,犹窃盗之潜踪匿迹,窥人之不见而取之,事虽不同,心实相似,官与私并计赃准窃盗论。"[1]两相参考,可知"诈欺官私取财"是依照窃盗定罪的,结果并无不同。但是,"诈欺官私取财"的最初动机即是"诈欺",与"窃"有本质区别,不过因其行为较为隐秘,不能为人及时发觉,故按窃盗论处。"诱"的目的是顺利盗窃其父衣服,是行窃过程中的必要行为,而非犯罪的本意,不另构成"诈欺官私取财",不影响其窃盗的成立。故本案赵憘憘的最初犯意应为"因贫窃盗"。

---

[1] 沈之奇撰,怀效锋、李俊点校《大清律辑注》,法律出版社2000年版,第612页。

对于问题二，因弟弟赵九成声称将窃取衣服之事告诉其母，赵憘憘触起被继母冯氏挑唆分家的仇嫌，起意报复，这是犯罪动机的转变缘由。也由此可见，赵憘憘所触仇嫌，是与其继母冯氏之间因不满冯氏离间赵昌喜父子关系而产生。仇嫌的主体范围是赵憘憘和其继母之间，原本并不涉及两个被杀的幼弟。但赵九成、赵火成毕竟为赵憘憘之继母所生，十分不幸地成为赵憘憘借以发泄仇嫌的对象。赵憘憘分家自立后光景惨淡，不得不起意盗窃，加之弟弟言语刺激，使赵憘憘认为眼前身陷贫困乃是继母冯氏挑唆导致，瞬间触动杀人泄愤的动机。所以赵憘憘连续举刀，本案的犯罪对象由父亲衣服变更为两个年龄幼小的弟弟，犯罪行为由一般的窃盗变更为严重的行凶杀人。应该注意的是，赵憘憘残杀赵九成、赵火成之后，"携赃逃逸"，说明其并未停止盗窃行为，而且有盗赃衣物所得。所以本案中赵憘憘的盗窃和杀人行为是并存的，都将影响赵憘憘的定罪量刑。

对于问题三，中国古代"家族本位、伦理法治"的鲜明特色在"集古今之大成"的《大清律例》及其司法适用中依然存在，因而，五服或者九族范围内的亲属伦常关系与常人不同，在处罚原则的采取上往往也有所差别。服制以丧服来确定亲属范围并指示亲等，是礼制的重要内容，也是反映亲情伦理的一项重要制度，随着法律儒家化和礼法合流，正式入于晋律。此后历代相承，明清时期将区别血缘亲疏的"服制图"列为篇首，图后又有服制一卷，成为刑事犯罪中亲属相犯定罪量刑的标准之一。有关亲属之间的杀伤犯罪，根据服制，以尊犯卑，关系越亲，刑罚越轻；以卑犯尊，关系越亲，刑罚越重。财产犯罪则是，关系越亲，刑罚越重；关系越疏，刑罚越轻。因此，明确本案中赵憘憘与两位受害者之间的关系十分重要。根据《大清律例》"本宗九族无服正服之图",本宗之兄弟(谓己之亲兄弟)依照服制,应服齐衰期年之服,在期亲范围之内。① 凶犯赵憘憘与被害人赵九成、赵火成之间属于同父异母所生,是名副其实的亲兄弟(一父所生)关系,其血缘关系归属期亲。

本案事实中出现的三个关键问题,除问题一、三之外(这两个问题大理院做了详细回应),问题二在"故杀胞弟案"的覆核过程中引发争议,暂且不表,详见后文分析。

## 二、各争其势:"故杀胞弟案"的司法博弈

经过审讯,陕西巡抚(恩寿)②将赵憘憘依《大清律例》"故杀期亲弟照故杀大功弟律"从一科断,拟绞监候。上报中央,已是宣统二年(1910)。大理院覆判,以旧例故杀胞弟拟绞一条,《现行律》业经删除,将该犯照新颁布的《大清现行律》"期亲兄故杀弟律"改判"流二千里"。转呈法部覆核,法部以"挟嫌故杀幼弟二命"情节较重,奏请依《大清律例》"图产故杀胞弟例",比照一般人众拟绞,交大理院另拟意见。大理院以部院取义不同为由,奏交修订法律馆妥议。时任修订法律大臣、大理院长③的沈家本统合新旧例文,详细酌定,认为大理院解释例文毫无疑义,支持大

---

① 沈之奇撰,怀效锋、李俊点校:《大清律辑注》,法律出版社2000年版,第16—18页。
② 吉、沈说帖中均未直言陕西巡抚的姓名,但可查明时任陕西巡抚应为恩寿。恩寿,索卓罗氏,字艺棠,满洲镶白旗人,进士出身,历任江西按察使、江苏巡抚、漕运总督、山西巡抚等,1907年10月至1911年8月任陕西巡抚。"丁亥,命陕西巡抚曹鸿勋开缺……调山西巡抚恩寿为陕西巡抚。"见于《清实录·光绪朝实录》。本案发生在光绪三十四年(1908),题奏中央,时间为宣统二年(1910),正好在恩寿任期之内。
③ 吉同钧《调和部院核复陕西杀弟案说帖》所述:"时省律大臣为沈子惇先生,系大理院长兼充修律大臣,乃徧袒大理院……"陈煜认为此处沈家本"大理院长"的身份是误记,并考证时任大理院正卿为定成。见于陈煜《清末新政中的修订法律馆》,中国政法大学2007年博士学位论文,第159页。

理院判决，拟仍照原判拟流。法部再次覆核时，一致反对法律馆意见，均不在覆核文书上署名，致该案久悬不决。时任法部郎中，兼修律馆总办，并充大理院教习的吉同钧居间调停，折衷办理，"呈请三面和衷共济，其事始定"。

以上可见，本案从地方初审到中央最终定谳，虽案情毫无疑问，但审判过程曲折反复，各级司法机关根据不同的法律依据竟做出了三种相差极大的处断结果。一绞一流，人命关天。看似情节寻常的本案其实大有文章，到底是什么原因引起法部、大理院及律学大家沈家本、吉同钧的论争，又是什么因素促使该案最终定谳，该案司法运作的原始面貌究竟如何，传统律学对本案的审判发挥了什么样的作用？久争不决的死刑覆核程序背后是否还隐藏其他玄机？不妨从沈家本、吉同钧的说帖记述中寻求真相。

（一）法部：依"图产故杀胞弟例"照凡拟绞

本案中，法部既不满陕西巡抚的定罪量刑，也不同意大理院的改判意见，对本案的法律依据另行做出了选择。"经法部覆核，以挟嫌故杀幼弟二命情节较重，奏请依'图产故杀胞弟例'，照凡拟绞，交大理院另拟。"相较于吉同钧的寥寥数语，言简意赅。沈家本则记载了完整细致的覆核过程。

1. 法部对律例的查证和判断

"法部查《现行例》载：'期功以下尊长谋、故杀卑幼之案，如系因争夺财产、图袭官职挟嫌惨毙，及图奸等项者，不论年岁，俱照凡人谋故杀问拟，等语。'此条例文系将期功以下尊长杀死卑幼各条修并为一。旧例，功服以下尊长致死卑幼之案，如系图谋财产，并强盗放火杀人，及图奸谋杀，或挟其父兄、伯叔夙嫌迁怒杀害泄愤者，均照凡问拟。期亲尊长因争夺弟侄财产、官职，及平素仇隙不睦故杀弟侄年在十岁以下者，亦悉照凡人问拟。"毫无疑问，上述例文是法部处理陕案的主要依据。法部认为，《现行例》将旧例合二为一，最重要的改动有三：首先，犯罪主体层面，旧例"功服以下尊长"和"期亲尊长"现统合为"期功以下尊长"，不再对"功服以下尊长"和"期亲尊长"的犯罪行为细做区分，新例的主体范围扩大。其次，新例对旧例的犯罪行为全部因袭，如新例中"争夺财产"一语，是承继旧例"图谋财产"而来；"图袭官职"一语，是由旧例"争夺弟侄官职等项"而来；"挟嫌惨毙"一语，是由旧例"挟嫌迁怒及平素仇隙"而来。前后比较，文意互证，新例"文气改从简括"。再次，也是最值得注意的是，"同凡论罪之处并未轻议更张"，即不管新修例文对情节罗列如何简化，"俱照凡人谋故杀问拟"，表明"同凡论罪"的处理结果与先前旧例保持了高度一致。所以"有犯自应遵依处断，不得复援服制宽减，致与例意不符"。

2. 对案情的分析及对重点的把握

在故杀胞弟案中，凶犯赵憘憘先将弟弟赵九成杀害，起衅的主观犯意即是"挟嫌"；接着杀害弟弟赵火成，行凶情节尤为"奇惨"。"赵九成、赵火成年均幼稚，有何干犯可言？为之兄者，竟忍挟嫌惨杀，立毙幼弟二命，迹其义绝之状，自应照凡人定拟。"法部对案情的判断基于为兄者赵憘憘对年幼无知的两个弟弟因"挟嫌"而残忍杀害。而正是由于"挟嫌"，符合"图产故杀胞弟例"的规定，所以应该援引此例作出最终判决。之前，陕西巡抚依服制科断，置同凡之例于不顾，情节显有不符；大理院没有对陕西巡抚的不当判决进行驳斥，也按服制依《现行律》改判流刑，同样属于裁判错误。在指斥的同时，法部也直言大理院轻判的原委：变法修律之后，新旧对比，旧律重，新律轻，大理院不得不依新颁布的《现行律》做出判决。但笔锋一转，直接从律例关系及适用顺序等层面晓以利害。"惟是律重服制，故以尊犯卑多从宽典，例杜残杀，故以尊害卑仍应从严。"服制定罪在正式纳入晋律之后，成为数千年中华法系与"引礼入律"之历代刑律固有之原则，其对亲属间的犯罪特别是尊长侵犯卑幼案件多从宽处理；而作为补充适用的例则往往以从严处理来杜绝残杀的发生。赵憘憘连续杀害幼弟二人，如果没有"挟嫌"事由，可以按照服制定罪原则从宽处理；但是，凶犯已经明确地对"挟嫌"事由供认不讳，作案手段和情节又十分残忍，则不管是以法律条文来衡量还是以伦理之情来参考，都应该"同凡"定罪，承担和普通人一样的法律责任。法部在一番论证之后，主张对凶犯赵憘憘以《现行例》定罪，"同凡"处理，而不应该依据服制减科。请旨将赵憘憘一案仍旧交办给大理院覆判。

3. 法部意见评析

仔细观察，可以看出法部的核心思路。首先，对律例的解释，法部以"挟嫌惨毙"一语是由旧例"挟嫌迁怒及平素仇隙"而来，证明"挟嫌惨毙"独为一项，据此便能够以赵憘憘挟嫌行为符合法律依据为由适用此条例文。其次，论断新例对旧例"同凡论罪"的处理结果予以继承，预示赵憘憘自然应和普通民众故意杀人承担同样的法律制裁后果。最后，面临《大清现行刑律》颁布后仍存在律轻例重的冲突，法部进行了经典的法理阐释：律重服制，故以尊犯卑多从宽典；例杜残杀，故以尊害卑仍应从严。为实现杜绝残杀的效果，维护社会秩序安宁稳定，适用例文似乎更为合理。这就把解释重点从对例文内容的关注转移到律例关系、法律效果等复杂外部因素上，通过法理探析进一步说明法部自身对赵憘憘依据依"图产故杀胞弟例"照凡拟绞而非《大清现行刑律》"期亲兄故杀弟律"拟流的覆核意见变得无懈可击。

(二)大理院：坚持以"期亲兄故杀弟律"拟流

法部的覆核结果看似兼顾情理又合乎法律，但其主要依据"挟嫌"事由却并未得到大理院的认可。为了有力反驳法部的论证，坚持以"期亲兄故杀弟律"拟流，大理院从以下几个方面详尽梳理律例源流及立法原意：

1. 因"挟嫌"迁怒故杀卑幼的犯罪主体不含"期亲"尊长

大理院首先对《明律》进行溯源。经查，《明律》于"兄姊故杀弟妹"及"伯叔、姑故杀侄并侄孙"等行为都定为流二千里，这是在《唐律》基础上修订而来。根据服制定罪原则，兄弟姊妹及伯叔姑侄等血缘关系最近，所以尊亲杀死卑幼，不分谋杀、故杀，皆罪不至死。且兄弟姊妹及伯叔姑侄属于期亲范围，与血缘关系稍微疏远的大功以下尊长并不同等处罚。至明代中叶，才开始有"凡兄与伯叔谋夺弟侄财产、官职等项故行杀害者，问罪属军卫者发边卫充军，属有司者发边外为民"之例。但当时犯罪情节只限于财产、官职两项，刑罚上限也以充军为最高限度，该类案件的处理并未被直接定为死罪。

至清代康熙年间，议准"凡亲兄因争夺财产、官职及挟仇持金刃等凶器故杀弟命者拟绞监候"一条。又题准"凡亲伯叔争伊侄财产及夺官职挟仇故杀者，亦照例拟绞监候"一条。雍正三年将两例修并为一，其文云："凡兄及伯叔因争夺弟侄财产、官职，及平素仇隙不睦，有意执持凶器故行杀害者，拟绞监候。仍断给财产一半与被杀家属养赡。如无前项重情，仍照律拟罪。""仇隙不睦"最先出现在明代《问刑条例》之中，此次修例时加入。大理院一针见血地指出了"仇隙不睦"的主体范围："其所谓仇隙者，亦指兄之与弟，伯叔之与胞侄而言，固与死者之父母无涉也。""仇隙"被限定在"兄弟，伯叔之与胞侄"之间，与死者的父母的"仇隙"并不包含在本例的调整范围之内。乾隆四十二年，因江西省郭义焙图财杀死小功堂侄一案，始定有"有服尊长杀死卑幼，如系图谋卑幼财产杀害卑幼之命，并强盗卑幼资财放火杀人，及图奸谋杀等案，悉照平人一例办理"之例。"同凡"之说自此开始。

乾隆五十六年，因山西省余文全故杀大功弟及孙式汉故杀小功堂侄二案，始定有"有服尊长杀死卑幼之案，如卑幼并无触犯情节，只因父兄、伯叔平日不肯资助及相待刻薄、挟有夙嫌，将其年在十二岁以下无辜幼小子嗣、弟侄迁怒故行杀害图泄私忿者，悉照凡人谋故条本律拟斩"之例。例文的惩处力度明显大为增加，也对死者的年龄做出规定。在卑幼没有触犯的情况下，"有服尊长"仅仅由于其父兄、伯叔平日不肯资助或者相待刻薄、挟有夙嫌，迁怒于十二岁以下无辜幼小子嗣、弟侄残酷杀害，按照普通民众谋杀、故杀的律文本身处以斩刑。毫无疑问，惩处力度空前提高。嘉庆六年修例时，声明"期亲尊长因争夺弟侄财产、官职及平素仇隙不睦故行杀害者拟绞"，是专门针对期亲而言。本次修例时认定，乾隆四十二年、五十六年两例乃是"大功以下尊长谋杀卑幼照平人问拟斩候"之例，与"期亲拟绞"条例绝不相同，于是将有服尊长都改为"功服以下尊长"，而例内"十二岁以下"的年龄规定也改为十岁以下。"故知挟嫌迁怒故杀系专指功服以下尊长而言，期亲并不在内，较然可见。"

2．"挟嫌"一语本身存在争议

大理院查，乾隆五十六年，因"四川省王均进图产砍伤四岁幼弟王均连身死案"内，经刑部改依凡人定拟斩候，"故杀期亲卑幼分别年岁之例"开始纂修为定例。其原例云："一、尊长争夺财产故杀弟侄之案,除被杀弟侄年已长成有与尊长争斗之情者仍依争夺财产旧例定拟外,如弟侄年在十二岁以下,幼小无知,并无争斗之情,尊长图因占财产辄行惨杀毒毙者,悉依凡人谋故杀拟斩监候。"详阅旧例,"争夺财产"才是本例惩处的全部重点,"挟嫌"之说并未包含在内。

至嘉庆六年修例时,将此条并入"期亲尊长争夺财产、官职条"内。其例文云:"期亲尊长因争夺弟侄财产、官职,及平素仇隙不睦,有意执持凶器故杀弟侄者,如被杀弟侄年在十一岁以上,将故杀之尊长拟绞监候。若弟侄年在十岁以下,幼小无知,尊长因图占财产、官职挟嫌惨杀毒毙者,悉照凡人谋故杀律拟斩监候。如无争夺、挟仇情节,无论年岁,仍照本律例定拟。"仔细斟酌例文原意,"平素仇隙不睦"一层,对卑幼的年龄要求在十一岁以上,这是因为年已稍长,才可以发生仇隙之事。如果卑幼的年龄在十岁以下,实在幼小无知,从何而生仇隙?例文所谓"因图占财产、官职挟嫌惨杀毒毙"话语之中,"挟嫌"并未独立成为一项,而是紧紧承接"图占财产、官职"而言。最后一款"如无争夺、挟嫌情节",则是整体承接上面二项。不然故杀期亲弟侄分别年岁,旧例原本没有言及"挟嫌",新例怎么能够无端加入?

大理院进一步援引近世号称"专精刑律者"的原任刑部尚书薛允升《读例存疑》一书对此例的评价。直言薛允升对此条颇有微词:争夺财产、官职谋杀弟侄分别年岁问拟斩绞办理,尚无歧误。至"仇隙不睦"一层,是否专指胞弟及胞侄之年未及岁者而言,"碍难悬拟",即"仇隙不睦"是否专门针对没有达到年龄要求的卑幼,尚存争议。如故不是平素就有嫌隙,决不致将卑幼蓄意谋害致死。如卑幼的年龄没有达到要求,年少无知的卑幼和罪犯之间又怎么会产生什么嫌怨?"其为挟死者父母之嫌,不问可知。"可见凶犯"挟嫌"是指凶犯挟"父母"之嫌，并非挟"卑幼"之嫌。如果死者已属成人，被凶犯挟嫌谋害致死，则可以按照此例定拟，是"谋故杀胞侄"即应拟绞，不用拟流之律。

原来旧例有"故杀期亲弟妹照故杀大功弟妹律拟绞"之文，故于胞弟的年龄是否要达到法律要求还没有进一步论述，但其本意不以"挟嫌"作为一项情节，显而易见。上年法律馆修改《现行刑律》，独对《读例存疑》一书的见解和观点采用很多。大理院经过对卑幼年龄和"挟嫌"之间的因果关系进行探讨，提出如果卑幼的年龄在尚未符合法律规定时，凶犯实际是挟与"父母"之间的仇嫌，而不是与年幼无知的卑幼之间的仇嫌；更通过律学大家薛允升《读例存疑》一书的见解和"微词"加以佐证。

3. 从"改重为轻"的修律精神出发否认"挟嫌"自为一项的合法性

大理院提出，律才是国家法律规范的最重要且最基本的表现形式，随实际情况及时纂修进法典的例，如果与本律相冲突，或者出现律外加重的情况，一律以本律为准，将冲突例文全部删并。像故杀弟妹这种情形，根据律文处以流刑，根据例文则处以绞刑，一重一轻，"删例而从律，宜也"。对于"功服以下尊长杀死卑幼"二条，"期亲尊长故杀弟侄"一条，《现行例》修并为一。修改后的例文在功服条下仅保留"图奸"一项，而"强盗卑幼资财放火杀人"，仍依据"亲属相盗"本律办理，不按照普通民众"谋、故杀"定罪量刑。

《现行律》规定，只要行为人实施谋杀、故杀都处以绞刑，功服以下尊长故杀卑幼也处以绞刑。例文既不以年龄作为根据，"挟其父兄、伯叔素无资助之嫌，迁怒故行杀害"情节，也不比"强盗放火杀人"为重，所以例文中没有明确写明这些事由。"期亲尊长"条下也删去了"平素仇隙不睦"的内容，则是由于"仇隙"起初确实不容易区分界限，而到"谋杀、故杀"，也不必根据平常的仇隙来区分情节的轻重。所以此条被作为"期、功以下"之通例广泛使用。例文中所言"如系因争夺财产、图袭官职挟嫌惨毙及图奸等项者不论年岁，俱照凡人谋、故杀问拟"。是由于"争夺财产、图袭官职"两种情况的仇嫌平日就已经积累，而且蓄谋已久，情况发展到了不实施杀害行为不能停止的地步，所以自明代以来就从重处罚。

如果必须挟"争夺、图袭"之嫌才可以比照普通民众"谋杀、故杀"来定罪量刑，上下文意自然承接，至于情理也不算过当；如果必须把"挟嫌"单独列为一项，那么"故杀"尚可发泄一时之气愤，"谋杀"则无非挟平常积蓄已久的仇嫌，又不分年龄。将"功服以下"例原本处以绞刑者全部比照普通民众处理是没有问题的，但是把依据"期亲尊长"律以流刑作为最高量刑的人全部比照普通民众处理是有问题的，不仅与"律重服制"这一法律本意不相符合，而且新修法律时已经删除了"故杀期亲弟妹拟绞"之条，这不是本意求轻而效果却反而加重吗？大理院从"律重服制""改重为轻"的修律精神出发，再次否认"挟嫌"自为一项的合法性，对法部的判决做出最有分量的质疑和反击。

4. 结合案情彻底否定法部意见

大理院从三个方面层层递进，从法律文本的解构和变法修律的原意等逐一质疑和驳斥法部的覆核，最后落脚到结合案情做出裁决上来。大理院指出，陕西赵憘憘杀弟一案，首先，赵憘憘与赵九成等虽是同父异母，但"期亲"兄弟的亲属关系不容否认。赵九成刚刚年满七岁，赵火成刚刚年满五岁，死者虽然年龄幼小，但经修改后的新例并不根据被害人的年龄来论罪，那么自然也就不能以此为由加重刑罚。其次，对于犯意的产生，赵憘憘因贫起意，企图窃取父亲衣服，这与"争夺财产"相差极大，二者不可一概而论，等到赵九成呼喊、阻止，声明将赵憘憘盗窃之事告知其母，赵憘憘才开始触发继母冯氏"挑唆分出"之嫌，将弟弟赵九成杀害致死。赵憘憘的行为虽然涉及"挟嫌迁怒"，但旧例也只是针对"功服以下"亲属犯罪而设，"期亲"并不包括在调整范围之内。陕西巡抚根据"故杀弟妹"旧例将赵憘憘判处绞刑，尚无错误。但现在所引例文在变法修律中已经删除，而赵憘憘"挟伊继母之嫌"故杀胞弟，并不在旧例"同凡"之列。如果以为无论何种仇嫌都应该引用"挟嫌惨毙"之条，则以旧例专指"功服以下"尊长之案而科及"期亲"，明显轻重失衡，恐怕也违背了此次纂修例文的初衷。只是例内"挟嫌惨毙"一语，是否是在"争夺财产、图谋官职"外单独作为一项？抑或兼承上文而言？例由法律馆修并，按语中没有明确说明。还应请示让法律馆将此条例文详细解释清楚，以免在法律适用过程中产生歧义。

5. 大理院意见评析

在第一段论证中，大理院详细回顾了"兄姊故杀弟妹"及"伯叔、姑故杀侄并侄孙"的立法演变。有明一代，以"兄姊"和"伯叔、姑"为核心的期亲故杀卑幼案件，有两个鲜明的特点：一是依据期亲之间服制最近，顾及儒家伦理和遵礼精神，此类案件罪不至死；二是明代期亲尊长故杀卑幼的事由限于谋取财产和官职两项。清代修例，才出现了量刑幅度不断提升和犯罪事由逐渐扩大的现象。不管是雍正三年"平素仇隙不睦"情节入例，乾隆四十二年"有服尊长"因图财杀死卑幼"同凡"论罪，还是乾隆五十六年父兄、伯叔因不肯资助等挟嫌故杀卑幼泄愤，"同凡"论罪，都是明证。嘉庆六年修例，专门申明期亲尊长因争夺弟侄财产等故杀卑幼直接拟绞，不用"同凡"论处，这就与乾隆时期两条例文发生矛盾。前后例文主体范围重合，但处理结果一为直接量刑，一为等同普通民众处理，虽然最后的判决结果很可能在"死刑"范围内重复，但定罪量刑的路径截然不同。为解决这一矛盾，嘉庆六年修例将乾隆时期两条例文的主体由"有服尊长"改为"功服以下尊长"，由此，原来挟嫌故杀卑幼的主体就专指"功服以下尊长"了，并不包含"期亲"尊长。兄弟即属期亲，自然不能适用"同凡定罪"。相较于法部之前主张的"挟嫌"主体迥然不同。这是大理院在法律依据的解释方面对法部的第一次否定。

在第二段论证中，大理院对"挟嫌"的质疑与解释是从"卑幼"这一犯罪对象而展开的，如果说乾隆五十六年山西之例将卑幼的年龄格外强调，那么同年的四川之例就是对卑幼"十二岁"年龄界定的再次肯定，从此正式纂为定例。嘉庆时又将"十二岁"改为"十岁"。大理院认为，十岁以下的孩童心智尚未成熟，不会与其兄产生仇隙，故凶犯所挟之嫌实际存在其与父母之间。这一点尚不能推翻法部意见，因为法部原本认为赵憘憘所挟之嫌为"继母冯氏挑唆分出"之嫌，也没有明确提及赵憘憘与赵九成、赵火成之间素有仇隙。但是，大理院进一步做出的说明却直指法部要害。大理院提出，乾隆五十六年例文（四川案）中，尊长故杀卑幼的原因是"图占财产"，并无挟嫌之说；嘉庆六年的例文中，"亲尊长争夺财产、官职条"内出现"挟嫌惨杀"一语，是对犯罪动机"争夺财产、官职"的承接，而不是另起炉灶，独为一项。这样一来，挟嫌是因"争夺财产、官职"而生，法部将挟嫌独自看作一项事由的观点就不能成立。这是大理院对法部的进一步否定。

大理院第三段的分析，实质指出了例文合并之后文本表述方面存在问题。现行例文，主体由"功服以下尊长""期亲尊长"合二为一，统称"有服尊长"；情节规定为"因争夺财产、图袭官职挟嫌惨毙及图奸等项"实施谋杀、故杀行为，取消受害人的年龄限制，也删去了原"期亲尊长"条下"平素仇隙不睦"的内容。这样一来，不用专门根据"功服以下尊长""期亲尊长"区别具体情形援引例文，在法律操作层面明显方便易行。但是，"俱照凡人谋、故杀问拟"的处理结果却存在一定的缺陷。根据《现行律》规定，谋、故杀拟绞。如果严格适用例文"同凡论处"，原来期亲尊长故杀卑幼(拟流)和功服以下尊长故杀卑幼(拟绞)都统一执行绞刑。功服以下尊长由于向来律例规定为死刑，所以不存在异议，但期亲尊长由流刑上升为死刑，这就与"改重为轻"的修律精神背道而驰。所以对期亲尊长故杀卑幼似乎不能"同凡论处"。

大理院在第四段的一个细节值得玩味，即"因贫窃物"与"争夺财产"是否是同一作案动机？如果不是，又当如何解释呢？《大清律例》有关亲属间特别是以尊犯卑"争夺财产"集中规定于"功服以下尊长图财强盗图奸等案杀死卑幼""期亲尊长争产夺职及挟仇隙执持凶器故杀弟侄"等例，如果将本案的图财行为和杀人行为连贯起来整体分析，则例文中"图财争产"是针对卑幼财产而言，赵憘憘欲窃取其父衣服，针对的是作为尊长之父亲的财产，而不是作为卑幼之弟弟的财产，对象明显不同，此为其一。尊长"争夺财产"既然指向卑幼，那么争夺行为本身也应认真鉴别。顾名思义，以尊犯卑"争夺财产"意为尊长争着夺取卑幼的财物、家产企图进一步占为己有。赵憘憘作为兄长，虽然从弟弟赵九成手中诱取钥匙，开门后翻箱倒柜寻找父亲衣服，父亲衣服当然为父亲所有，其所有权并未通过其父提前声明以馈赠或其他方式转移到赵九成、赵火成手中。何况其父尚健在，衣服也不作为遗产让赵憘憘、赵九成、赵火成兄弟等继承，不存在争夺的前提条件。

而赵九成、赵火成不足十岁，年幼无知，家境又未到一贫如洗穿不上衣服需要和兄长争夺的地步，又从何心生争夺其父衣服之意？此为其二。所以，本案的"争夺"行为是不存在的，赵憘憘属于"因贫窃物"，而非"争夺财产"，大理院否定赵憘憘"争夺财产"的分析相当中肯。这样一来，法部力主的依"图产故杀胞弟例"照凡拟绞就彻底失去了用武之地。

整理大理院的论证思路可知其遵循这样一条线索：首先，"挟嫌"事由适用于功服以下尊长，将期亲尊长排除在外。法部的法律依据属于主体不适格。其次，"挟嫌"是对"争夺财产、官职"事由的承接，不能理解成独为一项。法部将赵憘憘挟继母之嫌故杀幼弟比对"挟嫌惨杀"而不顾及"挟嫌惨杀"是特定文字"争夺财产、官职"的限定，属于对法律理解有误。再次，现行例文合并两条旧例之后，存在对期亲"同凡论处"的量刑明显偏重，与以"改重为轻"的修律本意不符的问题。最后，赵憘憘的最初犯意是"因贫窃物"，而非"争夺财产"，即使盗窃行为转化为杀人之后，仍不存在"争夺财产"的客观情况，法部依"图产故杀胞弟例"照凡拟绞的犯意前提是不存在的，直接属于适用法律错误。大理院变更故杀胞弟案法律依据的建议遭到法部的果断否决，部院之间在法律适用问题上针锋相对，互不相让。这是本案覆核的第一回合，也是明晰部院各自立场的重要阶段。

## 三、干戈玉帛："故杀胞弟案"的律学作为

大理院与法部争执不下，认为"挟嫌惨毙"一语到底是在内容上"别为一项"，还是在作用上"兼承上文"，律例文本中并未明确界定。故请将此条例文提交修订法律馆，希望修订法律馆将律例

条文详细诠释，消除歧义，然后通行。至此，本案有关法律适用的讨论场域由法部、大理院转移到修订法律馆，也预示着更为学术、更为专业，也更为权威的法律解释即将做出。事实则是，本案律例适用的复杂即使有修订法律馆的详细考释，也无法让法部、大理院平息干戈，随着陕派律学大家沈家本、吉同钧的先后介入，一场旷日持久的论争方才得到智慧处理，由干戈化为玉帛。

### （一）法律馆：准确解释"挟嫌"概念，支持大理院

"挟嫌惨毙"之条如何正确理解和适用，法部认为"挟嫌惨毙"一语是由旧例"挟嫌迁怒"而来，单独作为一种事由规定在例文中，大理院则称"挟嫌"仅起到承接上文的作用，并不能单独成为一项，部院两议不同，这直接涉及期亲尊长故杀卑幼是直接定罪，还是"同凡论处"，量刑也出现流刑与绞刑的冲突。为平定是非，大理院咨询法律馆希望得到明确答复。法律馆查阅相关法律条文，给出了解决争议的"真知灼见"，并采用详细考察"旧例源流"和此次"修改之本意"两种方法，通过缜密推理以求做出公允判断。

#### 1. 对"挟嫌惨毙"的旧例源流进行发掘和梳理

法律馆支持大理院原奏中对此例历次修改之处的缕述剖析，认为大理院的解释已经十分详细，不用再三溯源和解读。旧例是在明代的基础上因袭而来，而明例没有"仇隙不睦"之语，当时例文是专门针对"谋夺财产、官职"而言，这是非常清楚明白的事情。明例原文提到"问罪者乃仍科以本律之流罪"，分别边卫充军。把罪犯发配边外为民，是明代军戍的办法，这不过是和平常犯罪的处罚略示区别，还没有到在律外直接判处死刑的程度。

清康熙十九年，题准《现行则例》，例文规定，只要是兄长想要争夺弟弟财产和争夺弟弟官职，平素积下仇嫌，关系不和睦，产生了杀害之犯意，并执持刀枪、小刀、木棍等凶器故意杀害弟弟致死，判处绞监候，秋后处决。如果没有这样的情形，仍然按照《大清律》定罪处罚。只要是因为亲伯叔夺他们兄弟之子的"房产田地"及夺兄弟之子的"官职"等原因而挟平素仇嫌故意杀害兄弟之子，也按照此例定罪处罚。这里虽然添入"仇隙不睦"及"挟嫌"的字样，但其文意紧接上文，其仇也是由"财产、官职"而来，所以"挟嫌"原本就未形成一种独立事由。

到了康熙二十二年，刑部将此条例文一分为二，以两条例文的形式呈现出来。其中一条提道："凡亲兄因争夺财产、官职及挟仇持金刀等凶器故杀弟命，拟绞监候"等等，开始将"及"字移在"官职"之下。然而其中另外一条提道："凡亲伯叔争伊侄财产及夺官职挟仇故杀者，亦照例拟绞监候"，"挟仇"二字仍紧接上文，不另外作为一项存在。兄和弟之间、伯叔和侄之间，情谊相同，例文自然不存在任何异议。但是"及"的位置又该做何种解释？可能是修纂法律的官吏在编辑时没有认真检查核对，以致产生位置不一的参差之处。

雍正三年，将现行的两条例文合二为一，统合于《问刑条例》之内，例文规定："凡兄及伯叔因争夺弟侄财产、官职并平素仇隙不睦，有意执持凶器故行杀害者，拟绞监候等等。"其中改"及"字为"并"字，按语中虽然没有明确解释，而"并"字的含义，《读律佩觿》所谓"罪应齐等，情应共视"，就是"并"的意思。比如同姓亲属相殴律"并"以凡人论，殴祖父母、父母律"并"令归宗，"并"的用法都是承接上文。此条例文中"并"字的含义，也应当是这个样子，与"及"字迥然不同。推断改"及"为"并"之意，是由于两条并为一条,故用"并"字总体上承接上文。到了乾隆五年修律,又改"并"字为"及"字,这次没有按语可以考察,不能清楚了解修改的原因。但是乾隆元年,又定"故杀期亲弟妹照故杀大功弟妹律拟绞"之例。从此以后,只要是平常发生的"因仇隙谋、故杀期亲弟妹"之案,大多援引这一条文,而援引"争夺财产、官职条内之仇隙不睦"例文者较少。因为两例以绞监候量刑,原本没有出入。

到了乾隆五十六年,又定"图占财产惨杀年十二岁以下弟、侄依凡人谋、故杀拟斩"之例,其修律按语道:"财产究属祖宗所遗,在尊长混行争夺,固属不合,在卑幼毫无退让顾恤之情,辄因图占财产无辜惨杀,即属恩义断绝,应以凡人谋、故杀本律定拟等等。"可知此条同凡之例是为"幼小无知"的死者而设立,并且专指图占财产一事,平常的仇隙并不在内,例文体现得十分明显。嘉庆六年修例,将"争夺财产官职、图占财产"两条合并为一,例文规定:"若弟、侄年在十岁以下,幼小无知,尊长因图占财产官职挟嫌惨杀毒毙者,悉依凡人谋、故杀律拟斩等等。"此条"因图占财产官职挟嫌惨杀毒毙"一句,其实来自旧例"因图占财产辄行惨杀毒毙"之文,只是把"辄行"改为"挟嫌"而已。"挟嫌"的作用在于承上启下,并不能单独成为一项例文,这里看得比较清楚。修律按语中也没有提到"挟嫌"单独成为一项,也是十分有力的明证。

旧例,"功服以下尊长杀死卑幼凡"两条。一条规定:"如系图谋卑幼财产杀害卑幼之命,并强盗卑幼资财放火杀人,及图奸谋杀等案,悉照平人谋、故杀律,问拟斩候,不得依服制宽减。其余寻常亲属相盗,及因图诈、图赖他人财物谋故杀卑幼之案,仍依服制科断。"另一条规定:"因其父兄、伯叔素无资助及相待刻薄、挟有夙嫌，将其十岁以下幼小子女、弟侄迁怒故行杀害图泄私愤者，悉照凡人谋、故杀本律拟斩监候，不得仍依服制科断。其挟嫌谋杀卑幼年在十一岁以上，并其会谋、故杀卑幼之案，仍照律拟绞监候。"这两条都是同凡之例，前一条专指"图产"等项，后一条专指"素无资助、相待刻薄、挟嫌迁怒"，而其余案件均不包含在内，可以看出，例文之间的区别也非常明显。毫无疑义，由以上各条例文相互比较、印证，可知"挟嫌"不过是通常之语，不得理解成单独构成一项。所以《秋审条款》中"谋、故杀期亲以下卑幼"各案，对于实施"图诈、图赖、争断、争产、畏累、憎嫌并因钱债、田土、口角细故逞凶残杀或非理欺凌"行为的罪犯，全部按"情实"一条处理。所称"图诈"等项，一起囊括在"挟嫌"范围之内。确确实实有明证可知通常"挟嫌"之案，历来的办法都不用"同凡"之例。根据考察诸多旧例源流，有力地证明了"挟嫌"二字不得单独成为一项。

2. 对变法修律的指导精神进行耐心阐述

至于法律馆此次修改现行刑律，奏明以减轻为宗旨，只要是律外加重的例文，大多删去后来制定的例而仍旧使用本律。期亲之间服制最近，所以律内卑幼侵犯尊长，罪名往往加重，而尊长侵犯卑幼，并不量刑致死，这体现了恩义并重，不是大功以下亲属能比，律文也在"期亲"与"大功以下"分别制定为两条。明代例文涉及此条的仍然按照本罪处理，把罪犯发配到边疆使其拱卫远方，当初并未格外加重。古人谨守律义而不敢逾越，也是担心制定一条重法而其他重法会在此基础上繁衍产生。故意杀害期亲弟侄，律文规定的量刑幅度最高为流二千里，而突然比照大功亲属拟绞，已经属于律外加重，如果与普通民众的量刑相比，则重而又重，实在不是制定法律的本意。所以这次修律，按语所谓"期亲与大功服差一等，治罪亦各不同"。现在伤害期亲弟妹致死，按照本律增发幅度处以流刑，尚与伤害大功弟妹致死应处以满流有区别，如果故杀同样处以绞候，并无等差可以分别，不但和律意不符，也未免过于严厉。将此条例文议准删除，此后遇到谋、故杀之案，自然应该一概按照本律办理，不能再于律外加重。

如果把通常"挟嫌"之案和普通民众同样论罪，则旧例明显偏重，这样难道就符合此次修改法律之宗旨吗？"争夺财产、图袭官职"等项，情节较重，此次存而未删，而将"期亲"一条，与"功服"两条修并为一。按语提到"功服多强盗放火杀人、图奸两层，期服多争夺官职一层，除强盗放火杀人一项，已于亲属相盗门改从亲属相殴相盗并凡斗杀伤从重问拟外，图奸与争夺官职均系本宗亲属常有之事，不宜各以期、功为限，致令互见之案转失依据，自应荟列各项，改为期、功通例等等"。其中列明各项极为详细，而没有提到"挟嫌"一项，可见此条所云"争夺财产、图袭官职挟嫌惨毙"，即袭用旧例"图占财产、官职挟嫌惨杀害毙"之文，而旧例又源于原例"图占财产辄行惨杀害毙"一语，并不是由旧例"挟嫌迁怒及平素仇隙"而来。其文一串说下，"图奸"上又以"及"字隔断，则可以非常明显地看出"挟嫌"确实不能单独成为一项。这次修改法律的本意，也从来没有把"挟嫌"单独列为一项。

3. 从概念出发，对"挟嫌"进行解释

法律馆认为，"挟嫌"归根结底，是实施杀害行为的原因。平常故杀案件，犯意的产生有可能是由于一时之愤怒；而谋杀案件，从来没有毫无嫌隙而蓄意杀害的。所以"挟嫌"范围覆盖面十分广泛，不仅情节重大的可以称之为嫌，就是寻常细小的纠纷也可以称之为嫌。"嫌"是通常之语，和"财产、官职"等项都有事实可以佐证不能相比。"挟嫌"由事实而生，如果不看事实而空言挟嫌，则无论情节轻重，事情大小，都可以用"嫌"字概括，难道也不分轻重大小把亲属间的犯罪一概和普通人凡人同等处理吗？何况"挟嫌迁怒"一条，迁怒是法律事实，如果法律条文现在不明确包含"迁怒"字样，只是解释时称其已经囊括在"挟嫌"之内，这种解释恐怕不能成立。这是因为律文和例文中每一个紧要字眼，都关系罪名之生死出入，所以不得有此含糊笼统之词。所以解释此条例文，应该支持大理院之意见。

对于赵僖僖一案，由于其继母冯氏不能容前妻之子，挑唆其夫，将赵僖僖分出家门另行度日，后来之惨祸，皆由此酝酿而成。赵僖僖固然罪无可逃，而冯氏也应该承担属于她的那一部分过错。自来家庭变故多发，"往往由于后母之不良，特为法令之所不能及耳"。赵僖僖当场起衅的原因，缘于窃取其父衣服，这种情况属于"亲属相盗"，依旧例，"功服以下尊长"也仍然按照服制科断，何况是亲属关系更近的期亲。本案情节之惨，在挟继母之嫌杀害两弟，旧例"功服以下"有因为"素无资助、相待刻薄、挟嫌迁怒"以同凡处理之例，期亲却没有这样的规定。本案的案件事实既非争夺财产、官职等项，又与同凡之旧例所罗列的内容不相吻合。就是按照旧律科断，也只可照"故杀大功弟"拟绞，不得照"平人故杀"拟斩。虽死者年均幼稚，情节实属残忍，而例内分别年龄一层既经删去，又无他条可以依据，是即欲从重问拟，而比附无由，则办法只可如此。舍去本律而迁就新例，恐怕不能做到公允恰当。

4. 法律馆意见评析

如果说此前法部与大理院的意见迷雾重重，让人眼花缭乱，难以辨出高下，那么法律馆的一番论证就较为顺利地解决了本案的司法难题，给人拨云见日之感。除了对期亲故杀卑幼如何量刑、"挟嫌"入例的始末进行不同视角的考察外，还应该特别留心大理院对个别细节上的甄别和梳理。

第一，"及"和"并"的用法与作用。康熙二十二年两条例文"亲兄因争夺财产、官职及挟仇持金刀等凶器故杀弟命""亲伯叔争伊侄财产及夺官职挟仇故杀"，前例"及"在官职之后，后例"及"在官职之前，在官职之后尚可解释为承接上文，在官职之前应该怎样理解？法律馆认为这两处"及"用法虽有差别，但作用相同，都表示承接关系，不过后例有可能是抄录错误。雍正三年例文"兄及伯叔因争夺弟侄财产、官职并平素仇隙不睦"，在合并犯罪主体兄及伯叔和犯罪对象弟侄的同时，改"及"字为"并"字，法律馆查《读律佩觿》，同样认为应对此处的"并"做承接上文解释。乾隆五年又改"并"字为"及"字。"及""并"两字的分析是在证明"挟仇"与前文紧密相承，否定了其自为一项的可能性。

第二，"挟嫌"在例文中的作用。乾隆元年定"故杀期亲弟妹照故杀大功弟妹律拟绞"之例，故杀期亲弟妹不分缘由大多适用此例，陕西巡抚亦是据此审判。乾隆五十六年、嘉庆六年修例，例文虽有"挟嫌"字样，但其作用仍是承接"图财"，不能独立。

第三，本次修例也未把"挟嫌"作为一项。最新修例将期亲尊长由流刑上升为死刑，是否违背"改重为轻"的修律精神，法律馆并未正面回答。而是以期亲、功服以下尊长所犯图奸与争夺官职都属于本宗亲属常有之事，不宜区分主体以致法律适用不便。例中列举没有提到"挟嫌"，所列事由是由"图财"而来，而非由旧例"挟嫌迁怒及平素仇隙"而来，所以挟嫌为图财所吸纳，并未独立。

第四，"挟嫌"的本意。从文本层面出发，"挟嫌"是挟平日积累的仇嫌。法律馆主张挟嫌是通常用语，图谋财产、官职都有事实佐证，挟嫌却无具体事实可指，所以是因为图谋财产、官职才生仇隙,这需要全面、准确、完整地对待,不能割裂承接关系来理解。

(二)沈家本:另辟蹊径解释律例,力挺法律馆、大理院

法律馆的奏议言犹未尽,沈家本继续拟说帖一则,附于《故杀胞弟二命现行例部院解释不同说》之后。

1. 区别本案事实轻重的原因在于"服制"

沈家本提出,旧说认为谋杀、故杀这两种杀人罪行的杀害心理在犯罪之前就已经产生,所以对情节残忍与否十分看重。古代法律侧重查清犯罪行为是谋杀还是故杀,却不问其谋、故是由什么原因所引起,这是因为古代立法者认为案件事实的轻重和罪名没有关系。清朝律例,对于平常发生的谋、故杀案件,只在"图财、因奸"有加重处罚的条文,而其余案件并无区别,唯独对于"服制之谋、故杀"案件,法律明文规定需要分别其事实的轻重。这源自明代例文之"争夺财产、官职"一条,其后例文日增,于是产生了"期亲亦同凡论"之例。详细探究,谋、故杀两个罪名之所注重的地方,在罪犯用心之险恶,最初立法者并不关心其案件事实何如。"财产、官职"也不过是谋、故杀中之事实,何必明显区分。至若"素无资助、相待刻薄"等项,这些都是亲属中常有之事。"风气衰薄,族谊日疏",实际是因为罪犯的父兄、伯叔之间存在这些情形才导致惨剧发生,不能把责任全归罪于行凶之人。

2. 新律虽有缺陷,仍应严格适用

现在谋、故杀都改绞候,大功以下尊长同凡、不同凡罪名相等,只是在秋审制度中有实、缓之分罢了。故意杀害期亲弟妹,律文的最高量刑是流二千里,旧例"同凡"改为斩候,处罚加重,

本属过重，况且案情不一。关于"财产、官职"之事，往往是由卑幼肇衅者引起。乾隆五十六年修律，按语谓："财产究祖宗所遗，在尊长混行争夺，固属不合，在卑幼毫无退让顾恤之情，亦有乖名义。"这一论述最为平允。但对于此条律文，现行例文论功服以下则治罪从同，论期亲则过于严厉，实亦在可以删除之列。只是幼小无知之弟侄无辜被杀，实属义乖情惨，与其余谋、故之案不同。原本对凡人谋杀十岁以下幼孩，可以有加重绞决处理，而适用服制原则下并不这样处理，遇有此等案件，遂滋疑义，如赵憘憘一案即是明证。功服以下尊长谋杀、故杀卑幼罪已至死，秋审时也入"情实"，定罪量刑与刑罚实施没有差别；但是，期亲尊长依据本律判处流二千里，如果与通常谋、故之案相比明显太轻，不足以惩薄俗而厌人心，似应将《现行例》此条删除，而另纂"期亲尊长谋、故杀十岁以下弟、侄加重"专条，庶有遵守。只是《大清现行刑律》刚刚颁布，此时不便修改。且"见案而改例从重"，并不恰当。

3. 沈家本意见评析

沈家本道出了古代法律的推断技术，即对谋杀、故杀，只区分动机，主要偏重观察其用心如何险恶，分辨出是图谋还是故意。至于谋杀、故杀的犯罪事实，与罪名关系不大，这一技术被清代继承。不管是图谋财产、官职，还是"素无资助、相待刻薄"等亲属间常有之事，都不必详细区分。所以沈家本关注的重点实际在量刑上。故杀期亲弟妹，律例对量刑的规定并不统一，律最高定为流二千里，例则适用"同凡定罪"加重为斩刑。现行例对功服以下尊长"同凡论处"尚属合理，但对期亲尊长的处罚过于严厉，应该删除。但是赵憘憘一案中，连毙卑幼二命，断义绝情，和其他谋杀、故杀案件不同。如果严格适用服制原则，依据本律定为流刑，显然不能体现对如此惨重之犯罪结果的处理与普通谋杀、故杀案件有何不同。所以，似应修改法律，专门规定期亲尊长谋杀、故杀卑幼加重处罚。沈家本上述分析颇有见解，在维护大理院、法律馆立场的同时又与二者有所不同，耐人寻味。

**（三）吉同钧：别出心裁展露智慧，调停处理，支持法部**

如何定谳，法部与大理院都在据理力争，相持不下，法部对修订法律馆的解释也不认同。时任法部郎中，兼修律馆总办，并充大理院教习吉同钧为调停其间，折中办理，具帖一篇，呈请三面和衷共济，其事始定。作为陕派律学的杰出代表，吉同钧捧读所议，逐层分析，就管见所及，从两大部分详细陈述了自己的观点。

1. 溯源历代对兄故杀弟的定罪量刑

吉同钧分别从经义、故律、旧律、新律四个层面考镜源流。

首先，查故杀胞弟一项，历朝定罪不同，绝大多数定为死罪。《尚书·康诰》有云："于弟弗念天显，乃弗克恭厥兄。［厥］兄亦不不念鞠子哀，大不友于弟。惟吊兹，不于我政人得罪，天维与我民彝大泯乱。（曰）：乃其速由。文王作罚，刑兹无赦。"疏云：兄弟虽有长幼，而实同伦。贼杀他人罪小，骨肉相戕重于他人云云。可见兄之杀弟，与弟之杀兄，都难免一死。但仍可以说：经义泛论道理，未可施之于法律，如果执经义断狱，未免太过迂阔。

其次，考之汉律，"父母无故杀子者，以故杀同凡论。杀兄弟及使人杀者同弃市"。所以太初元年，宜城侯福坐杀弟弃市。元《刑法志》云："诸以细故杀其弟者处死，又诸兄主谋杀其嫡弟者,主谋、下手皆处死"。这些都是杀弟拟死的明文。只有唐律和明律,"凡弟杀兄者拟斩,兄杀弟者减轻拟流",兄与弟始有分别。唐律最称完善,而此条规定非但与汉律不同,亦与经旨相戾。吉同钧欲求如此定罪的原因,不得其解,于是推测可能是因为唐太宗玄武门之变,骨肉相残,天伦相慼,当时臣下定律,恐触忌讳,故此项特从宽宥。不过这一猜测只是自己臆度之词,未为定论。总之,兄故杀弟,唐明律虽然减等拟流,而汉与元并不饶恕其死罪。但仍可以说:古律不适合今天之用,不能拿来衡量当代之事。

再次,查清代定律,虽沿袭前明,乾隆元年因为律文规定"兄故杀弟仅拟流罪"不足蔽辜,从重定例,改照"故杀大功弟"拟绞。乾隆五十六年,又定有"图产故杀十岁以下幼弟照凡拟斩"之例,扫除唐明之失,隐隐与汉律、《周书》相合。现行新律虽删去"故杀拟绞"之例,而"图产挟嫌故杀"仍拟死罪,并不是一概减为流刑,古法犹未尽失。但仍可以说:旧律的规定大多太过严厉,与现今"改重为轻"的修律宗旨不同,依然不能称为定论。

最后,查《新订刑律草案》[①]二百九十九条,"凡杀人者处死刑、无期徒刑或一等有期徒刑"。后附理由云:"杀人者死,为古今东西不易之常经,推而至于尊长卑幼,亦复如此区分。"又云:"凡臣民者,国家之元气也,其生命非父母尊长所得夺,此为欧美各国公认之原则。子孙若无应死之罪,固不待论;即有应死之罪,自有审判官在,非余人所得专擅"云云。可见此条,从字面

---

① 此处所言《新订刑律草案》,实际就是《大清新刑律草案》,核对吉同钧所援引的二百九十九条律文内容可知。见《修订法律大臣沈家本等进呈刑律草案折》所附"谨将酌拟刑律草案缮具清单恭呈御览"部分的《新订刑律草案》原文,收入《大清新法令》(点校本)第一卷(上海商务印书馆编译所编纂,刘秀清、孟祥沛、汪世荣点校,商务印书馆2010年版,第607—610页)。

理解，犯罪主体并非专门规定为普通人，就是父母杀子，尊长杀卑幼，也适用这条律文。把"父之杀子"和"兄之杀弟"相对比，其情轻自不待言，但是用新律来定罪量刑，"父之杀子"最轻尚处以有期徒刑，工作十五年。现在"兄之杀弟"仅拟流二千里，折工作六年，已较"父之杀子"减轻数等，何况所杀者并非只是一个弟弟，又何况所杀者都是十岁以下无知之幼弟。如此残忍之徒，而不处以缳首之罪，不但与经义不合、古律不合、旧律不合，即用新定之律衡量，也是轻重倒置。

2. 对本案的定罪量刑给出建议

总体而言，定案固然应当恪守律文，但是出现案情重大的情况，也应当酌量从严，使判决结果公允恰当。大理院解释例文照律文改流，虽系"罪疑惟轻"之义，适用于"挟嫌故杀一命"之案则可，适用于"故杀二命而非幼孩者"亦可，但对赵憘憘一犯，似乎另当别论。普通人只要是"谋杀十岁幼孩一命"尚且处以死刑立即执行，胞弟虽然较于普通人依照服制从轻处理，但惨毙二命，虽不能比照普通人拟以立决，似乎也可以不拘泥律文，宽其死罪。大理院有解释律例之权，不可不恪守常法，而法部有执行宣告之责，不能不折衷至当。平心而论，此案赵憘憘被杀之二弟，一止七岁，一止五岁，有何触犯得罪之处，而赵憘憘忍心下此毒手，实属灭绝天伦，惨无人理。如果不处以死刑，将来工作期满回家，未必不迁怒于其继母，再酿成逆伦之祸。法部议照例文拟绞，原系挟持伦理之意，但彼此既各持一是，似应折中定拟，仍照法部之议拟绞，从宽酌入秋审"缓决"，免其实抵，这样一来，或许可以使部院两得其平，而对照古律新律，亦均吻合。

3. 吉同钧意见评析

正是由于吉同钧的高超绝伦的律学素养和灵活务实的司法技

艺,"故杀胞弟案"才结束了反复纷争的死刑复核程序,最终得以定谳。吉同钧的高明之处,在于三处:其一,直接从故杀卑幼的量刑出发,又对犯罪主体(普通人、父亲、兄长)层层对比,避免陷入此前大理院和法律馆纠结的"挟嫌"情节。其二,本案的处理结果实质是法部与大理院意见的平衡和折中。处以绞刑,照顾了法部强烈要求实施死刑的愿望;在秋审时从宽以"缓决"处理,而"缓决"的后果就是免去了死刑的实际执行,这也满足了大理院援引新律望以生刑(拟流二千里)处理的期待。其三,协调了律例关系,做到了情理法的统一。诚如法部所言,"律重服制,故以尊犯卑多从宽典,例杜残杀,故以尊害卑仍应从严"。在本案中,律例发生冲突。在大理院和法律馆的奏议中,前后例文也存在用语模糊不清的情况。而《大清新刑律》解释,"杀人者死,为古今东西不易之常经"。残忍杀害幼弟二命,适用死刑,是对律例关系的调和,也是对天理、国法、人情的平衡。这样的判决才具有理性的光辉。

## 四、固本开新:"故杀胞弟案"的律学智慧

陕派律学不仅在清末的立法领域发挥着重要作用,对晚近司法文明的发展演进也产生了不可磨灭的推动之功。陕派律学影响下的"故杀胞弟案",不仅展示了其讲明法律原意、促进准确司法的价值导向,蕴含了诸多需要耐心整理和发掘的司法智慧,也展示了陕派律学家吉同钧、沈家本高超绝伦的司法技艺和优秀卓越的律学素养。"故杀胞弟案"中的律学智慧,具体表现为以下几个方面:

### (一)考镜源流,明晰概念术语

传统律学是在注释成文法典的基础上产生、发展的,准确理

解立法原意是传统律学的重要内容，一切从概念出发，精准解释专业术语，也是律学智慧的集中体现。清代，注释律学之风鼎盛，出现了"多彩多姿的注释内容与千变万化的注释风格"①，各家之间互动频繁，在保持自身特色的同时又能遍采他家之长，一时间律学著作菁华倍增，蔚为大观。陕派律学的形成和发展在清末独领风骚，应归功于勤奋注律和对前辈经验的借鉴。"考镜源流"即是陕派律学吸收传承的重要经验，其便于开阔司法官员的论断视野和知识领域，利于加深对法律发展变化规律的把握，尤其有利于律学家在进行语义溯源的基础上对比分析相关概念术语，进而对概念术语进行准确界定。这既是注释律例的方法，也是司法实践的原则。

本案中，"考镜源流"是法部、大理院、法律馆、吉同钧、沈家本共同使用的基本方法和选择法律依据时的重要步骤。特别是沈家本主持下的修订法律馆，正是借助"考镜源流"的传统路径，对"挟嫌"一语进行辨析和把握。修订法律馆在进行律例条文的选择时，首先明确了面对法律依据方面的冲突，应该使用"考镜源流"的方法对"挟嫌"进行查证。接着一般按照唐、明、清的律例沿革顺序展开考证工作。唐律是中华法系成熟的标志，后世立法莫不深受影响。明律是清代立法的制定基础和直接参考，明清律例在立法精神、立法标准、立法内容、刑罚体系等方面一脉相承。所以"言必称唐明"亦是对清律进行"缕述剖析"的客观要求。有关故杀期亲卑幼的律例条文，清代在康熙、雍正、乾隆、嘉庆四朝皆有修订。修订法律馆由现行例出发进行"考镜"，在此基础上对清代的律例演变互相对比，更参考明律进行评析。所以"考

---

① 张晋藩：《清代律学及其转型（上）》，载《中国法学》1995年第3期，第84页。

镜源流"和"相互比较"的方法是形影不离的，二者相辅相成，共同的目的就是理清立法演变的脉络，明晰概念术语，使法律依据的选择更为准确。

经过"考镜源流"和"相互比较"，沈家本和修订法律馆提出了"挟嫌"是杀害行为发生的"口袋式"原因，其本身就囊括了争夺财产、官职等项在内，且夹杂于概念术语之间的"及""并"等仅表示承接作用，没有并列之意。这就为大理院推翻法部的判决意见提供了有力支持，也促使后来介入的吉同钧不得不另辟蹊径，绕开"挟嫌"一语重新寻找观点以平衡部院争议。所以吉同钧站在沈家本、大理院、修订法律馆明晰"挟嫌"语义的"肩膀"上，从全新的角度使出让各方最终接受的权衡高招，足以见得沈家本等良好的律学素养以及前期"释律"工作之扎实。

具体过程见下表：

**修订法律馆"考镜源流"表**

| 序号 | 沿革 | 律例内容 | 说明事项 |
| --- | --- | --- | --- |
| 1 | 现行例 | 期功以下尊长谋、故杀卑幼之案，如系因争夺财产、图袭官职挟嫌惨毙，及图奸等项者，不论年岁，俱照凡人谋故杀问拟。 | 此例本于前明，而明例无"仇隙不睦"之语，其为专指谋夺财产、官职而言。言外之意，欲否定法部"'挟嫌惨毙'是由'挟嫌迁怒'而来，是独立事由"的主张。 |
| 2 | 大明律 | "问罪者乃仍科以本律之流罪"。查《大明律·殴期亲尊长》：……兄姊故杀弟妹，杖一百，流二千里①。 | |

---

① 怀效锋点校:《大明律》，法律出版社1999年版，第166页。

续表

| 序号 | 沿革 | 律例内容 | 说明事项 |
| --- | --- | --- | --- |
| 3 | 清康熙十九年 | 题准现行则例："凡兄欲争夺弟之财产及夺官职平素仇隙不睦有意欲杀,执持刃枪、小刀、木棍等凶器故杀者,拟绞监候,秋后处决。如无此情由,仍照律拟罪。凡有亲伯叔夺兄弟之子房产田地及夺官职等情由挟嫌故行杀害者,照此例拟罪。" | "挟嫌"紧接上文,仍由争夺财产、官职而生,是承接关系,并非独为一项。 |
| 4 | 清康熙二十二年 | 刑部将康熙十九年例分作两条。其一条云:"凡亲兄因争夺财产、官职及挟仇持金刀等凶器故杀弟命,拟绞监候。" | 关于"及"的位置:"及"在"官职"后正确,"挟仇"二字仍紧接上文,证明"挟仇"不别为一项;"及"字移在"官职"之前有错,可能是编辑时偶未检对,致有参差之处。 |
| 5 |  | 然其又一条云:"凡亲伯叔争伊侄财产及夺官职挟仇故杀者,亦照例拟绞监候。"(本条与上一条内容做对比) |  |
| 6 | 清雍正三年 | 将康熙二十二年二条例修并于《问刑条例》之内,其文云:"凡兄及伯叔因争夺弟侄财产、官职并平素仇隙不睦,有意执持凶器故行杀害者,拟绞监候。" | "并"与"及"作用相同,都是承接上文。"挟嫌"不别为一项。 |

续表

| 序号 | 沿革 | 律例内容 | 说明事项 |
|---|---|---|---|
| 7 | 清乾隆五年 | 凡兄及伯叔因争夺弟侄财产、官职及平素仇隙不睦,有意执持凶器故行杀害者,拟绞监候。 | 又改"并"为"及"。无按语可考,不能详其修改之故。 |
| 8 | 清乾隆元年 | 新定例文:"故杀期亲弟妹照故杀大功弟妹律拟绞。" | 此后凡寻常因仇隙谋、故杀期亲弟妹之案,援引此条者多,而援引争夺财产、官职条内之仇隙不睦例文者少。盖以两例皆系绞候,罪名本无出入。 |
| 9 | 清乾隆五十六年 | 又定"图占财产惨杀年十二岁以下弟、侄依凡人谋、故杀拟斩"之例,其修律按语云:"财产究属祖宗所遗,在尊长混行争夺,固属不合,在卑幼毫无退让顾恤之情,辄因图占财产无辜惨杀,即属恩义断绝,应以凡人谋、故杀本律定拟。" | 此条为"同凡"之例,为死系幼小无知而设,亦专指图占财产一事,寻常仇隙并不在内。证明"挟嫌"不别为一项。 |
| 10 | 清嘉庆六年 | 将争夺财产官职、图占财产两条修并为一,其文曰:"若弟、侄年在十岁以下,幼小无知,尊长因图占财产官职挟嫌惨杀毒毙者,悉依凡人谋、故杀律拟斩。" | 此条"因图占财产官职挟嫌惨杀毒毙"一句,实本于旧例"因图占财产辄行惨杀毒毙"之文,只把"辄行"改为"挟嫌"。证明"挟嫌"仍紧接上文,不别为一项。 |

续表

| 序号 | 沿革 | 律例内容 | 说明事项 |
|---|---|---|---|
| 11 | 大清律例 | 功服以下尊长杀死卑幼凡两条。一云："如系图谋卑幼财产杀害卑幼之命，并强盗卑幼资财放火杀人，及图奸谋杀等案，悉照平人谋、故杀律，问拟斩侯，不得依服制宽减。其余寻常亲属相盗，及因图诈、图赖他人财物谋故杀卑幼之案，仍依服制科断。" | 《大清律例》二条并是"同凡"之例，前条专指图产等项，后条专指素无资助、相待刻薄、挟嫌迁怒，而其余案件均不在内。互证参观，则"挟嫌"乃通常之语，不得自为一项，毫无疑义。《秋审条款》谋、故杀期亲以下卑幼各案，所称图诈等项，并在挟嫌范围之内。可见通常挟嫌之案，历来办法不用"同凡"之例，确有明证。此考诸旧例源流，而知"挟嫌"二字不得别为一项。 |
| 12 | 大清律例 | 一云："因其父兄、伯叔素无资助及相待刻薄、挟有夙嫌，将其十岁以下幼小子女、弟侄迁怒故行杀害图泄私愤者，悉照凡人谋、故杀本律拟斩监候，不得仍依服制科断。其挟嫌谋杀卑幼年在十一岁以上，并其会谋、故杀卑幼之案，仍照律拟绞监候。" | |
| 13 | 秋审条款 | 谋、故杀期亲以下卑幼各案，如图诈、图赖、争断、争产、畏累、憎嫌并因钱债、田土、口角细故逞凶残杀或非理欺凌者，俱入情实一条。 | |

### (二) 关联细微，注重逻辑推论

在明晰法律特定概念和专业术语之后，并不能完全化解法律适用依据的选择问题，对一些罪名的准确认识，还要进行关联分析，注重逻辑推论，把握其核心要旨，方能较为透彻地解决问题。而注重条文之间的关联和逻辑，也是传统律学指导司法的一大特色。

以陕派律学家吉同钧的解释技巧为例，从经义、故律、旧律、新律四个层面逐次进行推论，这一论证过程思路清晰、逻辑严密，关联紧促，观点互证，本身就可以视为陕派律学应用于司法实践的一个范例。"查《新订刑律草案》二百九十九条，凡杀人者处死刑、无期徒刑或一等有期徒刑。后附理由云：杀人者死，为古今东西不易之常经，推而至于尊长卑幼，亦复如此区分。又云：凡臣民者，国家之元气也，其生命非父母尊长所得夺，此为欧美各国公认之原则。子孙若无应死之罪，固不待论；即有应死之罪，自有审判官在，非余人所得专擅云云。可见此条，文义非但专指常人，即父母杀子，尊长杀卑幼，亦当如此规定。夫以父之杀子较诸兄之杀弟，其情轻自不待言，然以新律衡之，最轻尚处以有期徒刑，工作十五年。今以兄之杀弟，而仅拟流二千里，折工作六年，已较父之杀子减轻数等，而况所杀者非止一弟，又况所杀者俱系十岁以下无知之幼弟乎？以如此残忍之徒，而不与以缳首之罪，非但与经义不合、古律不合、旧律不合，即衡诸新定之律，而亦轻重倒置也。"[1]不管是新旧对比、中西贯通，抑或经义说明，关联的目的依然在于准确适用法律，这种注重逻辑推理的取向是谙熟律例、司法经验丰富、出身刑部官员的陕派律学家吉同钧的本色。

而吉同钧的平衡之术更将务实于司法审判的高超水平表露无遗。

---

[1] 吉同钧著，闫晓君整理：《乐素堂文集》，法律出版社2014年版，第129—130页。

"定案固当恪守律文,然果情罪重大,亦当酌量从严,俾归允当。在大理院,解释例文照律文改流,虽系罪疑惟轻之义,然施诸挟嫌故杀一命之案则可,即施诸故杀二命而非幼孩者亦可,若赵憘憘一犯,似乎另当别论。夫凡人谋杀十岁幼孩一命尚拟立决,胞弟虽较凡人为轻,然既惨毙二命,虽不能比照凡人拟以立决,似不可拘泥律文,宽其死罪。大理院有解释律例之权,不可不恪守常法,而法部有执行宣告之责,不能不折衷至当。平心而论,此案赵憘憘被杀之二弟,一止七岁,一止五岁,有何干犯得罪之处,而忍心下此毒手,实属灭绝天伦,惨无人理。若不处以死刑,将来工作期满回家,未必不迁怒于其继母,复酿成逆伦之祸。法部议照例文拟绞,原系挟持伦理之意,但彼此既各持一是,似应折中定拟,仍照原议拟绞,从宽酌入秋审缓决,免其实抵,庶几部院两得其平,而按诸古律新律,亦均吻合。"①不从重处理,非但于情理不符,也与法理不合,更是对可能发生"逆伦之祸"的纵容,当务之急,是通过司法来解决问题。这就避免了沈家本诉诸立法修改的拖延性和复杂性,让司法问题归于司法解决,以司法审判的平衡来消弭争议,这种着眼实际的品质是难能可贵的。

### (三)融情于法,增进司法理性

在传统律学的积极作用下,古代司法官员能够综合考量情理法之间的关系,加深对立法原意的领悟,增进对专业术语的理解,强化对法律概念的认识,以实现在清楚判断案情的基础上对律例条文的精准适用,这极大地促进了司法文明的发展特别是司法理性的大幅度提升。因此,"融情于法"的智力支持既源于传统律学对司法经验的总结,也反哺于司法官员法律素养的提高,彰显出中国传统司法文明的

---

① 吉同钧著,闫晓君整理:《乐素堂文集》,法律出版社2014年版,第129—130页。

理性精神与人文光辉[1]。在明清两代的州县大堂上，"天理国法人情"匾额高高悬挂，情理与国法统一，既是中国传统法律文化的重要特征，也是律学领域长期关注的重点。在伦理本位、家族本位及儒家思想的影响下，情理在司法实践中发挥着双刃剑作用，一方面"执法以顺民情"，有利于改善司法冰冷严酷的形象，一方面作为道德衡量标准的情理又结合法律强烈打击不合情理的行为，这两个方面在功能上有异曲同工之妙，都在于增进司法理性。

"故杀胞弟案"的覆核也体现了"融情于法"。法部在通盘给出法律适用理由的前提下，指出"故杀胞弟案"法律适用问题的症结所在——至亲骨肉相残，绝情绝义，一定要从严从重处理。因此推翻陕西巡抚和大理院的判决意见，据理力争本案适用"同凡之例"。法部坚持赵憘憘挟嫌起衅、致毙二弟、过程奇惨、情属义绝的观点，吉同钧予以支持；大理院和修订法律馆对这一细节不做评论，仅针对"挟嫌"本身详细梳理，沈家本则言明本案犯罪主体"期亲"亲属之间的故杀犯罪与"凡人""功服以下"亲属之间在定罪量刑上有所区别，但本案中作为兄长的赵憘憘连杀两个幼弟，"义乖情惨"，不从重论处不能"惩薄俗而厌人心"。所以从立法层面给出了修改例文，另纂"期亲尊长谋、故杀十岁以下弟、侄加重专条"的意见。可见在本案定罪量刑需结合情理的问题上，吉同钧、沈家本的看法具有相似、相通之处。

"故杀胞弟案"考虑之"情"，实际上有别于一般人情，而是伦理之情。这一点，吉同钧在《论新旧律名称宗旨之不同并申言旧律为中国治乱之枢机》一文中阐述得相当透彻。"我中华礼教之邦"，在法律适用方面注重"明刑弼教"，礼教的核心，在于宗法伦理之情理。"礼教刑法"以名分为重，分为"义合"与"天合"。"义合"是针对君臣、师

---

[1] 张晋藩：《中国古代司法文化中的人文与理性》，载《政法论坛》2013年第6期，第7页。

生、官民、夫妇、婢妾雇主而言,"天合"是针对祖父母、父母而下、本宗(五服)、外戚(母族、妻族)而言,凡在名分之内,"以卑犯尊均较凡人加重,以尊犯卑则较凡人减轻"①。这就是传统法律受礼教影响以伦理之情为精粹的真意所在。然而,赵憘憘动机恶劣、手段残忍,杀一人尚可援引服制减轻,杀二人特别是两个正值幼年的同胞弟弟,"灭绝天伦,惨无人理",早已断绝亲情伦理之义,远远超出了常人能够接受以及伦理所能包容的限度。

吸收吉同钧律学智慧的最终判决正是司法理性的体现,一方面,判决死刑顺应礼教情理之义,能"惩薄俗"、得到民心的支持,防范赵憘憘直接以流刑判处,"工作期满,迁怒于其继母,复酿成逆伦之祸";另一方面,秋审时入于"缓决",既照顾了变法修律"改重为轻"的本意和大理院依新律减轻处理的初衷,也给了赵憘憘一个改过自新、透彻醒悟的机会,俟"缓决"期满再根据其表现决定是否执行死刑。所以,在一定程度上,本案也反映了融情于法对司法判决的影响。

### (四)经世致用,突出实践导向

传统律学以经验主义的特色著称,以实用主义为价值取向,针对性强,在总结经验的同时,始终着眼于司法实际。"故杀胞弟案"的覆核与清代的秋审制度关系密切,外省上报的死刑案件,通过秋审方可决定实施死刑或者延缓、减轻以保全囚犯生命。从"故杀胞弟案"的覆核可以看出,法部依据旧律旧例欲置赵憘憘于死地,大理院则依据新修律例欲保全赵憘憘的性命,正当双方水火不容、难解难分之际,沈家本、吉同钧挺身而出,尤以吉同钧的调处意见为最终定谳之支撑。吉同钧运用律学智慧使本案平息争议,正是陕派律学追求"经世致用"、突出实践导向的结果。

---

① 吉同钧著,闫晓君整理:《乐素堂文集》,法律出版社2014年版,第121—122页。

"折中定拟,仍照原议拟绞,从宽酌入秋审缓决",吉同钧的观点并非空穴来风,是有先例作为参考的。清乾隆二十二年的《秋审条款》曾有两条规定:其一,"故杀期功弟侄之案,如因夺产争继,及因图赖、图诈、情节惨忍者,应入情实。其余如系一时触忿及致死为匪之人者,可以缓决。"①其二,"殴死卑幼案件,如系卑幼干犯尊长,训诫反被顶撞,气忿殴毙,并殴死为匪之人者,应入可矜。其余事本理由,伤多情重者,应入缓决"②。对于第一条规定,清人阮葵生认为,"故杀胞弟侄总以案情为断,原律应拟流,后来定例改绞,各有深意。若图谋财产袭职,以致其人绝嗣者,设心残忍,近来尚有改为立决之案,不待秋审。盖骨肉为天属之恩,故国法于卑幼为匪,尊长尚准其相隐;故杀乃人伦之变故,秋审于卑幼故杀尊长不轻予免勾,宜逐案细核情节,不可一概而论"③。

清人谢信斋认为,"尊长之于卑幼,本有亲亲之谊。今因尊长而谋故杀害卑幼之命,未免残忍。盖骨肉为天性之恩,故国法于卑幼为匪,尊长尚准其相隐,故杀乃人伦之变,故秋审于卑幼被杀,尊长不轻予免勾。然其间情节大有轻重,未可一概而论。如尊长谋故杀期亲以下卑幼,果系图诈、图赖、争继、争产、畏累、憎嫌起衅,则是情同陌路,杀由私忿,自应循例拟实。若因钱债、田土、口角细故,逞忿残杀,亦有不便入实者"④。以此比较修订法律馆在梳理律例源流时考证的乾隆元年之例,"故杀期亲弟妹照故杀大功弟妹律拟绞"。或嘉庆六年之例,"尊长因图占财产官职挟嫌惨杀毒毙者,悉依凡人

---

① 王有孚辑:《秋审指掌》,收入《不碍轩读律六种》,清嘉庆十二年刊本,藏中山大学图书馆,第6页。
② 王有孚辑:《秋审指掌》,收入《不碍轩读律六种》,清嘉庆十二年刊本,藏中山大学图书馆,第12页。
③ 阮葵生辑:《秋谳志略》,收入《刑部案牍汇录》,抄本,藏国家图书馆文津分馆。
④ 谢信斋撰:《秋审实缓比较条款》,清光绪十三年京都撷华书局刊本,藏中国人民大学图书馆。

谋、故杀律拟斩"可知清代确实有将"故杀期亲弟妹"的尊长入于秋审"情实",处以绞刑(死刑)的实证。

原因诚如阮葵生、谢信斋所言,不外乎期亲骨肉有至亲之情,尊长故杀卑幼,是断绝人伦、情同陌路、惨无人道之举,违背伦理道德,挑战的是维系整个宗法社会的重要支撑——儒家思想,也是置高于法律、以"亲亲、尊尊"为核心要旨之"礼"于不顾。对此等恩义断绝之尊长,依法处以死刑似乎是理所当然的。乾隆、嘉庆之后,期亲尊长故杀卑幼处死的案例也多有记载,这也是法部固执地主张对赵憘憘处以绞刑的根源所在。但援引新律乃大势所趋,正确之举。关键在于"故杀胞弟案"连杀幼弟二命,残忍至极,连主张新律的沈家本都发出现有之法不足以严惩此等恶劣行径、修改现行法律的呼吁,可知本案的覆核面临着严峻复杂的现实困境。服制有远近之分,秋审有宽严之别。吉同钧从现实出发,将赵憘憘入于秋审"缓决",既支持了法部的死刑判决,也照顾了大理院"改重为轻"的修律诉求,无疑是"经世致用""严谨务实"之律学智慧的直接映现。

### (五)改进立法,呼应时代需求

有清一代,律学著作对立法的影响非常深刻,在《大清律例》中,不乏对沈之奇《大清律辑注》和王明德《读律佩觽》注律成果的吸收,而这些注律成果无不是因时增损、合乎时代及社会发展的需要而修纂的。正因为如此,引入优秀注律成果的律例条文不仅在立法质量上得到长足进步,在司法实践中也更具可操作性。"故杀胞弟案"中,大理院对陕派律学家薛允升《读例存疑》一书的观点引用就体现了陕派律学注律成果在改进立法和司法方面的努力。薛允升虽"有志删修(《大清律例》中的繁重部分)而卒,未逮其时"[1],但修订法律馆编修

---
[1] 吉同钧著,闫晓君整理:《乐素堂文集》,法律出版社2014年版,第118页。

《大清现行律例》"于《读例存疑》之说,采取独多。"可见《读例存疑》对晚清变法修律影响之大。

薛允升之后,吉同钧继承薛氏之衣钵。吉同钧作为陕派律学的重要代表,其律学思想也交融于司法实践之中,特别是吉氏对晚清刑罚严酷,呼吁修订刑律、革除旧弊的认识,引起包括保守派和革新派在内的司法界的共鸣。这些在吉同钧的律学著作多有体现。时人崇芳秋浦氏曾评价吉同钧《乐素堂文集》,"刑法贵持其平,值旧律繁重之时,不妨采用外律减之使轻,值新律宽纵之时,又当援引中律加之使重,轻重加减,皆因时以制其宜。此文在光绪年间,洵为治病良药,若至民国,则如以水救水,益增其病,须合前后各篇参观互证,乃知作者因时补救,合新旧而折其中"。秋浦氏同意吉同钧的观点,认为清末刑法弊端丛生,应该仿效西法之精华,改重为轻;至民国时,因新律"矫枉过正",将中华数千年礼教名分尽数废弃,导致新律推广适用时在内地水土不服,"民人受害无穷",是"因噎废食"之举。所以此时的刑法又应援引中律,补救时弊。"(吉同钧)先生著作多种,惟生平雅不欲以法学自名,故集中略载数篇以存梗概,尝谓秦人钟太华严肃之气,代出法家,长安薛大司寇为其大宗,所著《读例存疑》一书,风行海内,然亦止贯穿古今,若云博通中外,尚须让作者(吉同钧)独出头地,统观各著,始知余言非虚誉也。"①

上述评价从侧面印证了吉同钧谨慎务实、严肃清醒的律例革新思想。如果以民国建立为界,可将吉同钧的律学思想划分为先后两个阶段。聚焦到"故杀胞弟案"中,吉同钧律学思想正处于前期主张革新《大清律例》,删除重罚,改为轻刑,吸纳西方优秀法律因素的时期。这也就不难理解,吉同钧为何将《大清新刑律草案》这一新生事物中的故杀条款作为参照予以考察比较。所以,陕派律学家通过参与司法审判,

---

① 吉同钧著,闫晓君整理:《乐素堂文集》,法律出版社2014年版,第117页。

施展律学智慧，客观上推动了晚清法制的改进，呼应了时代需求。

## 五、云开雾散："故杀胞弟案"的玄机梳理

"故杀胞弟案"从地方初审、中央覆核到最终定谳，其间围绕法律适用问题所展开的律例选择、司法论证、权力斗争、律学博弈，可谓异彩纷呈，亮点频出。整个过程虽不谓纵横捭阖、波诡云翳，能从大气候上影响晚清司法审判的宏观走向，但亦能在新旧交变之际，针对个案处理这一小环境上影响人心，不免给当局者及旁观者以崎岖反复、一波三折之感。中央部院及律学大家的法律论证与解释，使得律学智慧之于本案司法审判的作用展露无遗。而本案艰难定谳背后暗藏的重重玄机，也值得认真探微。

### （一）直接动因：审判独立引发的部院之争

光绪三十二年（1906）九月二十日，内阁奉上谕，"刑部著改为法部，专任司法；大理寺著改为大理院，专掌审判"[①]。这一上谕的发布，直接拉开了晚清司法改革的序幕，也从制度建设层面宣告了顺应近代法制发展潮流的中央最高专门审判机关的诞生。大理院的设立，同时具有破旧与立新双重意义。一方面，大理院的"横空出世"打破了自周秦汉唐以来行政权一统天下的政治局面，使最高审判权在顶层制度架构中获得一席之地，为司法权和审判权高度集中于刑部的传统中央司法体制画上了句号；另一方面，开启了中国法制史上一次划时代且具有深远影响的关键性制度变革，"审判独立"自此深深烙在中国政治改革的历史进程当

---

[①] 上海商务印书馆编译所编纂，刘秀清、孟祥沛、汪世荣点校：《大清新法令》（点校本）第一卷，商务印书馆2010年版，第377页。

中，尽管大理院历经"最高法院""最高人民法院"等名称上的变化，但是，"审判独立"原则在中国顶层政治体制建构的具体实践中影响至今。

大理院成立之后，司法权限的获取并非一帆风顺，其"独立审判"权的掌握经历了一番与法部较量争取的过程。仅以部院奏折为例，光绪三十二年（1906）十月二十七日，《大理院奏审判权厘定办法折》奉旨施行，"至京外一切大辟重案，均分报法部及大理院，由大理院现行判定，再送法部覆核，此大理院之权限也"①。同年颁行的《大理院审判编制法》明确了大理院对"终审案件"的审判职责②。光绪三十三年（1907）四月初三日，法部在《酌拟司法权限折并清单》中对"司法行政权"一分为二，详细介绍，提出应通过法部对大理院的审判权进行监督。所列《司法权限清单》中奏明外省所报死刑案件，由大理院覆核，后送法部核定，"即由法部具折覆奏"；法部认为如出现"情罪未协"的情况，"仍咨大理院驳正"③。

随后，大理院依照军机处要求呈递《谨就司法权限酌加厘定折并清单》，针对法部的清单条文提出"大理院自定死刑之案"，如送法部核定，有司法权干涉裁判权之嫌，不能支持，另拟"通融办法"；外省上报死刑案件，同意法部要求，不过需要将大理院"供勘到后十日"咨送法部改为二十日④。由于部院各自主张的

---

① 上海商务印书馆编译所编纂，刘秀清、孟祥沛、汪世荣点校：《大清新法令》（点校本），第一卷，商务印书馆2010年版，第378页。
② 上海商务印书馆编译所编纂，刘秀清、孟祥沛、汪世荣点校：《大清新法令》（点校本），第一卷，商务印书馆2010年版，第382页。
③ 上海商务印书馆编译所编纂，刘秀清、孟祥沛、汪世荣点校：《大清新法令》（点校本），第一卷，商务印书馆2010年版，第368—371页。
④ 上海商务印书馆编译所编纂，刘秀清、孟祥沛、汪世荣点校：《大清新法令》（点校本），第一卷，商务印书馆2010年版，第371—375页。

权限相差较大，军机处奉旨要求法部和大理院"和衷商办，不准各执意见"。光绪三十三年(1907)四月二十日，法部、大理院会奏《遵旨和衷妥议部院权限折并清单》，对部院争议之处逐一议定，死刑案件的复核基本支持了大理院的主张，但外省上报死刑案件的基本覆核程序仍为"分别咨送部院，听候大理院覆判，法部核定"①。经过这一回合的博弈，"审判独立"之后大理院和法部在刑事案件复核权上的关系在章程文本层面正式确定。

而实际操作中，"故杀胞弟案"的覆核正好在部院厘定权限之后，法部面对大权旁落，原本一家独大的格局今非昔比，自然心有不甘，借核定本案之机使绊，不屈不挠，企图力压大理院之气势；大理院则大权在握，春风得意，明知审判权独立是潮流所驱且来之不易，自然与法部针锋相对。因此，才上演了一出"故杀胞弟案"曲折反复的覆核大戏，关于法律依据的选择实质是部院之间的权力之争。

### (二)制度优势：死刑覆核制度的变与不变

清代的死刑覆核制度，与唐、宋、元、明等朝一脉相承，地方对死刑犯没有终审权，死刑的决定权由中央掌握。晚清法制改革对死刑覆核制度的影响是随着部院审判权属的转移而变化的，但整体而言仍没有突破清代固有死刑覆核程序的制度设计，这也是不变所在。

其一，死刑覆核制度变化在于，死刑覆核打破了明清以来刑部独大的格局，恢复了唐代大理寺主要负责审判和死刑覆核的职

---

① 上海商务印书馆编译所编纂，刘秀清、孟祥沛、汪世荣点校：《大清新法令》(点校本)第一卷，商务印书馆2010年版，第375—376页。

能，且大理院之于大理寺的地位和作用大幅提升，不可同日而语。光绪三十二年（1906）十月初四日，大理院会同法部尚书戴鸿慈等上奏，以司法改革虽已进行，部院分立大势所趋，但大理院成立尚需时日，审判权的独立行使缺乏条件为由，主张"所有现审案件"暂时由法部照常办理，等三个月后大理院建制完备，根据情况再正式交接审判权。权力虽未交接完毕，制度建设却在争分夺秒加速进行。不久，大理院又提出"仰承明诏，以臣院专司审判，与法部截然分离"，应该将审判权进一步划分。如裁判权的权限范围、审级制度都应划分明确，以便同国际接轨，"合各国宪政之制度"。光绪三十二年（1906），《大理院审判编制法》出台，第二十二条明文规定大理院对"终审案件等"有审判责任。① 可知"故杀胞弟案"的覆核程序（死刑案件终审权在大理院）符合这一时期的法定要求。

其二，死刑覆核制度之不变在于，地方仍无死刑终审权，死刑覆核"地方—中央"式的纵向流程没有改变。本案从地方到中央的逐级审转覆核即是明证。清代死刑案件，因涉及人犯的生杀予夺，覆核常与被誉为"国家大典"的秋审制度相关联。《大清律例》规定了秋审的程序及秋审之后"情实、缓决、可矜、留养承嗣"四种处理结果。具体程序，宋北平教授进行了详细考证，本文予以支持：秋审与其他制度、条款的产生及演变一样，经历了一个由简单初创到发展定型再到完备成熟的过程。"复审"和"执行"共同组成了清代秋审程序的完备阶段，特别是"复审"，是秋审的主要程序和核心内容。"复审"经历了"地方督抚直接复

---

① 上海商务印书馆编译所编纂，刘秀清、孟祥沛、汪世荣点校：《大清新法令》（点校本）第一卷，商务印书馆2010年版，第382页。

审——中央九卿二次复审—皇帝三次复审"共三个阶段九个步骤，尤其是"中央九卿二次复审"时，需经历"第一步刑部司议，第二步刑部堂议，第三部九卿会审"三个步骤①。秋审程序流程详见下图1②，而"故杀胞弟案"的覆核程序见图2：

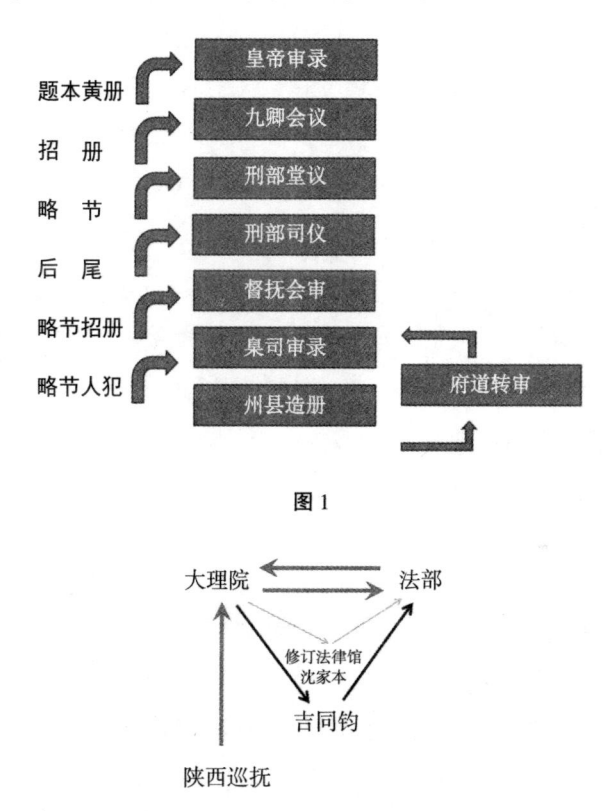

**图1**

**图2 "故杀胞弟案"覆核程序简图**

---

① 宋北平：《秋审条款源流考》，杨一凡主编：《中国法制史考证续编》第十一册，社会科学文献出版社2009年版，第46—47页。
② 本图在制作时参考宋北平教授研究成果。见于宋北平：《秋审条款源流考》，杨一凡主编：《中国法制史考证续编》第十一册，社会科学文献出版社2009年版，第90页。

看似纷繁复杂的死刑覆核程序，将死刑案件的终审权牢牢把握在中央手中，中央部院可以对人犯的死刑判决相互核查，直至皇帝的最后批准，不仅是百姓生杀大权由国家掌握的主要反映，也体现了中央权力对地方司法权的监督，同时是中国传统法律文化中"以人为本，明德慎罚"和"慎重人命"、恤刑等优秀特征的集中表现，彰显了中国传统法律文化的人文精神。[1] 毋庸置疑，死刑覆核制度反映出中华法系在制度建设方面的独特优势。《大清现行刑律》继承并发展了《大清律例》的死刑覆核程序，所以本案中央对地方判决意见的否决和部院之间围绕死刑判决的争执有着深厚的现实背景。本案死刑覆核的表象是基于司法权独立、西方分权体制的引入、政体的近代化引发的部院之争，实质仍呈现出国家在制度设计层面加强中央对地方司法权的约束监督及对死刑的慎重和人命的重视。

### （三）重要推手：《大清现行刑律》的颁布与律例关系的整合

本案中，律例关系主要通过两种方式体现出来，一是对《大清律例》中旧例的比对及其历史沿革的梳理，二是对变法修律过程中新修律例即《大清现行刑律》的参考，出现了"援例而不援律"或"援律而不援例"的情况。简要总结，即可发现从地方到中央，从司法衙门到律学大家，各自选择的律例依据是不同的。同样针对"故杀胞弟案"，陕西巡抚主张根据《大清律例》"故杀期亲弟照故杀大功弟律"，大理院主张根据《大清现行刑律》"期亲兄故杀弟律"，法部主张根据《现行例》"图产故杀胞弟例"，法律馆主张同

---

[1] 张晋藩：《论中国古代司法文化中的人文精神》，载《法商研究》2013年第2期，第158页。

大理院，沈家本支持大理院和法律馆的主张，吉同钧则支持法部的主张。

之所以出现如此众说纷纭、让人眼花缭乱的情况，和清代律例关系在发展过程中律例条文之间特别是例文之间的紧张、冲突与平衡密不可分。所以本案的律例关系凝聚了两个值得重视的焦点：其一，律和例在司法审判中如何适用，有无先后顺序？其二，新修律例的优先适用情况，抑或晚清变法中新律颁布之后对旧有律例秩序的冲击如何体现？表面上，律例适用顺序早有规定，即律为主导，优先适用；而新修律例自然优于旧法。实际情况远非期待中简单易行。

明太祖有言，法令是防民之具和辅治之术，"有经有权"，律为定罪量刑之"常经"，条例为"一时之权宜"①，立例以辅律。薛允升也提出律"法铨也"，例是"律之辅也"，二者共同组成"圣王弼教为治之大典"②。清代以律例作为两种基本的法律形式，在明代的基础上沿革发展，经过一百多年相继制定《大清律》《大清律附例集解》《大清律例》，"例入于律，赋予例稳定性特征"③，清代的法典体例终于成型，这个过程实现了律例的合璧，例的作用也越来越突出。乾隆五年，新修《大清律例》"刊印中外，永远遵行"，明确要求律文作为祖宗成法，不再修改。因而修例成为乾隆之后清代中央政府立法的主要途径，律文不能修改，例文则是五年一小修、十年一大修，例文在立法和司法中的实际地位甚至重于律文，"舍律用例""有例则不用律"逐渐成为刑官共识。例频

---

① 吕本等辑：《明太祖宝训》卷三，国家图书馆藏明万历三十年秣陵周氏大有堂刊《新锲官板皇明宝训》本。
② 薛允升：《唐明律合编》，中国书店2010年版，第13页。
③ 汪世荣：《中国古代判例研究》，中国政法大学出版社1997年版，第172页。

繁产生，方式多样①，"以案生例"就是广受追捧的一种，本案中乾隆、嘉庆例文的修订冲突，甚至影响到人犯的生杀存亡。针对同一犯罪事实，各级官员对例文的理解混乱时有发生，薛允升《读例存疑》也是在律例关系难以调和、为防止问刑官员"援引舛错"、胥吏"因缘为奸"的背景下产生。②

清末变法修律，律的主体地位和功能得到恢复，但《大清现行刑律》颁布之际，对例的使用惯性依然顽强。特别是《大清现行刑律》从颁行到普及适用需要时间和过程，各省对《大清律例》仍普遍坚持。本案中，作为法律依据出处的《大清律例》《大清现行刑律》《大清新刑律》辗转登场，热闹无比，其实《大清现行刑律》才是无可争辩的主角，然而，《大清现行刑律》转瞬即逝，从正式颁行到被《大清新刑律》取代不足半年，可谓来也匆匆，去也匆匆。作为过渡，《大清现行刑律》明显是被忽视的，实质作用的发挥大受影响。本案的判决虽最终依据《现行例》，但明显带有《大清律例》的影子，这也在一定程度上体现《大清现行刑律》以及颁行之后司法适用的局限性。吉同钧关于新律草案的比较分析，说明替代生命短暂之《大清现行刑律》的《大清新刑律》已经喷薄欲出了。律例关系随着传统法典体例的解体与新式法律体系的建立，终会厘清。

(四) 中西合璧: "援法定罪"原则的价值

本案的最终定谳，和中央部院对"援法定罪"原则的坚持密不

---

① 例的产生方式，明代有"因律起例""因例生例"的传统，见[清]张廷玉等撰：《明史》卷九三《刑法志》，中华书局1974年版，第2279页。清代在延续明代生例的基础上，又有"一事设一例""一省一地方专一例""因此例生彼例"等方式，以至于出现"有例不用律""以例破律""律多成虚文"的情况。见赵尔巽等撰：《清史稿》卷一四二《刑法一》，中华书局1996年版，第4186页。
② 薛允升著，黄静嘉编校：《读例存疑重刊本》，成文出版社1970年版，第67页。

可分，对本案的死刑覆核特别是法律适用问题，尽管部院的方法、视角及法律意见截然不同，但整个过程基本上是在"援法定罪"原则的指导下稳步进行的。"援法定罪"是中国传统法律文化的基本特征之一，也是指导司法审判的主要原则。这一原则自公布成文法起就经历着与"类推擅断"的斗争，并贯穿于传统法制整个过程。

经过秦汉时期的定罪量刑"皆有法式"，到晋代刘颂奏疏"律法断罪，皆当以法律令正文"及律典的明文规定，"援法定罪"在法学理论与制度层面取得重要成就。《唐律疏议》的规定使"援法定罪"原则得到了立法层面最经典、简明、权威的概况："诸断罪皆须具引律、令、格、式正文，违者笞三十。若数事共条，止引所犯罪者，听。"[1]此后，"援法定罪"的原则随着司法活动的规范化更加深入人心，对防范和遏制官员断罪科刑"随意发挥"、严肃司法官责任制和维护帝制时期的法律秩序影响极大，"表现出一定的罪刑法定主义倾向"[2]，为后世王朝特别是明清两朝的立法所沿用。《大清律例·断狱·断狱下》"断罪引律令"条"凡断罪，皆须具引律例，违者，笞三十"[3]的规定，即是对唐、明律典的承袭。以薛允升、赵舒翘、吉同钧、沈家本为代表的陕派律学家在刑部及地方处理刑案时，尤其强调"援法定罪"的司法原则。如薛允升任职刑部期间，不仅"凡所定谳，案法随科，人莫能增损一字。长官信仗之，有大狱辄以相嘱"[4]。

《清史稿·薛允升传》《清史列传·薛允升传》记载了薛允升

---

[1] 刘俊文：《唐律疏议笺解》，中华书局1996年版，第2063页。
[2] 刘俊文：《唐律疏议笺解》，中华书局1996年版，第2063页。
[3] 田涛、郑秦点校：《大清律例》，法律出版社1998年版，第595页。
[4] 王钟翰点校：《清史列传·薛允升传》卷六一，中华书局2006年版，第4811页。

平生审理的五个典型案件，分别是"王宏罄遭刑逼诬告案""江宁三牌楼周五谋杀朱彪致绍棕、曲学如遭诬告案"[①]"太监李苌材、张受山构众击杀捕者案""洛阳知县王道隆非法拷讯民人李延勇致死案""郑州民女蒲爱妮扣阍代兄鸣冤案"[②]，这些案件在道德品性端方、司法经验丰富、审判技术高超、律学素养精湛的薛允升手中，皆严格适用《大清律例》条文，平反昭雪。以"太监李苌材、张受山构众击杀捕者案"为例，光绪二十二年（1896），薛允升拟援引光棍例严办太监李苌材、张受山，总管太监李莲英企图为二人开脱死罪，乞恩慈禧太后，慈禧太后敕令刑部重新奏议。薛允升援引"本朝康熙年间上谕重惩太监犯罪的家法"、《大清律例》以及最初审案所奉皇帝谕旨，据法力争，说明李苌材等一案不能迁就定谳，而应按原拟严惩。疏上，再遭驳回。李莲英暗地请人劝说薛允升减轻刑罚，"允升不为动"。随后薛允升重新上奏，以依法区别对待的原则主张"处斩张受山"，李苌材伤人未死，"减为斩监候"[③]。可见薛允升对"援法定罪"原则的坚持，事后薛允升因此得罪西太后和李莲英，遭弹劾去职，此为后话。

对"援法定罪"的坚守更是承薛允升律学衣钵的赵舒翘、吉同钧、沈家本等律学大家的共性。尽管变法修律中吉同钧、沈家本二人立场不同，旨趣各异，但其处理"故杀胞弟案"所援引的皆是律例正文，所争议的也是文本本身。虽然"援法定罪"原则在中国传统社会的司法实践中受到"类推擅断"及其他因素的冲击，但其

---

[①] "江宁三牌楼案"与"王树文案"都曾经薛允升之手，与杨乃武案、杨月楼案、本案并称晚清四大冤案。"王树文案"另记载入《清史列传·赵舒翘传》。见徐忠明、杜金：《谁是真凶——清代命案的政治法律分析》，广西师范大学出版社2015年版，第192页。
[②] 分别参见赵尔巽等撰：《清史稿·薛允升传》卷四四二，中华书局1977年，第12427页；王钟翰点校：《清史列传·薛允升传》卷六一，中华书局2006年版，第4811—4812页。
[③] 赵尔巽等撰：《清史稿·薛允升传》卷四四二，中华书局1977年，第12427页。

在客观方面促进了司法审判申明冤情、公平判决和慎重人命，与西方"罪刑法定"原则有着相同的司法追求，是中国传统法制中的能够贯穿古今也顺应变法修律趋新潮流的"民主性因素"，可谓中西方定罪量刑的共同价值，不仅直接促成了"故杀胞弟案"法律适用问题的最终解决，对今天的司法审判也有着极其重要的借鉴价值。

(五)压轴之力：吉同钧律学旨趣的趋新

以往学界的研究误区在于，吉同钧作为"传统法律的守夜人"，似乎更专注于中国传统文化，对西方先进理念迟迟不能接受；沈家本作为"现代法制的奠基者"，代表新的文化与知识构成，似乎在律学旨趣上与吉同钧截然对立。实际上，吉同钧、沈家本二人同为谙熟中西学问的通才，立场的差别并不能偏颇地认为二人在学识结构方面对中国传统文化及西方文化存在缺失，恰恰相反，"故杀胞弟案"的法律依据选择也凸显出二人在律学旨趣方面的趋同，特别是二人对革新律例有同样的认识。

吉同钧和沈家本的律学素养经历了复杂的形成过程。吉同钧、沈家本二人皆是满腹经纶的饱学之士，皆是在晚清变法修律中发挥重要作用的法律专家。本案的发生及审结尚处于晚清法制重大转折的过渡时期，其司法审判仍深深烙有中国传统司法的鲜明印记。因此，传统的知识体系是否被熟悉和掌握，决定着吉同钧、沈家本二人能否对本案进行符合当时社会需要而且能够得到普遍认可的话语交流。吉同钧、沈家本二人皆为进士出身，吉同钧为光绪十六年(1891)进士，沈家本为光绪九年(1883)进士。进士身份意味着，二人不仅接受过良好的、正统的、体现传统儒家思想的人文教育，而且都是传统教育体制中的佼佼者。加之二人长期任职刑部，又勤奋好学，对唐宋元明清诸律融会贯通，律学素养极高，吉同钧有《大清律例讲义》《大清现行刑律讲义》《秋审条款讲义》《审判要略》《西曹公牍》等书相继问世，沈家本也有《历代刑法考》《汉律摭遗》《寄簃文存》《明律目笺》等书陆续刊行。

吉同钧非但不反对变法修律，还曾撰写《上刑部长官减轻刑法书》，于刑部之内最先发出呼吁删除重法之声。《论旧律与新刑律草案、中律与外律可并行不悖》一文则从"因地而异""因人而异""因时而异"三个方面分析了"刑法之用"，为其修订刑法的主张提供理论依据。进而提出《大清律》是"历代相传之法典"，合乎天理与人情，有着根深蒂固的历史、文化及现实基础，《大清律》适用于"中华礼教之民"，与外国法律相比，犹如"习惯法"和"普通法"；《大清新刑律草案》的制定，目的在于收回治外法权、办理"华洋交涉之案"，其地位及作用犹如外国法律中的"特别法"和"成文法"。司法审判类似医生治病，"医家之用药，寒热燥湿，因人而施"。审理"华洋交涉之案"，可援引《大清新刑律草案》，好比用人参"附治实热之证"，颇有疗效；如果审理内地民众"骤用草案之法"，恰似以"硝黄治虚寒之人"，适得其反。加之《大清律例》与儒家经义相伴相生，《大清新刑律草案》与宪政宪法相为附丽，国家制度步入改革不久，"经义"之治尚未终结，"宪法"之治尚未成型，过渡期间，"新旧交讧"，不可骤然强制推行新法。吉同钧进一步提出，旧律与新刑律草案二者皆不可偏废，在新的政治体制建立之前，国人可适用《大清律》，租界等华洋杂处之地可适用《大清新刑律草案》，待数十年后"宪法完备之时"，完全适用《大清新刑律草案》。

以上论述可以得知，吉同钧并非不支持变法革新之人，而是谨慎、变通、务实地针对法律适用问题提出了自己的看法。法部尚书、大学士戴鸿慈评论此文，"（吉同钧）审时度势，虽变而不离宗"，是一篇旧学和新学同等对待、客观合理的"有功世道"之文①。所以，吉同钧、沈家本二人深谙中国传统法律文化之精髓，在中西法律文化开始接触、碰撞与融合的时代背景下对传统律学及司法智慧都有极其深厚的感情，这离不开有革新精神的"传统律学的集大成者"薛允升的启发，也归功于他们对晚清变革时期国情的精准把握。也正因为吉同钧"性情耿直""精于律学""深明大理"，支持变法修律，所以在部院争权、大理院力压法部之际，临危受命，被法部委以重任，"专核大理院稿件，据法斥驳数十起，均经遵驳更正"②。"故杀胞弟案"亦发生于这段不同寻常的时间中，吉同钧折冲樽俎、根据本案乃内地民众所犯案件适用《大清律例》，调停周旋，终于平息争议，使各方心悦诚服。这与吉同钧主张刑法要因时而变、顺势而为的革新思想是密不可分的。

总括上述，"故杀胞弟案"是陕派律学家在刑部、法部等中央司法衙门长达四十余年的任职生涯中办理的一起普通刑事案件，却因两个特殊因素成为本章问题意识的来源与写作的核心，亦成为本部分论证的重点。

一是"故杀胞弟案"的覆核正值晚清变法修律中《大清现行刑律》颁行之际，对还原当时新修法律的司法适用有特殊价值。纵观中国古代的法律制定与实施情况，历来立法因时而变，大多新法因体现官方意志、迎合社会需要受到广泛欢迎。但晚清变法修律并未像《唐律疏议》《大明律》《大清律例》那样顺利地享受"辞旧迎新"的礼遇，而是在西方法律文明的强势影响下，在尚未形成

---

① 吉同钧著，闫晓君整理：《乐素堂文集》，法律出版社2014年版，第131—132页。
② 吉同钧著，闫晓君整理：《乐素堂文集》，法律出版社2014年版，第116页。

近代法律适用根基的中华故土上被迫发生。如果说以往自唐、宋、元、明、清诸朝相继进行的立法工作，是在以小农经济为基础的社会结构不变、以儒家思想为主流的文化背景不变、以君主专制为重心的政治体制不变的情况下进行的；那么变法修律则是古老中国应对"数千年未有之变局"，以破旧立新的勇气，力排举国上下固守传统文明之议，接受西方近代文明特别是法治文明的必由之举。改革从来不能一蹴而就，所以尽管是与《大清律例》在宗旨、内容、架构方面大同小异的《大清现行刑律》，也不免被质以"新事物"的嫌疑，受到当时司法官员的抵触；更为致命的是，《大清现行刑律》一经颁布，尚未深入推广，就被全新的、代表近代法治文明精髓的《大清新刑律》所取代。所以"故杀胞弟案"的研究利于探索和填补《大清现行刑律》的司法实践空白，事实证明，本案曲折的覆核、定谳过程确实受到《大清现行刑律》的影响，不啻为《大清现行刑律》极为短暂的通行时间内适用于司法实践的例证。

二是"故杀胞弟案"案件材料的发现与挖掘，源于陕派律学家吉同钧、沈家本的律学著作，该案的最终定谳，也源自陕派律学家的睿智调和，研究"故杀胞弟案"对重现陕派律学的司法贡献有着特殊功能。陕派律学在晚清同治、光绪、宣统年间的司法领域发挥了极为重要的作用，陕派律学的学术晶核皆来自薛允升、赵舒翘、吉同钧、沈家本等人对成文法典的精辟理解和司法审判的经验总结，也反馈于律学家们的立法、司法工作，可谓贡献巨大。之前学界对陕派律学家的司法贡献的研究尚在起步阶段，本文尝试通过个案分析为这一领域的深入推进贡献微薄之力。从"故杀胞弟案"的覆核过程中，我们不仅看到了陕派律学家在"考镜源流，明晰概念术语""关联细微，注重逻辑推论""融情于法，增进司法理性""经世致用，突出实践导向""改进立法，呼应时代需求"等五个方面的司法智慧；看到了陕派律学家如何周旋于意见相左的法部、大理院之间，从与本案相关的"服制原则""律例关系"等关键问题入手，解释概念术语，论证修律精神，选择法律依据，调和部院争议；看到了陕派律学家对传统法律文化的谙熟与精通，以及透过司法个案对传统法律文化表现出的深厚感情。而陕派律学的司法贡献远不限于此案，也不限于历史，对今天的司法工作也有着重要启示。如启发着法官在审判过程中对法律依据斟词酌句，不为其烦，准确理解，避免因法律条文特别是概念术语的理解问题导致冤假错案的发生；也启发着掌握最高审判权的最高人民法院、最高法律监督权的最高人民检察院，在针对具体案件出现法律依据不足、条文冲突等问题需要进一步解释说明时，应该全面系统地从立法原意、法律原则、法律内容及现实需要等因素入手，运用高超的智慧和技术制定司法解释，促进立法工作与司法实践相辅相成，从而推动中华优秀传统法律文化在司法制度的运行与完善中实现传承和转化。

# 结 语

作为中国古代法学特殊形态的律学，经过两千多年的发展而历久不衰，对中华法系的完善与司法文明的繁荣发挥了积极的推动作用。律学观念、术语及解释伴随着法律的制定、适用和解读而产生和改进，是中国传统法律话语体系的重要内容。数量众多的律学著作在各个历史时期虽形成了不同的风格，但都立足实际，因时损益，基本精神一脉相承，律注内容纤细备至，注释方法丰富灵活，学说争鸣蔚为大观。中国古代律学著作所取得的成就，既可以与以罗马法学为代表的西方法学相媲美，更成为中国古代法学高度发达的标志。陕派律学是各家纷呈、成果斐然的清代律学的最后流派，也是中国传统律学的殿后者，因而，一部陕派律学家的兴盛史，也是传统律学最后辉煌的生动再现。同时，"在法律人眼里，法家(律学家)是有底线的伦理家、沉郁的文章家、有规则概念的循良之吏，相应地，他们才是更应受尊敬、受欣赏、受推重的人群"[1]。无论是薛允升、赵舒翘、吉同钧三人的为官经历、治律历程，还是他们对立法、司法的影响，均证实了这一论断。所以，陕派律学家的法律改革思想和律学著述，承载

---

[1] 霍存福：《古木含新绿，仙葩吐旧枝——读闫晓君教授〈陕派律学家事迹纪年考证〉》，载《法治现代化研究》2020年第5期，第46页。

着中国传统律学向近代法学转型前的基本形态、发展规律和主要特色，其中交织着智慧与经验，也叙述着教训与警醒，为我们科学审视中华法文化、重新认识中国传统律学、认真对待法治的本土资源提供了有益的窗口和资料支撑。

陕派律学历同治、光绪、宣统三朝，活跃于晚清刑部四十余年，其间历经变法修律、官制改革、辛亥鼎革等重大事件，不仅在律学论著和司法审判中积累了宝贵经验，形成了《读例存疑》《汉律辑存》《唐明律合编》《提牢备考》等律学硕果；在晚清新律制定与法律教育中也发挥了不容小觑的影响，既促使体例和内容较《大清律例》大有进步的《大清现行刑律》顺利编撰和颁行，也随着《大清律讲义》《大清现行刑律讲义》等的推出将新旧法律比较、中西法律比较注入传统律学，使其在法律教育中大放异彩。值得注意的是，陕派律学的奠基人薛允升、中坚力量赵舒翘、殿后人吉同钧在律学著述上各有成就，但因所处时代剧烈变革及在刑部任职际遇的差别，三人的法律改革思想既有传承，又有发展。

作为中国古代最后的律学流派，陕派律学并不只是着眼于现行律例的注释、辨析和考证，也不满足于条文背后义理的阐发，而是立足晚清的司法实践，积极总结司法经验，尝试通过著书立说的方式表达改革《大清律例》等国家基本法律或执法、司法规范的意图，从薛允升、赵舒翘到吉同钧，莫不如此，陕派律学家法律改革思想异中有同，均体现出传统律学在改善司法、促进立法方面的自觉与作为，具体体现如下：

1. 都体现出强烈的礼本刑用的儒家政刑观；
2. 都坚持法与时转则治的立法基本规律；
3. 都主张恤刑慎杀、重视人命的刑罚观；
4. 都主张天理、国法、人情相结合的司法观。

陕派律学家因其任职经历、个人际遇、关注领域的不同，在法律改革思想上也有所差异。集中为：

1. 薛允升借古律及现行各部院律例研究呼吁立法之更新。薛允升在陕派律学中，对古律特别是唐明律的研究最为精深，与此同时，对于《大清律例》与各部院则例如《户部则例》等部门法规的关系等，也颇有见解。其法律改革思想正是从这两方面产生并体现的。一方面，在《唐明律合编》中，薛允升从前朝最具代表性的唐明律入手，以古鉴今，评价《大清律例》的得失。另一方面，在《读例存疑》中，薛允升从现行各部院则例如《户部则例》《吏部则例》《吏部处分则例》《兵部则例(中枢政考)》，甚至前朝《问刑则例》等法规与《大清律例》的比较出发，丰富对《大清律例》条文源流的认识，提出修订《大清律例》相关条款的建议，并在卷首"自序"中申明心意："朝廷功令，凡条例之应增应减者，五年小修一次，十年及数十年大修一次，历经遵办在案。同治九年修例时，余亦滥厕其间，然不过遵照前次小修成法，于钦奉谕旨及内外臣工所奏准者，依类编入，其旧例仍存而弗论。自时厥后，不特未大修也，即小修亦迄未举行。廿年以来，耿耿于怀，屡欲将素所记注者汇为一编，以备大修之用。甫有头绪，而余又不在其位矣。然，此志犹未已也。后有任修例之责者，以是编为孤竹之老马也可。"

2. 赵舒翘主要着眼于狱政法律的健全与实施。在陕派律学家中，赵舒翘是比较特殊的一位。在为官经历上，与薛允升深耕刑部、官至刑部尚书相比，赵舒翘亦发迹于刑部，但官运亨通，有后来居上之势，不仅担任刑部尚书，而且任总理各国事务衙门大臣和军机大臣，可谓位极人臣；后起之秀吉同钧则比薛允升、赵舒翘升迁要慢，赵舒翘的军机大臣一职更为吉氏遥不可及。在律学著述上，薛允升、赵舒翘、吉同钧均精通律义，有经典著述传世，但薛允升、吉同钧长于《大清律例》的注释与解读，而赵舒翘长于狱政法规的稽考和阐发。

因此,赵舒翘的法律改革思想也集中体现在狱政改革上。一方面,民以食为天,狱政管理亦以囚粮为要,赵舒翘首先关注囚粮的管理与发放,以示对传统儒家人本主义的遵循及狱政管理的规范化。另一方面,有规矩方成方圆,狱政管理必须遵循一定的法律法规。面对晚清风雨飘摇的政局和"满目疮痍"的政治形势,赵舒翘深感光阴易逝,补救无方,但仍专注于本职工作,通过著书立说和规范狱政管理为晚清官场带来一丝生气。他在《条例考》的最后表明心迹:"意外风波,自天主之;当前职分,自我主之。自问不作刻薄事,得失应听之于天。疮痍满目,患拯救之无方。一年光阴,又倏忽而易逝,何必以有用心力,戚戚于不可知之事哉。"天有不测风云,非人力所能主宰。但管理监狱的事务,全凭自己做主。这些务实的论说,使陕派律学的理性风格更加彰显。

3. 吉同钧以贯通古今中外的视野加深对法制改革的认识。与薛允升、赵舒翘仅着眼于中国古代纵向比较的律学视野不同,吉同钧处于中西法文化激烈碰撞、西方法文化大肆输入的晚清变法修律之际,其观察、注释、解读和研究法律的角度以及改革法律的方法、立场均出现了重大变化,即从贯通古今中外的视野不断深化对法制改革的认识。其一,从古今中外法律制定的角度,说明法律须与时变通但须符合国情的客观规律。其二,从古今中外法理的异同,阐明法律改革须符合各国历史及国体等国情因素。其三,在具体条文的解读上,吉同钧也恪遵古今中外横纵比较相结合的方法,说明法律应改革或必须坚守之处。其四,为了表达对旧律精粹的坚守以及对新律的接受,吉同钧提出了折中的办法,即在司法实践中,"旧律与新刑律草案、中律与外律可并行不悖"。吉氏从立法、司法当"因地而异""因人而异""因时而异"三个角度说明新旧有别、中外有别,但又不乏可以衔接、共存之处。

由于清王朝的覆亡和中华法系的解体，《大清律例》退出历史舞台，传统律学失去了赖以依附的基础，于是，陕派律学不可避免地步入终结之路。这是与律学家们的见识和立场紧密相关的。自薛允升始，陕派律学家无不以改革律例、完善立法为己任，但这种改革是儒家思想指导下的局部修补，礼本刑用、德主刑辅、宗法伦常、家族本位等仍是核心要义；虽然吉同钧已经尝试在中外比较的前提下分析、评论中国法律的优劣，但其最终没有同沈家本一道，致力于创建新的法律体系和符合时代进步潮流的法律学说；辛亥革命后的吉同钧，更以前清旧臣自居，不时流露出对传统法律的留恋，表达对在社会性质尚未完全扭转的中华故土上骤然嫁接、移植西方法文化及新式法律的忧虑与不满，以致在目睹民国初期军阀割据、政局动荡、法纪荡然的乱局之后更加坚守以纲常伦理为精粹的传统法律观念。这种观点在当时具有一定的代表性和合理性，但就社会发展大势而言，无疑又是滞后和古板的。只关注眼前帝制国情下的法律适用，未曾放眼于更为长远、更具进步意义的共和制下法律的发展，这种认识上的局限和保守，是陕派律学乃至清代律学走向没落的根本原因。

不过，陕派律学并不因清代的覆亡而彻底失去影响。民国建立后，对前清颁布的新律继续适用，由于《大清民律草案》并未公布，故刑事案件一律遵《大清新刑律》，民事案件则依照《大清现行刑律》中的民事部分，时人亦称之为"《现行律》民事有效部分"。为便于《现行律》民事有效部分的适用，民国时期出现了不少专门解释性著述，与陕派律学最相关者莫过于史文编著的《〈现行律〉集解》（又称：《最新〈现行律〉集解》，上海共和书局1919年版），该书在每一律例条文之后，几乎都附有吉同钧《大清现行刑律讲义》的原文，称为"笺释"，史氏还根据民国司法实际的需要，对律例发出新论，即"余论"。"笺释"与新论同为民国初期办理民事案件的参考，这一现象持续到1929

年《中华民国民法》颁布才告一段落。

总之，陕派律学是清代律学的集成与终结。受到种种因素的影响，陕派律学并未成功转型为近代法学，其中既有以吉同钧为代表的后期陕派律学家思想的保守与固化，也有骤然模范西法之后法律、法学与国情脱节的现实环境的掣肘。虽然陕派律学随中华法系的解体而谢幕，但其中所蕴含的彰显中华司法文明底蕴的理性因素仍发挥着重要的史鉴价值。譬如，在追求司法公正的案件复审中，律学家们坚持天理、国法、人情相统一，使不少冤案得伸，错案获纠，疑案得明；在排除外部因素干扰司法时，律学家也表现出刚正不阿的品质和援法断罪的态度，著名的薛允升审理太监李苌材案即是明证；在考辨和注解律例时，博览群书，虚心探索，既尊重既有立法及律学家的注律成果，又不迷信和盲从，时刻保持清醒、客观的学术立场；在评述现行法制得失时，不局限于就法律而论法律，而是从民本、德礼乃至世道人心、国家治理、中外国情等诸多因素综合分析，使字里行间，通古今之变化，发改进之先声，既充满务实的探讨，也不乏理性的思辨和富有远见的认知。诚如闫晓君教授所言："我们今天研究'陕派律学'，除了回顾中国法律近百年走过的这段曲折历史，汲取历史的经验与智慧以外，还可以重新评估陕西人对中国传统法律的继承和发展，对中国法律近代化所做的准备与贡献，振奋我们的学术信心，使陕西乃至西北的法学研究和法律教育在今天取得更大的发展。"[1]因此，认真对待以律学为代表的中华法文化遗产是法治进步的动力，今天，我们仍需重视传统律学，不断挖掘、提炼蕴藏在其中的宝贵法治经验，推动包括陕派律学精华内容在内的中华优秀传统法律文化的创造性转化与创新性发展，为文化繁荣、法治进步、人权保障以及社会治理现代化贡献绵薄之力。

---

[1] 闫晓君：《陕派律学家事迹纪年考证》，法律出版社2019年版，第19页。

# 附录一　陕派律学家传记选

## 《清史稿·薛允升传》

薛允升，字云阶，陕西长安人。咸丰六年进士，授刑部主事。累迁郎中，出知江西饶州府。光绪三年，授四川成绵龙茂道，调署建昌。明年，迁山西按察使。值大祲，治赈，综覈出入，民获甦。又明年，晋山东布政使，权漕运总督。淮上患剧盗久未获，允升诇得其巢，遣吏士往捕。岁除夕，盗方饮酒，未戒备，悉就执。六年，召为刑部侍郎，历礼、兵、工三部，而佐兵部为久。念国家养兵勇糜饷糈，因条列练兵裁勇机宜，上嘉纳。十九年，授刑部尚书。

初，允升观政刑曹，以刑名关民命，穷年讨测律例，遇滞义笔诸册，久之有所得。或以律书求解，辄为开导，而其为用壹归廉平。凡所定谳，案法随科，人莫能增损一字。长官信仗之，有大狱辄以相嘱。其鞫囚如与家人语，务使隐情毕达，枉则为之平反。始以治王宏馨狱显名。盖民有堕水死者，团防局勇已不胜榜掠，承矣；允升覆讯，事白。厥后江宁民周五杀朱彪，遁；参将胡金传欲邀功，捕僧绍棕、曲学如论死。侍读学士陈宝琛纠弹之，上命允升往按，廉得实，承审官皆惩办如律。

二十二年，太监李苌材、张受山构众击杀捕者，严旨付部议。允升拟援光棍例治之，而总管太监李莲英为乞恩，太后以例有"伤人致死、按律问拟"一语，敕再议。允升言："李苌材等一案，既非谋故斗杀，不得援此语为符合。且我朝家法严，宦寺倍治罪。此次从严惩治，不能仰体哀矜之意，已愧于心；倘复迁就定谳，并置初奉谕旨于不顾，则负疚益深。夫立法本以惩恶，而法外亦可施仁。皇上果欲肃清辇毂，裁抑阉宦，则仍依原奏办理。若以为过严，或诛首而宥从，自在皇上权衡至当，非臣等所敢定拟也。"疏上，仍敕部议罪。其时莲英遍嘱要人求末减，允升不为动。复奏请处斩张受山，至李苌材伤人未死，量减为斩监候，从之。二十三年，其从子济关说通贿，御史张仲炘、给事中蒋式芬先后论劾，允升坐不远嫌，镌三级，贬授宗人府府丞。次年，谢病归。

二十六年，拳祸作，两宫幸西安。允升赴行在，复起用刑部侍郎，寻授尚书。以老辞，不允。二十七年，回銮，从驾至河南。病卒，恤如制。著有汉律辑存六卷、汉律决事比四卷、唐明律合编四十卷、服制备考四卷、读例存疑五十四卷。子浚，光绪六年进士，官礼部郎中。

## 薛允升墓志铭[①]

圣清以深仁厚泽涵育方夏。世祖割除前明秕政，去加派练饷，罢厂卫诏狱。一时教养兼施，首重保民。圣祖益崇宽大，明季一切苛法，概为裁汰。而励精图治，尤慎庶狱。特擢韩城张文端公廷枢为秩官，长厘剔，刑狱宿弊，尽其根株。其法责成诸司治狱胥不假手胥

---

[①] 原题为《皇清诰授光禄大夫紫禁城骑马重赴鹿鸣宴刑部尚书云阶薛公墓志铭》，孙家鼐撰，见沈云龙主编：《碑传集补》(近代中国史料丛刊第一百辑)，台湾文海出版社1973年影印版。

吏。刑部政事遂为六曹冠。自雍正除至今，陕士扬历中外有声绩者，多起家刑部。而勋望与张配者，惟今大司寇薛公云阶。张公以词林荐历卿贰入刑部，持大纲不阿权贵，以刚直称；公则以咸丰丙辰进士入郎署，历十有八年，出守饶州，擢成绵龙茂道，迁山西按察使、山东布政使署漕运总督。外任越六年即召贰刑部，又十余年，历权礼、兵、工各侍郎，授刑部尚书，典狱法垂四十年。故生平长于听讼治狱。研究律例，晰及毫芒，心存哀矜，期天下无冤民，以明允称。说者谓华岳为古司寇冠形，公与张公胥秉其灵，一刚方，一清肃，后先辉映，外无与并也。

公初筮仕，念刑名关人生命，非他曹比。律例浩繁，不博考精研，无由练达。朝夕手抄，分类编辑积百数十册。尝谓近人说经多搜存汉学。汉儒以董子为醇，郑康成为大。董以《春秋》决狱，郑以律令注《礼》。汉制试士，讽诵尉律籀文九千字，则汉儒无不习律者。汉律在今亦汉学也。散失殆尽，学者何以忽诸？因广加搜剔，缀录成编，名曰《汉律辑存》若干卷。盖《汉律》九章定于萧何，何自造三章，馀六章即李悝《法经》。《汉书·艺文志》不载《法经》，以并于《汉律》也。存《汉律》，《法经》亦赖以存矣。又谓《唐律》本于《汉律》，最为精当。明初定律，于《唐律》多所更改，以致自相矛盾，不如《唐律》远甚。我朝沿用《明律》，遂有仍其讹者。乃取《唐律》《明律》合为一书，遇《明律》之谬误者，悉为纠正，名曰《唐明律合刻》若干卷。又谓用法须得法外意，律少例多，有例即不得引律。前明万历时，刑部尚书舒化奏定例八百三十二条。国朝初因明旧制，后例日增，几至二千条。均系随时纂定，非出一人之手，不能校若画一。即引比愈宜详简，乃官书《律例》数种外，历来著作家绝无专书考论。朝廷功令五年一小修，十年或数十年一大修。然于钦奉谕旨及内外臣工条奏，依类编入，其旧例仍存几弗论。同治年修例，虽亦躬预其役，惟遵旧章编纂。而于彼此之互相抵捂，罪名之前后歧异者，未改一为疏通证明。今取旧所笔记，再四删订，择其可存者都为一集，共若干卷，名曰《读例存疑》。时岁庚子，公年逾八秩。前以事左迁宗人府府丞，予告已三年矣。盖公视刑律为身心性命之学，老病闲居不废，其精勤实数十年如一日也。

公貌清瘦，赋性温和，气宇凝重。其鞫囚恒至夜分。一灯荧荧，胥役或倦引去，公平心静气，无疾言遽色，与囚絮絮对语。囚忘公为官，公亦若忘其与囚语也。故凡讼为公所鞫，无不输其情，虽死且德公。而公重民命，有疑狱，必万分审慎。得其冤，必力为平反，虽触权贵忌，不恤也。计在部平反案甚多。尤啧啧人口者：王宏罄等六、七人已奏定作盗犯，不日将缳首。公覆审血其冤，保全多命不致误罹重辟。江南三牌楼之狱，屡经人劾奏，且头绪纷歧，又有坚执原议者。公奉旨往谳，反覆究诘，务得实情，昭雪之。河南以王树汶充代胡体安，临刑呼冤。抚臣奏闻得实，前抚应降官，而政府庇之，授意部臣，欲抑其奏。公力持之，卒白冤诬。公外和内介，事关国是民生，不肯一毫迁就多类是。其在司曹也，初主四川司稿，继充秋审处坐办律馆提调。历任堂上皆倚重之，名次在后，实即主持。秋审事及部中现审案，岁不下数千百起，均归一手核定，故终岁无片刻闲。即封印后亦逐日入署，每归必携文稿一大束，灯下披阅。尤是以清勤结主知。历外未久，即召还部。

丁亥四月，衔命赴湖南按事，旋往河南。时河决郑州，复奉查勘河工之命。一岁在外八阅月。癸未至乙未七科会试朝殿阅卷及他试事，公皆与。而戊子、甲午两典顺天乡试，得人尤盛。公外任仅数年，故设施多未竟。在饶州，亲历乐平诸县惩械斗，风为少息。署漕督时，于除夕搜擒漏网巨匪，多年积患，一举消灭，民惊神奇。署兵部时，特疏《论练兵裁勇节饷为目前药物》。后各直省创办练军，皆自公发之也。

公讳允升，云阶其字也。世为陕西长安人。考丰泰，妣氏姚、氏姚。祖生苌，妣氏张、氏杨、氏王。曾祖腾彦，妣氏康、氏赵、氏刘。三代皆以公贵，累封光禄大夫，妣皆一品夫人。配张夫人，有贤淑行，能以勤俭佐家政。公官内外，自奉俭约；家人操作，亦类布素，夫人率之也。故公无内顾忧，得以安其廉。先公十四年卒。一子，浚，咸丰戊午举于乡，官内阁中书。光绪庚辰成进士，由伺读改为礼部郎中。

呜呼！公与余、稼生兄同年举春官，余与公同官京师久，又同请告，时相过从，白发聚首，谓可先后终天年。庚子为公乡举周甲期，诏许重宴鹿鸣。士林方翕然称庆，不意夏秋间变起仓卒，銮舆西狩。余二人南北分驰，相继踉跄赴行在，因得至公乡，把袂对泣。公旋仍长秋官，兼办本省赈务。余亦重莅铨曹。辛丑八月，复同扈跸北上。乃甫至汴而公病不起。悲夫！悲夫！今事变日非，无他可为，惟有效越王生聚教训一法，尽变天下之官为师，即变政为教，刑以弼教。故谓刑官为士师，士与师皆起于刑，教民之始，未有不用刑者，且未有不详于轻刑者。轻刑不详，未有能胜残去杀者。《易》所谓"小惩而大诫"也。盖封建之世，其治民也密；郡县之世，其治民也疏。密，故轻刑用而不为苛，教养之法备故也；疏，则轻刑不畏而重刑可以遁，教养之法废故也。古以兵为刑之大者，刑固亦可致强。而《法经》出于李悝，李悝尽地力、熟籴饥粜，即孟子"敛、发"之政。可知李悝《法经》必多古治乡教民遗意。公由《汉律》窥见《法经》蕴奥，必有得于封建时治乡教民之法。尚得随扈至京师，密陈于圣主之前，以收生聚教训之效，若开国初政然；使张公复生于今日，当逊让不遑，而谓不如公之得于古者深也。而竟以季秋之晦薨于行，天其无意于中国耶？则余闻耗涕出，固不仅交游之私情为之也。

公生于嘉庆庚辰十月十一日亥时，春秋八十有二。遗疏上，朝廷笃念耆臣，赐恤加赏，典礼优隆饰终。谕旨有"持躬清介，练达老成"及"治狱廉平，克称厥职"等语。得此，公亦可以不朽矣。浚将以癸卯二月十九日葬公于祖茔，午山子向，启张夫人圹合窆焉。来请铭，余乌能辞？铭曰：鲸鳄吐雾风尘昏，华云黯淡悲归魂。孰怀奇计旋乾坤？沣水湾环马务村。《法经》中含王道存，生聚教训抉其根。武乡治蜀严有恩，手书申韩可同论。臣秩褒未献至尊，首丘有恨声还吞。况值归马如云屯，一言直告公子孙，大招皋呼向蓟门。

## 《清史稿·赵舒翘传》

赵舒翘，字展如，陕西长安人。同治十三年进士，授刑部主事，迁员外郎。谳河南王树汶狱，承旨研辨，获平反，巡抚李鹤年以下谴谪有差。居刑曹十年，多所纂定，其议服制及妇女离异诸条，能傅古义，为时所诵。光绪十二年，以郎中出知安徽凤阳府。皖北水浸，割俸助赈。课最，擢浙江温处道，再迁布政使。二十年，擢江苏巡抚。捕治太湖匪酋叶子春，余党股栗；复为筹善后策，弊风渐革。明年，改订日本条约，牒请总署重民生，所言皆切中。是时朝廷矜慎庶狱，以舒翘谙律令，召为刑部左侍郎。二十四年，晋尚书，督办矿务、铁路。明年，命入总理各国事务衙门，充军机大臣。

拳匪据涿州，舒翘被命驰往解散；匪众坚请襫提督聂士成职，刚毅踵至，许之。匪既入京，攻使馆。联军至，李秉衡兵败，太后乃令王文韶与舒翘诣使馆通殷勤，为议款计。文韶以老辞，舒翘曰："臣望浅，不如文韶！"卒不往。旋随扈至西安。联军索办罪魁，乃襫职留任，寻改斩监候。次年，各国索益亟，西安士民集数百人为舒翘请命，上闻，赐自尽，命岑春煊监视。舒翘故不袒匪，又痛老母九十余见此惨祸，颇自悔恨。初饮金，更饮以鸩，久之乃绝，其妻仰药以殉。

## 《清史列传·赵舒翘传》

赵舒翘，陕西长安人。同治十三年（1874）进士，以主事用，分刑部。光绪六年（1880），补汉提牢，著《提牢备考》二卷。七年（1881），补直隶司主事。八年（1882），升员外郎。时河南王树汶冤狱，疆吏多回护，诏交刑部审讯。舒翘反复诘驳，卒尽得实情，案获平反，脱王树汶于死。巡抚李鹤年、河道总督梅启照及初审官镇平令马翥、复审官开封守王兆兰、知府马永修等皆得罪。九年（1883），补湖广司郎中。

舒翘官刑部久，博学，习旧事，凡厘订例案，解析疑难，多由其撰拟。如议定宗室妇女犯罪所坐夫男，应照例折罚钱粮，凡调奸、图奸、拒捕、杀伤亲属，应照强奸拒捕例减等；议广西土官犯罪，家口不应迁徙别省；议共谋为盗，临时不行分赃，罪罚不宜照前加重，又诱胁上盗，不能照情有可原例概从轻减；议定妇女犯军流徒罪实发为奴者二十二条，实发而不为奴者九条，为奴而不实发者一条；议复永远枷号旧章变通军流章程，及新疆流犯屯田办法之类，皆见施行。其引经史以断狱，则于《议命案妇女离异》及《议服制图》二篇，尤所致意。

《议命案妇女离异篇》，略曰："潘汰之父被杜氏之父殴死，则杜氏乃仇人之女。潘广碌之死，杜氏虽不知情，实由杜氏而起，则杜氏亦潘汰之仇。以仇人之女为妻不可，以仇为妻更不可。《春秋公羊传》曰：'仇雠不交婚姻。'《谷梁传》曰：'仇雠之人，非听以接婚姻也。'夫鲁忘仇为齐主婚，《春秋》犹非之，而况自为妻乎？文姜孙齐，《春秋》削其姜氏，《左氏》曰：'绝不为亲，礼也。'母尚可绝，又何有于其妻乎？汉时梁人有后妻杀夫，其子又杀之。孔季彦议以非司寇而擅杀。夫因父仇杀母，尚以擅论，又何有于离异其妻乎？《唐律户婚篇》云：'诸凡义绝者离之。'长孙无忌等《疏义》谓若夫妻祖父母、父母、外祖父母、伯叔父母、姑姊妹自相杀，皆为义绝。《唐律》集秦、汉以来法书大成，斟酌最为尽善，明言应离，更属可则。又考之隋史，炀帝女南阳公主适宇文士及，士及之兄化及行逆，公主为尼。士及请见，不许，公主曰：'我与君仇家，今所以不手刃君者，谋逆之日，察君不与知耳。'呵令速去。夫女子有从夫之义，尚可以仇而绝夫，而谓夫不可以绝妻，其义安在？宋元丰中，寿州民杀妻之父母兄弟数口，州司以不道缘坐其妻。刑曹驳之曰：'殴妻父母，即是义绝，况是谋杀，不当坐其妻。'又莆田民杨讼其子妇不孝，官为逮问，则妇之父为人殴死，杨亦与焉。坐狱未竟，遇赦免，妇仍在家摄守。陈振孙谓两下相杀，义绝之大。初问杨罪时，合勒其妇休离，不离即是违法。纵有相犯，并同凡人。此妇不合收坐。斯二案皆义绝之事。明丘濬载入《大学衍义补》，其按语谓：'生身之恩，重于伉俪之义。女子受命于父而后有夫，因夫而有舅姑。异姓所以相合者，义也，义既绝矣，恩从而亡。'名儒之论，足为世教。正可与此对观。然犹异代事也。国朝道光十一年山东两令约为婚姻，尚未迎娶，后因事婿父戕女父死，女不忍事仇，自经死，诏旌其孝。当时议者咸谓女即不死，其义已绝，后有此比，宜请断离。由是推之，则潘汰之不应以杜氏为妻也明甚。"

《议服制图篇》略曰："查服制悉根于《礼经》，《仪礼》于为人后者为其本宗之服，惟载父母昆弟姊妹，余皆不见。元儒敖继公谓：'本服降一等止于此亲耳，所以然者，以与己为一体也。自此之外，凡小宗正亲旁亲，皆以所后者之亲属为服，不在此数。'《钦定仪礼义疏》不主其说，而谓贾《疏》本生余亲悉降一等，足以补《礼经》之所未备。

律是以有'为人后者於本生亲属服皆降一等'之语，至为人后者之子孙为本宗亲属如何持服，不特《礼经》并无明文，即历代典章亦俱未议及。惟我朝徐乾学纂辑《读礼通考》引唐杜佑《通典》内数条，始有应为服制之论。然亦第指本生祖父母而言，其余旁亲并不在内。查所引各条，贺循则云'初出情重，故不夺其亲而与其降，承出之后，义渐轻疏而绝其恩'。崔凯则云'经文为人后者为其父母同，为其兄姊降一等'。此指为后者身也，不及其子，则当以父所后之家还计其亲疏为服纪耳。刘智则云'礼为人后者当惟出子一身还本亲'，孔正阳亦云'为人后者服所后之亲若子为其本亲降一等'，不言代降一等者，以为至其子以义断，不复还本亲故也。是为后者宜降一等，而为后者之子不得随父而降一等。晋、宋以来，已有此议。例内所云'只论所后亲属服制'等语，并非无所依据。迨乾隆二十四年(1760)，又定有为人后者于本生伯叔兄姊以下有犯，均依《律服图》降一等科罪之例。道光四年(1824)，又以《礼部则例》及《刑律》内所载为人后者本生亲属服制阙略不全，经大学士九卿奏明，凡《会典》未载入悉照降一等之文，逐条增补，俱极详备，而于为人后者之子孙应否为本生亲属持服，亦均无一语叙及。岂真见不及此耶？窃以为古人立后，多取亲支，此情理之常也。故所后之服与其父所降之服，尚不致互相参差。后世立后，兼取远族，此情理之变也。故所后之服与其父所降之服，或致大相悬绝。至最亲者莫如祖父母，为人后者有本生父，故称情推及于所生，为人后之子孙，并无所谓本生父。故据礼难同于上杀，祖父母且然，况降於祖父母者乎？古人不立此等服制而所以后宗支为断，其以此欤！昔唐王元感欲增三年之服为三十六月，韦绍又欲加外祖父母大功舅妻小功堂姨舅降一等，意亦可云从厚；而张柬之、裴耀卿等均具疏力争，其议遂寝。至今论者不以张柬之等为非，而以王元感等为是。可知先王制礼无太过也，无不及也，亦惟酌乎人情天理之中而已。若受人之重，已间世矣，复欲厚服其私亲，则嫌于贰祖矣。议礼者所不敢出此也。"

是年，拳匪肇乱。方事起，良、涿等处纠集教千人，五月，奉命查办，舒翘至，悉解散之。七月，联军入京师，扈跸幸长安。旋因议和，外人欲重罪诸臣，闰八月初二日，奉旨："此次中外开衅，变出非常。推其致祸之由，实非朝廷本意，皆因诸王大臣等纵庇拳匪，启衅友邦，以致贻忧宗社，乘舆播迁。朕固不能不引咎自责，而诸王大臣等无端肇祸，亦亟应分别重轻加以惩处。刑部尚书赵舒翘著交都察院、吏部议处以示惩儆。朕受祖宗付托之重，总期保全大局，不能兼顾其他。诸王大臣等谋国不臧，咎由自取，当亦天下臣民所共谅也。"吏议舒翘应革职留任，然外人究未知舒翘之不袒拳匪，犹以为惩处尚轻也。

十二月二十五日，复有旨："京师自五月以来，拳匪倡乱，开衅友邦。现经奕劻、李鸿章与各国使臣议和，大纲草约，业已画押。追思肇祸之始，实由诸王大臣等信邪纵匪，上危宗社，下祸黎元，自问当得何罪。前者两降谕旨，尚觉法轻情重，不足蔽辜；应再分别等差加以惩处，革职留任刑部尚书赵舒翘平日尚无忌疾外交之意，其查办拳匪亦无庇纵之词，惟究属草率贻误，著加恩革职，定为监斩候罪名，先在陕西省监禁。朕惩办祸首诸人，并无轻纵，即天下之臣民亦晓然于此案关系重大也。"寻赐自尽。

## 薛赵二大司寇合传[①]（吉同钧撰）

秦人钟西岳秋肃之气，性情多刚强严威，故出仕之后，其立功多在刑曹。前清入关之初，第一任刑部尚书则为宝鸡党崇雅，诘奸刑暴，颇立功业。然以明臣而仕清，入于《二臣》之传，识者鄙之。康、

---

① 吉同钧撰，闫晓君整理：《乐素堂文集》卷首，法律出版社2014年版，第64—67页。

雍之间，韩城张廷枢作大司寇，崇正除邪，发奸摘伏，权倖为之敛迹，天下想望丰采，然太刚则折，卒罹破家亡身之祸。后虽昭雪，追谥文端，然律以明哲保身之道，未免过于戆直也。

至咸同之时，长安薛允升出焉。允升字云阶，咸丰丙辰（1856）科进士，以主事分刑部，念刑法关系人命，精研法律，自清律而上，凡汉唐宋元明律书，无不博览贯通，故断狱平允，各上宪倚如左右手，谓刑部不可一日无此人。不数年，升郎中，外放江西饶州知府，七年五迁，由知府升至漕运总督，以刑部需才，内调刑部侍郎，当时历任刑尚者，如张之万、潘祖荫、刚毅、孙毓汶等，名位声望加于一时，然皆推重薛侍郎。

凡各司呈划稿件或请派差，先让薛堂主持先划，俗谓之开堂。如薛堂未划稿，诸公不肯先署，固由诸公虚心让贤，而云阶之法律精通，动[令]人佩服，亦可见矣。后升尚书，凡外省巨案疑狱不能决者，或派云阶往鞫，或提京审讯。先后平反冤狱，不可枚举。而惟江宁三牌楼、河南王树汶，并太监李苌材三案尤重。三牌楼案已载《刑案汇览》，世所共知，兹不详述。王树汶、李苌材两案，关系尤大。夫发稔[捻]之乱，军兴二十余年，民命贱于草芥，疆臣恃功跋扈，渺视朝命，几乎尾大不掉。其办强盗大案，定为就地正法、先斩后奏之章，后虽降旨停止，然积习相沿，难以骤革。王树汶本为强盗看守衣物，年仅十五，并未上盗，到案审讯，正盗凶恶狡展，暗中贿买树汶供认正盗，问官昏瞆不察，即定树汶为正盗拟斩，上详入奏，经刑部查核不确，驳令再审。时豫抚为李鹤年，资深偃蹇，袒护属员，草草会讯，仍照原议行刑，时监斩官为首府唐咸仰，见王树汶临刑呼冤，禀院暂止行刑。此风一播，在京豫籍御史累折交参李抚，上命刑部提案严讯。云阶主持平反，一面饬赵舒翘据法斥驳，一面定案，将正盗胡体洤等决斩，以王树汶并未上盗，从轻拟徒，奉旨依议。完案后追治问官之罪，除原审知县发遣外，其余巡抚、河督、藩臬道府以下凡会审此案州县佐贰四十余员一并革职，不准留任。唐咸仰升河东道，转河南按察司，从此均知人命关天关地，不敢草菅，而朝纲大振，疆吏跋扈之风亦稍戢矣。

至太监一流，清朝鉴前朝祸，立法最严，凡私出京师滋事者即行斩决，故历朝无权阉之患。至同光以来，渐渐鸱张始于小安子、李莲英，其后李苌材、张受山等愈无忌惮，竟敢于辇毂之下明目张胆纠众打闹娼遼[寮]，行凶殴杀捕人。拿交部问，云阶时为尚书，以此案关系重大，若非严加惩办，涓涓不灭将成江河，前朝刘魏之祸将复起矣，前后分三折大放厥词，痛苦上陈，谓："皇上开一面之网，不妨量从末减。臣等为执法之吏，不敢稍为宽纵，且从犯或可稍轻，而首犯断不容免死。"其意以为宁可违皇上之命致一己获咎戾，不能变祖宗之法令、国家受后患也。折上，皇上大为感动，宁可违慈命，而不敢违祖法，降旨依议，李苌材着即处斩，张受山斩监候，秋后处决。当时行刑，民间同声称快。此后，若辈大加敛迹，如李如张，虽不免暗中招摇骗财，而终未敢彰明显著犯法者，此折之力也。前后任刑部四十余年，明刑弼教，不畏强御，常恶满御史受贿卖法，一折纠参两御史落职，因此为小人所忌，借端中伤，降为宗人府府丞。旋乞罢，闭门著书，不闻国事。阅一载，拳匪乱作，两宫幸西安，复起云阶为刑部侍郎，寻转尚书。后季两宫回銮，云阶年已八十有二，带病随扈，至汴梁疾发而卒。

至于著书共分四种：尝谓刑法虽起于李悝，至汉始完全，大儒郑康成为之注释。乾嘉以来，俗儒多讲汉学，不知汉律为汉学中一大部分，读律而不通汉律，是数典而忘祖，因著《汉律辑存》；又谓汉律经六朝北魏改革失真，主唐两次修正，始复其旧，明律虽本于唐，其中多参用金辽酷刑，又经明太祖修改，已非唐律真面目，因纠其缪庋，著《唐明律合编》；又刑律所以补助礼教之穷。礼为刑之本，而服制尤为礼之纲目，未有服制不明而用刑能允当者。当时欧风东扇，逆料后来新学变法，必将舍礼教而定刑法，故预著《服制备考》一书以备后世修复礼教之根据，庶国粹不终于湮殁矣。

继云阶而起者为赵舒翘，字展如，与云阶同里。同治联捷成进士，以主事分刑部，潜心法律，博通古今，《大清律例》全部口能背诵，凡遇大小案无不迎刃而解。十年升郎中，任提牢、秋审处坐办、律例馆提调。盖律例馆为刑部至高机关，虽堂官亦待如幕友，不以属员相视。展如任提牢时，适遇河南王树汶呼冤一案，时云阶为尚书，主持平反以总其成，其累次承审及讯囚、取供、定罪，皆展如一手办理。案结后所存爰书奏稿不下数十件，各处传播奉为司法圭臬。

外放知府十年之中，由府道荐升巡抚，又内调为刑部侍郎，升尚书，入军机，总理各国事务大臣，总办铁路矿务，督修坛庙皇城工程，一生功名事业皆由平反冤狱为之兆也。外任安徽凤阳知府，历升温处道按察司、布政司、江苏巡抚，察吏安民，善政备举，所得廉俸不入私囊，刻理学之书教训学员，建洴水之桥利涉行人，凡此设施，在他人目为非常之功者，在展如则为末节也。抚苏时外人订约开埠，昂其值以购膏腴，又多方要挟部议。展如力持曰：吾为朝廷守土，宁可尺寸失耶？命求废地起垦而儗之，内召入京后，苏人为建生祠。

其内任刑部长官也，部中自云阶后，风气渐趋卑污，司员多绚情受贿，展如到任，查明江苏司印稿有受贿之事，即奏革二人之职以示警。又以案牍积累，由司员不谙公事，分日面试各司员律例，扰尤超拔。又革奔走夤缘恶习，凡来宅拜谒及送礼物者，概不准门丁上达。

其总理各国事务也，外人贿买汉奸谋修铁路矿山者，历任总理畏洋人不敢举发，以致利权外溢。自展如任事，查知其弊，有官革职，无官治罪，外人知中国有人以后不敢轻侮。

其督办修理城工也，向来督修工程大臣王公，居多仅四五成到工，甚有二三成到工者，上下朋分，视工程为薮数。展如到差，力矫其弊，八成到工，其余二成分作监工司员津贴。

后拳匪乱作，命展如偕大学士刚毅查办。刚毅信拳匪，以民气可恃入奏，展如为刚毅所沮，不能力争，后扈跸幸西安，外人以袒护拳匪罪在不赦要挟。当时正在议和，朝廷迫不得已，遂以查办草率定罪，赐自尽，命赴狱中。传赐死，展如神色不变，即书绝命词："主忧臣辱，主辱臣死。死何足惜？于国奚裨？所难瞑者，老母幼子。悠悠苍天，曷其有极！"书毕回顾，其夫人入狱来视，告曰："吾死后，受人一钱非吾妻也。"遂吞金，历四五时始绝气，年平五十四岁，其从容就义如此。阅数日，江苏士民悯其冤苦，汇银六千两助葬，其夫人屡却，终未收受。盖非恩德深入人心，安能于离任、没世之后，犹绻绻不忘耶！亦非廉洁型于寡妻，何能得此贤配哉！同寅挽联有"四知励清操，强项同悲杨太尉；一死纾国难，刎头不数樊将军"之语，可谓定论。当时好恶相蒙，百年后信史一出，必有能雪其冤者，此即张文端之后身也。

合而观之，此二人者，生同里，仕同部，官同为大司寇。云阶被议，展如继之；展如遇祸，云阶又继之。刑部尚书，汉人止一缺，而循环在位合之近三十年，岂非天作之合，非人所能为者。云阶大器晚成，七十始升尚书；展如一帆风顺，年未五十即位尚书。古诗云：迟迟涧畔松，郁郁含晚翠，灼灼园中花，早发还先衰。此理之当然，合之中有不合在焉。然二人同由郎中放知府，一则五迁至漕督，召入刑部侍郎；一则五迁至巡摭[抚]，亦招入刑部侍郎，此又不合而合者也。

若观其行事，老成练达，涵养深沈，赵固不及薛；公正无私，操守清廉，薛亦不如赵，此又合而不合者也。孔子云：及其老也，血气既衰,戒之在得,云阶或有不免。又曰:见利思义,见危授义,展如庶几乎?假令展如尚在,余虽为之执鞭,亦所愿也。

## 乐素堂主人自叙赋[1]

### 吉同钧

余读书卅年,始获一第;京宦廿载,未得一麾。值蒲柳之衰龄,遭风云之世变。弃官居家,闭门谢客。追思少壮所历,不觉感伤于中。因仿史迁《自序》之情,拟作庾信《哀江》之赋,遗诸子孙,藉觇身世。

寅年逢虎,卯月听莺。物当春而争盛,我应候以诞生。余以甲寅(1854)二月二十八日生。鼎为长子,泰属伯兄。如柴骨瘦,比玉色莹。戏孺牛而齿折,骑竹马兮心惊。未解桃李之让,惟知枣栗之争。七岁方亲书史,十岁即遭燹兵。维时犬羊蹂躏,豺虎纵横。士林失学,农亩辍耕。飞狼烟于芝镇,扬龙旗于柳营。盛都统保纵兵淫掠,多将军隆阿整旅严明。避难则东奔西窜,思家则忍泪吞声。学校丛为茂草,书斋委诸榛荆。求食则佣奴杂作,谋生则贩竖同行。既而兵消烽火,灶起炊烟。农回阡陌,商反市廛。捻幅聚歼于东境,回匪追逐于西边。鹿洞之讲坛骏起,鹅湖之学舍蝉联。未从师于刘向,先受业于张骞。蒙师先从张公名罗,后从刘公名湧清。书田笔耨,铁砚墨穿。学因苦得,志以穷坚。攻文则韩潮苏海,读史则盲左腐迁。理溯周程诸子,诗吟李杜百篇。试帖步趋正味,时文祖述震川。名高榜首,试列前茅。以县试第一名入泮。既获采芹于弱冠,并期折桂于英年。苏武看羊之岁,石笙奠雁之期。

---

[1] 吉同钧撰,闫晓君整理:《乐素堂文集》卷首,法律出版社2014年版,第55—60页。

十九岁入泮后娶原配高氏，年方十六。值重三之佳节，迓二八之丽姿。宜吉人之家室，壮高氏之门楣。花迎笑面，柳画细眉。鱼水方谐燕婉，怨悱遽慨鸾离。望棘围而应试，入槐布以求师。癸酉（1873）乡试报罢，留省肄业关中书院。久作青门之客，虚填黄绢之词。莲欣入幕，竹慨寄篱。虽立程门之雪，仍垂董子之帷。时公就程藉以用功，程系之馆，县试受知之师。几经寒暑，无懈吟披。文为生活，笔作斧资。朱衣难遇，青眼谁垂？屡点龙门之额，莫题雁塔之碑。乙亥（1875）、丙子（1876）两科连落孙山。有台避债，无地立锥。生女虽（罗）莺燕，宜男未梦熊。高妻连生四女，惟长适王桐，余均殇。加以岁逢荒旱，家苦饥寒。磨石英而为面，煮榆屑以为糜。百里负仲由之米，半途弃伯道之儿。丁丑（1877）奇荒，人相食。高妻生女，以无乳委弃于野。恨别读江淹之赋，悼亡吟元稹之诗。阅三岁，高妻病亡。乃罢关中之宾馆，仍设乡里之皋比。己卯（1879）乡试又落，乃回家设馆于本寨。尝生平难堪之楚苦，历人间未有之艰危。年逾廿载，齿近三旬，始赴鹿鸣之宴，欣逢鹗荐之辰。出太邱之房内，做元礼之门人。廿九岁壬午（1882）登乡荐，房师为长乐陈公名兆焕，座师为邵公曰濂、李公士彬。鹍弦绝而又续，怨枕旧而复新。是年继娶史妻。更赋小星之嘒，知怀樛木之仁。又先纳刘妾。子则谷、那分产，妻则邢、尹各尊。史生次子小鹏，刘生长子大鹏，无分嫡庶。于是公车北上，征马东巡。癸未（1883）始应会试。绕羊肠于山曲，踏雁齿于河津。石凿凿兮韩侯岭，风萧萧兮易水滨。过卢沟之晓月，浣燕市之征尘。礼闱纳卷，矮屋屈身。士多如鲫，号密排鳞。

迄泥金之报罢，步云路而无因。徒作逢场之戏，难同观国之宾。既马蹄之先蹶，遂蠖曲而待申。阙辞帝座，驾返故乡。金门日远，驿路天长。玉伤卞和之璞，金尽苏子之囊。又入郗生之幕，暂荒陆氏之庄。癸未落第后就河东道唐公之馆。设讲幄于河东道署（署），授学徒于洛北山房。继停骖于汴水，遂安研于大梁。后唐道升豫臬，运由移洛，复由洛至汴。藩署(署)之薇香冉冉，臬台之柏影苍苍。忝列西宾之席，屡叨东道之觞。思亲泪落，念子情伤。月临函谷，云望太行。辞良朋而返旆，拜老母以登堂。薄绝裾之温峤，学扇枕之黄香。承欢两载，侍寝三霜。子夏洒西河之泪，王褒废蓼莪之章。由豫回家，长子大鹏患痘亡命。逾二年，先慈即逝。贫难读礼，远复游方。荫庭椿老，侥膝兰芳。仍追随乎长乐，佐书记于夏阳。佐陈师收釐于芝川。臭味拟苔岑之契，往来驰韩郃之疆。再瞻都会，重整行装。何青云之无路，遭红勒于文场。丙戌(1886)会试又落。五逢秋试，四上春官。榜张龙虎，名殿鹓鸾。己丑(1889)又落，留京。次年庚寅(1890)始捷南宫，已四入会场矣。宴排闻喜，花看长安。冠红簪杏，谱香订兰。对策入保和之殿，唱名凭太液之栏。荣出身于二甲，羡绝艺于三端。分部则西曹行走，引见则南海游观。头衔虽耀，筋力已殚。年未盈乎四秩，岁少止乎三单。夺标羡肇，衣锦归韩。风暖则马蹄行疾，云高则鹏翼飞抟。渭水贯天门之象，华岳峨司寇之冠。衣裳璀璨，桑梓盘桓。科名既显，境遇多乖。杖未扶乎曾子，血已泣乎高柴。悔鸡豚之失养，睹风木以怆怀。到家二年，先严弃世。

太史之遗书徒讬，黔娄之泪眼空揩。加之瑶弦再断，香雾重埋。史妻又殁，复纳妾茅氏，生三子再杨。儿未成而遽弃，夫将老而不偕。忍见床空帐冷，怕看坠履遗钗。昔如宾而如友，今营奠而营斋。虽簟室不乏衾裯之抱，而深闺究失伉俪之谐。镜虽再破，月又三圆。卜乘龙于逸少，中射雀于李渊。德曜之相夫不不富，伯鸾之择配惟其贤。造舟渭涘，种玉蓝田。妃怜嘉耦，郎愧华年。续娶王氏于凤翔，王乃陕西知府公亮之女，时余年已四十有一。既联秦晋，乃适幽燕。加以葬亲事毕，从兹入仕心专。爰携眷属，爰整鞍鞯。载细君于后乘，著士雅之先鞭。白云亭畔，丹凤阙前，班随鹓鹭，座落貂蝉。听旨于玉泉山外，虑囚于金水桥边。旧制，每年朝审在天安门外金水桥西提囚唱名。叙雪堂中之仙吏，旧刑部秋审处，古名叙雪堂，非甲科不得入。古云楼下之司员。刑部四川司名古云楼，有王渔洋题咏楹额。管理提牢之钥，提牢总管两监，乃刑部要差。一年任满，即得优叙。总司秋审之权。秋审处乃一部总汇，天下刑名群决于此。其职有总办、减等总办、提调各名目，至提调已到极地，虽堂官将以宾礼之。余曾历充其选。监修御苑皇城之路，删订金科玉律之编。又蒙赵尚书派充皇城工程监督，又蒙沈侍郎派充律例馆纂修。主稿于京畿、直隶，掌印于两广、四川。戴南海之褒嘉犹后，赵长安之赏识最先。入部三年，即蒙赵尚书派充奉天、四川各司正主稿。后改法部，戴文诚公为尚书，派充审录司掌印，统管直隶京畿、两广云贵等省，兼任承政厅会办，以办事勤能，性情介直保列京察一等，诏见记名道府。又以律学精通，才识迈众，预保本部参议，存记并加三品衔。屡平反乎犴狱，盼乔木而莺迁。

不期拳匪肇乱，首祸兴戎。术讬白莲之异，才逞黄巢之雄。卒驱林绿，号假阳红。妄称神兵以仗义，遂招敌国而来攻。当燄威之初炽，亲贵均受其朦胧。端、庄资其羽翼，刚、启假以旌弓。纵烧九市，枉杀三忠。焚使馆而火延社树，攻洋楼而矢集宸枫。城衢付之一炬，廛市尽于祝融。犹复召号亡命，愚异顽童。屯貔貅于辇毂，布鹅鹳于津通。据一隅之海港，抗八国之艟艨。鼓衰矢竭，兽困鸟穷。遂使尸浮水面，指掬舟中。聂提督士成膏霑野草，裕制军禄魂转飞蓬。王太史廷相杀身殉节，李钦差秉衡报国鞠躬。缳投徐相桐，水葬崇公绮。战士则尸包马革，狱囚则身脱鸟笼。震惊九庙，出走两宫。驱嫔妃而井坠，伤车驾之尘蒙。宣大之素衣欲敝，昌平之麦饭难供。洋兵入京，电掣雷轰，五城分地，四面设营。外屯德美，内驻日英。抢掠则九门驰禁，奸淫则三日纵兵。降则白旗插户，抗则碧血盈城。金马沦诸草莽，铜驼委于棘荆。系马于颐和园树，倚弓于仁寿殿楹。逃者妻孥星散，居者甑釜尘盈。身未僵而心死，躯已腐而魂生。惨矣腥风血雨，悲哉猿叫狐鸣。望敌则心肝俱碎，闻兵则鸡犬皆惊。天无云而亦暗，地有月而不明。隶奴官吏，粪土簪缨。种杂而黄沦于白，妍生则吕易乎嬴（赢）。凡此生民之涂炭，肇于枢府之贪横。刘、石之沦晋洛，回、番之逼唐京。汴都被侵于女直，明社受辱于自成。试为由今以证古，同此雷厉而风行。

先是战争初起，祸患方滋，决回乡土，尽挈妻儿。杜子美携家而走，章曼枝断毂而驰。庾信之蓬扉掩迹，季鹰之莼菜萦思。桑乾河广，仁义山崎。暑雨多而川涨，泥水淖而马疲。车因沈而屡覆，路以绕而多岐。易轴于太原客店，唤渡于临晋河湄。

火流七月，时阅五旬。几经险阻，始抵乡邻。幸黄河之东渡，闻翠辇之西巡。六龙幸晋，八骏入奉[秦]。迎凤辂于骊山之下，迓鸾舆于灞水之滨。道旁稽首，仗外伏身。祥云移乎雉尾，旭日照乎龙鳞。丹铅饰壁，黄土清尘。御膳则酒肴列鼎，行宫则锦绣累裀。虎视龙兴之域，甘泉陆海之珍（畛）。北院南院之路，东都西都之宾。山呼万岁，民祝千春。兵车雷动，士庶云屯。百务皆归草创，万端方待经纶。当是时，千官雾散，百吏星稀。多方召集，渐次来归。粗分六部，整理万几[机]。

客邸未租夏屋。刑从新示，罚依旧用威。既遭兵祸，又值岁饥。尽法以惩墨吏，减刑而恤赭衣。赵展如退出政府，薛允阶起任尚书。议和就绪，祸首先除。杀谋臣于都市，降王子为皂舆。痛老成之凋谢，哀知己之沦胥。吴江伤乎伍子，湘水吊乎三闾。国忧正炽，家难未纾。文君方奔司马，孔氏又丧伯鱼。时供职长安，次儿小鹏又夭，年已十八。又纳妾花氏。茫茫后嗣，懔懔前车。强破涕而为笑，思责有以课虚。勉学达观于庄子，聊同卧病之相如。天旋地转，龙驭北还。闻回銮兮喜色，望徙跸而欢颜。沐鸿恩于御陛，列扈从之仙班。梅鹤暂留井田，花莺随侍行间。尘洗温泉之水，云开仙掌之山。渡瀍涧而蛟龙舜壑，陟崤函而虎豹当关。周览香山之碑碣，静听伊水之潺湲。

维时孟冬，驻跸开封。新丧合肥相国，又颓太华云峰。时全权大臣李文忠、薛云阶尚书均卒。日下之恶氛未靖，云间之驿路犹壅。迟交冬至，乃启行踪。汎舟漳卫，迂道邯郸。渡滹沱而吊光武，过真定而念子龙。思去岁豆羹之惨，愧今朝玉食之供。舆马任闲于厩，火车新刷其锋。铁路方逾顷刻，金门已抵九重。时京汉铁路修至真定，至此始上火车。

河山再造，日月重光。赔彼二十京之兵费，还吾四百里之畿疆。始除旧法，议改新装。废时文而为策论，设学部以复党庠。刑法分参曰德，律条顿废明唐。仍备微员于鸠署，强为奋臂之螳螂。年逾知命，官始迁郎。鬓发则千茎白雪，髭须则九月青霜。忽塞翁之失马，复补牢于亡羊。秋审失出，降为光禄寺署正。嗣复调回法部，仍复原官。往还光禄之寺，出入朝审之房。又堕潘安之泪，更怀顾况之伤。王妻又殁，三儿再杨亦殇，时已七岁。本年花妾始生龙儿。纵使桃根少好，其如兰梦渺茫。三妾韩氏止生一女，望男甚切。

运乖命蹇，才弱志强。虽灰心于法苑，复借径于讲堂。提学与提刑兼摄，法律较法政加详。时充法律、法政两学堂及法部律学馆、大理院讲习所各处教习，仍兼法部掌印。月修则天数地数，讲义则千行百行。词穷寸舌，义竭枯肠。更一鼓面(而)作气，历百战而不僵。勉作识途之马，几同赪尾之鲂。风霜岁月，桃李门墙。著作风行海内，著《现行律讲义》及《秋审条款讲义》，并《审判要略》《法闱拟墨》各种，均经法部核定，颁行各省。文衡迭秉法场。考试法官及试考推检，均蒙钦派襄校官。得天下英才而教育，信大块假我以文章。如以律馆宏开，法条改正。既司总纂之官，并荷编修之命。时新开修订法律馆，经沈大臣奏派充总纂兼编修。集历代之旧章，参外洋之新令。辞削冗繁，义求归并。合英法德而贯通，分民刑商而互证。裒成一代良规，籍作千秋法镜。书成则归美沈、俞，奏御则名先徐、庆。《现行律》告成入奏，沈家本、俞廉三以大臣列首，徐世昌、庆王以军机领头衔。未升半级之阶，徒积一身之病。则虽道府记名，丞参密保。官衔邀二品之荣，诰命赐三朝之宝。法律、法政学堂五年期满得保（襃）赏，加二品衔，并赏给三代二品封典。无如一麾，终属虚悬。三载空劳，上考冯唐以郎署终身，贾谊则长沙卒老。仕路蹭蹬，名场潦倒。飘秋叶于风霜，笑冬烘之头脑。情怀则短李迂辛，身世则寒郊瘦岛。始知食肉无缘，自悔挂冠不早。况乎世途变乱，礼教沈沦。靦颜仕膴，甘伍齐民。

民国初建，辞官家居，时以道路梗塞，未得还乡，暂住京都。有家梦陕，无地避秦。寻桃源而失路，望蓬岛兮迷津。兼之五旬，始生一子。千里止剩单身，五十一岁生子伯龙，时方九岁。同乡大半回家，止余尚留京都。眷口多而年少，食指众而家贫。牛因魃惧，象不舜亲。阋墙弟傲，谇室妾嚚。友以官除而疏远，仆因值少而怒嗔。嫂不炊乎季子，妻求去乎买臣。心则木枯冰冷，味则檗苦蘖辛。瞻帝室则庙禾宫黍，居长安则珠米桂薪。怒积肝而多火，愁减兴而少春。岂知遇虽穷困，道不缁磷。公信之采薇槁饿，陶潜之傲骨嶙峋。贵不衣乎赵孟，富不羡乎季伦。仲由之袍著缊，子夏之衣结鹑。闵子骞辞乎费，仲尼粮绝于陈。颜瓢点瑟，吕渭伊莘。君子安贫以守，介夫岂怨天而尤人。

# 附录二　陕派律学重要著作序与跋

## 薛允升《读例存疑》自序[1]

古无所谓律例也。自汉萧何，因李悝《法经》增为九章，而律于是乎大备。其律所不能该载者，则又辅之以令。历代皆然，莫之或易。明初有大明律，又有大明令。中叶以后，部臣多言条例，罕言令者。万历时，刑部尚书舒化，奏定例八百三十二条。《明史刑法志》言之详矣。国初治狱，俱用前明旧制。嗣后例款日益增多，迄今几至二千条，比之前明又多一倍。然均系随事纂定，并非出于一人之手，觏若画一，其难矣哉。余备员刑曹，前后三十余年，朝夕从事于斯。有可疑者，即笔而记之，拟欲就正有道。为日既久，遂积有数十册。凡彼此之互相抵牾，及罪名之前后歧异者，俱一一疏证而明通之。抉其可否，溯厥源流，兼引前人成说而参以末议。诚以法令为民命攸关，一或偏倚，即大有出入，且有生死互易者。故不惮繁复，详为之说。使业此者，知某条之不可轻用，某条之本有窒碍，熟识于心，临事庶不致迷于向往。非敢云嘉惠后学，或不无稍有裨益。昔人谓，陶公用法，而恒得法外意。区区之心，亦若是而已矣。共事诸君子，览

---

[1] 薛允升著述，黄静嘉编校：《读例存疑重刊本》，成文出版社1970年版，第51页。

而善之，怂令付诸剞劂，以公同好。余以所见未能精确，不敢出而问世，如是者又数年。今老矣，碌碌无一善可取。惟此编自问颇有一得之愚，而半生心血尽耗于此，亦未忍令其湮没。因勉从诸贤之命，再四删削，择其可存者都为一集，共五十四卷，名曰《读例存疑》，志其初也。抑又有说焉，朝廷功令，凡条例之应增应减者，五年小修一次，十年及数十年大修一次，历经遵办在案。同治九年修例时，余亦滥厕其间，然不过遵照前次小修成法，于钦奉谕旨及内外臣工所奏准者，依类编入，其旧例仍存而弗论。自时厥后，不特未大修也，即小修亦迄未举行。廿年以来，耿耿于怀，屡欲将素所记注者汇为一编，以备大修之用。甫有头绪，而余又不在其位矣。然，此志犹未已也。后有任修例之责者，以是编为孤竹之老马也可。或以覆子云之酱瓿也，亦无不可。聊识其颠末于此，阅者或能谅余之志也欤。至于律，仍用前明之旧。余另有唐明律合刻，已详为之说矣，兹不覆赘。光绪二十六年，岁次庚子。长安薛允升云阶氏，序于京都宣南之寓庐。时年八十有一。

## 薛允升《读例存疑》袁世凯序文[①]

汉以前无所谓律，但知有刑而已。自萧相国，摭拾秦法，作律九章，始有律之名而无例。魏晋以降，稍稍分为刑名、法例。逮唐及明，而例之目遂秩然大着。国初因胜朝之制，递加修改，亦缘礼俗代嬗，情伪不同，穷变久通，不随时损益，则条分缕析，踵事弥增者，势也。虽然著录非一朝，秉笔非一手，宜于前者窒于后，甦于此者戾于彼。甲乙乖舛，抵牾歧出，体非画一，启后人之然疑者，亦势也。法欲密而转疏，义求明而反晦，苟非好学深思邃于此道者，安得爬梳

---

[①] 薛允升著述，黄静嘉编校：《读例存疑重刊本》，成文出版社1970年版，第55页。

剔抉，俾有州辐一毂之观哉。刑者，生人之大命，王者之大政。一有出入，无以为平。六官之中，惟秋官流转较尠，往往释褐而登署，皓首而不易其曹，为能以专门之学，治专门之事。长安薛大司寇云阶先生，供职刑部三十余年，研究律例，于历代名法家言无所不窥，著作等身，而《读例存疑》一书，尤为平生心力所萃。凡情事之变迁，罪名之舛错，铢黍毫厘，无不沿流以溯源，肇肌而分理，洵乎不朽之盛业，明允之龟鉴也。先生既归道山，秋曹诸公奏呈御览，奉旨着交律例馆。方今圣朝修明刑制，将博采中外良法，定为宪典，悬诸不刊。是书所言，实导先路，抑尝闻国之程度愈文明者，其条目亦愈纤悉，故法律之学，标为专科，惟其习之也预，故辨之也精。他日者庠序盈门，人才辈出，使规制粲然咸备，以跻于所谓法治国者，则先生昌明绝学之心益以大慰也已。光绪三十二年丙午春日，项城袁世凯序。

## 薛允升《读例存疑》沈家本序文

商鞅改里悝之法为律，于是有律之名。自汉以来，律之外有令、有驳议、有故事、有科、有格、有式。隋则律、令、格、式并行。宋则律之外敕、令、格、式四者皆备，而律所不备，一断于敕。初无所谓例也。晋于魏刑名律中，分为法例律，亦但为律之篇目，而非于律之外别之为例。《王制》，必察大小之比以成之。郑注，已行故事曰比。《释文》，比必利反，例也。《后汉书·陈忠传》，父宠上除汉法溢于甫刑者，未施行。忠奏上二十三条为决事比。注，比，例也。此其为后世例之权舆欤。明初有律、有令，而律之未赅者，始有条例之名。弘治三年定《问刑条例》，嘉靖时，重定为三百八十条，至万历时，复加裁定为三百八十二条。国朝因之，随时增修。同治九年修订之本，凡条例一千八百九十二条。视万历时增至数倍，可谓繁矣。其中或律重例轻，或律轻例重，大旨在于祛恶俗、挽颓风。即一事一人以昭惩创，故改重者为多。其改从轻者，又所以明区别而示矜恤。意至善也。第其始，病律之疏也，而增一例。继则病例之仍疏也，而又增一例。因例生例，孳乳无穷。例固密矣，究之世情万变，非例所可赅。往往因一事而定一例，不能概之事事。因一人而定一例，不能概之人人。且此例改而彼例亦因之以改，轻重既未必得其平。此例改而彼例不改，轻重尤虞其偏倚。既有例即不用律，而例所未及，则同一事而仍不能不用律。盖例太密则转疏，而疑义亦比比皆是矣。国朝之讲求律学者，惟乾隆间海丰吴紫峰中丞坛《通考》一书，于例文之增删修改，甄核精详。其书迄于乾隆四十四年。自是以后，未有留心于斯事者。长安薛云阶大司寇，自官西曹，即研精律学。于历代之沿革，穷源竟委，观其会通。凡今律今例之可疑者，逐条为之考论。其彼此抵牾及先后歧异者，言之尤详，积成巨册百余。家本尝与编纂之役，爬罗剔抉，参订再三。司寇复以卷帙繁重，手自芟削，勒成定本，编为《汉律辑存》《唐明律合刻》《读例存疑》《服制备考》各若干卷。洵律学之大成，而读律者之圭臬也。同人醵资，寿诸枣梨。甫议鸠工，适值庚子之变，事遂中辍。辛丑春仲，家本述职长安时，司寇在里，复长秋官。询知所著书，惟《汉律辑存》一种，存亡未卜，余编无恙。迨銮舆狩返，家本奉命先归，司寇初有乞休之意，故濒行谆谆以所著书为托。季秋遇于大梁，言将扈跸同行，约于京邸商榷此事。乃家本行至樊舆，遽得司寇骑箕之耗，京邸商榷之约竟不能偿矣。《唐明律合刻》诸稿，方坤吾太守连轸，携往皖江。惟此《读例存疑》一编，同人携来京师，亟谋刊行。家本为之校雠一过，秋署同僚复议，另缮清本进呈御览。奉旨发交律例馆。今方奏明修改律例，一笔一削，将奉此编为准绳，庶几轻重密疏罔弗当。而向之抵牾而歧异者，咸颠若画一，无复有疑义之存，司谳者胥得所遵守焉。固不仅群玉册府之珍藏，为足荣贵也已。今冬刻既竣，为述其大略如此。展卷披读，惜司寇之不获亲见此书之成也。光绪甲辰冬十月。沈家本谨序。

## 薛允升《读例存疑》总论[①]

　　谨按。乾隆元年六月十九日，总理事务王大臣会同九卿会议得刑部尚书傅鼐奏称。窃惟，刑罚世轻世重，乃帝王宜民宜人之权。我朝律例，刊布于顺治三年，酌议于康熙十八年，重刻于雍正三年，固已法度修明，纪纲整饬矣。臣伏读我世宗宪皇帝遗诏有曰，国家刑罚禁令之设，所以诘奸除暴，惩贪黜邪，以端风俗，以肃官方者也。然宽严之用，又必因乎其时。从前朕见人情浅薄，官吏营私，相习成风，罔知省改，势不得不惩治整理，以诫将来。今人心共知警惕矣。凡各衙门条例，有从前本严，而朕改易从宽者。此乃从前部臣定议未协，朕与廷臣悉心斟酌，而后更定以垂永久者，应照更定之例行。若从前之例本宽而朕改易从严者，此乃整饬人心风俗之计，原欲暂行于一时，俟诸弊革除之后，仍可酌复旧章。此朕本意也。向后遇此等事件，则再加斟酌，若有应照旧例者仍照旧例行，钦此，钦遵。臣思，圣心惓惓于此，盖必有所轸念而未及更正者也。我皇上御极以来，凡事皆以世宗宪皇帝之心为心，每遇奏谳之时，斟酌详慎，好生之德，固已洽于民心矣。伏查《大清律集解附例》一书，系雍正三年刊刻之板，现今不行之例，犹载其中。恐问刑之员，援引舛错，吏胥因缘为奸。且与其临时斟酌，时时上廑圣怀，不若先事精详，事事立之准则。应请皇上特降谕旨，简命通达治体，熟谙律例之大臣为总裁，将雍正三年刊行律例，详加核议，除律文律注外，其所载条例，有先行而今已斟酌定议者，改之。或有因时制宜，应行斟酌而未逮者，亦即

---

[①] 薛允升著述，黄静嘉编校：《读例存疑重刊本》，成文出版社1970年版，第65页。

钦遵世宗宪皇帝遗诏，酌照旧章，务期平允。逐款缮折，恭请皇上钦定，勒限纂辑，缮写成书，进呈御览，请旨刊刻，颁行各省，俾知遵守以昭画一之会。则世宗宪皇帝义尽仁至之心，我皇上善继善述之政，接钦恤之传而养万年之福，等因。查，律为一定不易之成法，例为因时制宜之良规。故凡律所不备，必藉有例，以权其大小轻重之衡。使之纤悉比附，归于至当。我世宗宪皇帝临御十有三年，宵旰励精，勤求至治，而于刑狱尤加详慎。凡有所降谕旨及诸臣条奏，经由廷议者，必悉心斟酌，然后颁行。犹虑，愚民一时未能遍知，每行一例，必定以年限，使之家喻户晓，再有所犯，方始照例问拟。仰惟圣心，哀矜恻怛，慎重周详，洵足以昭亿万年之法守矣。第，刑罚世轻世重，自昔为然。而宽严之道，遂如温肃之异，用而同功。时而崇尚惇大，禁令渐弛，道在整饬，不得不济之以严。时而振兴明作，百度具张，道在休养，不得不济之以宽。宽严合乎大中，而用中本乎因时。盖所谓中无定体，随时而在。是以世宗宪皇帝遗诏，惓惓于条例之宽严，有宜再加斟酌之训谕。深有望于我皇上继志述事，敷时绎思，绍执中建极之谟，永臻于荡平正直之治也。伏读《大清律集解附例》一书，所刊原例、增例、钦定例三项，非尽现行之条，而自刊刻后至今，前例又多酌改。若不加以参定，归于画一，恐内外问刑之员，易于援引舛错，吏胥因得高下其手，足滋任意轻重之弊。应如刑部尚书傅鼐所奏，恭请皇上特简大臣为总裁官，将以前刊刻律例，并自刊刻后至今通行各例，统加检查核议。有宜因时变通，如先经定例而后经改易者，或前例未协而后亦未经改易者，应作何斟酌损益，宽严得中，逐一缕析条分，务期平允。其应删除者，即行删除。应增入者，即行增入。应更正者，即行更正。应仍照旧例行者，亦即酌复旧章。除律文、律注仍旧外，其刊入之例，必将某条附载某律之处，确切不移，使宏纲细目，大小咸该，仁育义正，折衷尽善。敬谨拟议，恭请皇上钦定，纂辑缮写成书，进呈御览，请旨刊刻颁行。则因时用中，先后同揆，以彰绍庭罔斁之孝思，益垂世守不愆之令典矣。至作何拣选分修及定限一切事宜，恭候令下之日，另行奏闻，请旨遵行，等因。二十一日奉旨，依议，钦此。窃查本朝之于明律，增注者多而删改者少。其删改者，皆其不宜于时者也。至于条例，则删存者不过十分之二三，盖以律有定而例无定，故也。此奏所云，雍正三年以前之事，虽约略言之，而已得其大要。乾隆五年以后，每届修例之期，或小修，或大修，均系照此办理，迄今遵行。由此言之，凡例文之不尽允协，及轻重之不得其平者，虽系奉旨纂定，亦准奏明修改，非谓一成而不可变易也。然必司其事者，详慎周密，不存偏倚之见，不至顾此失彼，庶可行之永久。不然乙改甲而丙又改乙，徒费笔墨而于政事毫无裨益，殊可慨已。昔班孟坚著《刑法志》云。上屡下恤刑之诏，有司无仲山父将明之材，不能因时广宣主恩，建立明制，为一代之法。而徒钩擿微细，毛举数事，以塞诏而已。盖亦慨乎其言之欤。故亟录此奏于首，俾阅者共悉其源委焉。

袁氏枚答金震方《问律例书》云。公以，先君子擅刑明之学，采访殷殷。枚趋庭时年幼，无所存录，但略记先君子之言曰，旧律不可改，新例不必增。旧律之已改者宜存，新例之未协者宜去。先君子之意，以为律书最久，古之人核之已精，今之条奏者，或见律文未备，妄思以意补之。不知古人用心，较今人尤精，其不可及者。正在疏节阔目，使人比引之余，时时得其意于言外。盖人之情伪万殊，而国家之科条有限。先王知其然也，为张设大法，使后世贤人君子，悉其聪明，引之而议，以为如是断狱，固已足矣。若必预设数万条成例，待数万人行事而印合之。是以死法待生人，而天下事付偎儡胥吏而有余。子产铸刑书，叔向非之曰，先王议事以制，不为刑辟。武帝增三章之法为万三千，盗贼蜂起。大抵升平时，纲举而网疏。及其久也，文俗之吏，争能竞才，毛举纷如，反乖政体。盖，律者，万世之法也，例者，一时之事也。万世之法，有伦有要，无所喜怒于其间。一时之事，则人君有宽严之不同，卿相有仁刻之互异，而且狃于爱憎，发于仓卒，难据为准。譬之，律者衡也、度也。其取而拟之，则物至而权之、度之也，部居别白，若网在纲。若夫例者，引彼物以肖此物，从甲事以配乙事也。其能无牵合影射之虞乎。律虽烦，一童子可诵而习。至于例，则朝例未刊，暮例复下。千条万端，藏诸故府。聪强之官，不能省记。一旦援引，惟例是循，或同一事也而轻重殊，或均一罪也而先后异。或转语以抑扬之，或深文以周内之。往往引律者多公，引例者多私。引律者直举其词，引例者曲为之证。公卿大夫，张目拱手，受其指挥，岂不可叹。且夫，律之设，岂徒为臣民观戒哉。先王恐后世之人君，任喜怒而予言莫违，故立一定之法以昭示子孙。诚能恪遵勿失，则虽不能刑期无刑，而科比得当，要无出入之误。若周穆王所谓刑罚世轻世重，杜周所谓前王所定为律，后王所定为令，均非盛世之言，不可为典要也。

按。此篇识议，最为精深，断非俗吏所能，亦可见例文之不可任意增添也。因附录于此。

谨按。律例之名，不见于古。《周礼秋官》一篇，其即后世律例之所祖乎。李氏（光坡）云，自大司寇、小司寇、士师三长官而下，乡士主国狱，遂士主郊，县士主野，方士主都家，畿内也。讶士主四方狱讼，畿外也。次以朝士者，谓断狱弊讼，皆于外朝也。次以司民者、见民者，天之所司，王之所敬，作天之牧，受王嘉师，当有仁思悯念也。狱讼既弊，有五刑以丽其辟，故次司刑。有刺宥以议其轻重，故次司刺。有大乱狱，则故府之典章在，故次司约。有疑狱不决，则天威之严在，故次司盟。于是罪轻而赎刑者，则职金受其入。次之，罪重而孥戮者，则司厉执其法。次之，稍重而未丽于法者，则司圜主政教。又次之，已在刑者，则囚而刑杀，故掌囚、掌戮。又次之，从坐者，恕其死，因存其生，故司隶、罪隶。又次之，继以蛮闽夷貉，四隶者，盖征伐四夷所得，同名为隶，皆此意也。继犬人于司厉者，司厉治盗，犬能逐盗者也。虽然，刑非得已也，禁于未发则民安而上不烦。故布宪禁于天下，禁杀戮、禁暴民、禁于国中。野庐氏、蜡氏、雍氏、萍氏、司寤氏，所以使行者无害，死者有主，陆阻者无险阻，水浮者不没溺。时其宵昼行止以节，皆道路之禁也。司恒氏、条狼氏、修闾氏，皆祭祀军旅之禁也。自冥氏至庭氏十二职，草木鸟兽为民害者，驱而除之，义之尽也。继以衔枚氏、司嚣氏，无端歌哭，杂气妖声，人化物者，不祥也，故次之。于是刑事尽矣。此论极为得要，故录之以冠此书之首焉。

《周礼司寇》，使率其属而掌邦禁，以佐王刑邦国。注曰，禁所以防奸者也。刑，正人之法，王者恐民为奸，故先设禁也以防之。防之而仍入于奸，则恶矣。故用刑以罪之。罪之者，刑期无刑，以杀止杀也。

士师之职，掌邦之五禁之法，以左右刑罚。一曰宫禁，二曰官禁，三曰国禁，四曰野禁，五曰军禁，皆以木铎徇之于朝，书而悬之门闾。注曰，左右，助也。助刑罚者，助其禁民为非也。宫，王宫也。官，官府也。国，城中也。古之禁书亡矣。今宫门，有符籍。官府有无故擅入。城门有离载下帷。野有田律。军有嚻欢夜行之禁。其粗可言者，疏曰，凡设五刑者，杀一人使万惩，是欲不使犯罪。今于刑外预示禁，禁民使不犯刑，是左右助刑罚，无使罪丽于民也。　郑刚中曰。徇于朝，示贵者。巷门曰闾，悬于门闾，示贱者。按，与司寇邦禁之意同。古时禁多于刑，后则刑多于禁矣。

谨按。自汉以后，刑律代更。至隋开皇中，定笞杖徒流死为五刑，而其法遂不可易。唐律篇目一仍隋旧，惟《疏议》为独详。宋与明，实攟摭而损益之。尝考唐律所载律条，于今异者八十有奇，其大同者四百八十一有奇。今之律文与唐律合者，亦十居三四。盖其所从来者旧矣。顾律文古质简奥，难以卒读，而经生家，又辄视为法律之书，不肯深究。迄身为刑官，乃勉强检按，取办一时，无惑乎学士大夫之能精于律者，鲜也。

顺治元年，定问刑衙门，准依明律治罪（先是，国初律令，重罪有斩刑，轻罪用鞭责，至是始有用明律之制）。又奏准故明律令，当斟酌损益，刊定成书，俾中外知所遵守。是年奉旨，法司会同廷臣详绎明律，参酌时宜，详议允当，以便裁定成书，颁行天下。二年奉旨，令修律官参酌满汉条例，分别轻重差等，汇集进呈。四年，律书成。名曰《大清律集解附例》。御制序文，颁行天下。总注云。律文，词义简奥，其关系紧要每在一字一句之间。现在律文虽有小注，不过承接上下文义，非解释本文。恐问刑官讲究未明，则毫厘千里，贻误匪细。今将律文之未甚分晰联贯者，另为解说，附录于正律文后，庶奉行者不致失错。谨按。小注，即各律内载明注语，是也。然亦有后来添入者。详见各条。至总注，系康熙三十四年增定。原奏云。律文词义简赅，诚恐讲晰未明，易致讹舛。特为汇集众说，于每篇正文后增出总注，疏解律文，期于明白晓畅，使人易知云云。乾隆五年，已将总注删去，并不载入律内，而人亦鲜有讲求者矣。相去不过百年，而两不相同已如此。

## 薛允升《唐明律合编》徐世昌序[①]

长安薛云阶尚书精于律学，官刑部垂四十年，潜心名法，融会贯通，尝取唐明律之彼此参差、轻重互异者，逐条疏证，以类相从，成

---

[①] 薛允升撰，怀校锋、李鸣点校：《唐明律合编》，法律出版社1999年版，第1页。

《唐明律合编》三十卷。先生一生服膺唐律，自言平日寻绎律义，有所未瞭，考之群书，稽之故牍，犹未洞彻，及就唐律求之，则事理炳然，若网之在纲，若农之有畔，而忠厚恻怛之意油然溢于属辞比事之余，常令人思焉而不穷，拟议而知其不可易。持论若此，则其得力所在，从可知已。三礼丧服之学，盛于唐初，故唐律一本于礼而得古今之平，自五季以迄宋元，令条格式代有更张，而永徽之传承用不废。明太祖惩元之法度纵弛，故明律多重于唐，其《大诰》诸峻令尤出乎律之外。然其初李善长等论历代之律，以汉《九章》为宗，而唐集其成，佥谓今制宜遵唐旧，太祖从其言。洪武元年，又命儒臣六人同刑官讲《唐律》，日进二十篇，是《明律》大旨亦本于唐而损益之。世谓《明律》偏主于重，非笃论也。《明律》之苛刻显著者，先生既于卷末分条胪列。《唐律》之应拟徒罪以上者，《明律》大半改为笞、杖，甚至《唐律》十恶之应拟绞、流者，亦俱改为杖罪。先生谓理必衷诸至当，此以见人心之所同也。事苟杂以私心，终不能尽归于一致也。于不应宽者而故意从宽，则必于不应严者而恣意从严。古今立法之本，数语尽之矣。近虽律学更新，非复旧法，而循览是编，可识律之为用，民命所系，根极于天理民彝，称量于人情事故，法有新旧之异，其意有终古不变者。彰往察来，周知百世，讵限于唐明已哉！尚书之治律原本经术，折衷至当，著述繁富，学者宗之。余丙戌廷试，曾受知于尚书，兹从董子授经假得是编，校刊行世，盖不胜耆旧之思，典型之仰焉。壬戌孟秋，徐世昌。

## 薛允升《唐明律合编》自序[1]

律之为义大矣。古人多以经术断狱，后世一准以律。律之为言，

---

[1] 薛允升撰，怀校锋、李鸣点校：《唐明律合编》，法律出版社1999年版，第1页。

整齐画一之谓，亦轻重得平之谓也。其名始于汉而其书则已散佚，讲求斯道者，莫不以唐律为最善。岁辛卯，沈君子惇重刻《唐律疏议》成，余曾为之叙其颠末矣。明太祖亲定明律，大体亦祖此书，而不免有所增删，其世轻世重之故。洪武七年之初本不传，无以考其改定之意，然尔时尚仍用唐律之十二章也。迨二十二年，改为三十门，分为吏户礼兵刑工律，大非唐律之本来面目矣。前于坊肆购得嘉靖二十九年重修明律三十卷，并附例若干条，则隆庆元年巡按湖广御史陈省刊刻者也。余详加审核，其中仍照唐律者固多，而增减者亦复不少，且有删改失当者，他不具论，即大辟罪名已增多至二十余条，虽历代典章不相沿袭，而律为民命攸关，必当详慎周密，方可垂诸永久。事不师古而私心自用，非良法也。兹仿班马异同及新旧唐书合钞之义，取两律之彼此参差、轻重互异者，逐条疏证，以类相从，命之曰《唐明律合编》，俾读者展卷了然，其得失之处不烦言而自解，亦读法之所宜从事也。昔人谓太史公改《左传》《国策》为《史记》，而不及《左》《国》，班孟坚改《史记》为《汉书》而不及《史记》，朱子改《通鉴》为《纲目》而不及《通鉴》，公论自在天壤，安可诬也。余于《明律》之改《唐律》也，亦以为然，识者或不河汉斯言欤。长安薛允升序。

## 赵舒翘《提牢备考》雷榜荣序[1]

工倕不能为无矩之器，王良、造父不能为无辔之御，此其说人人知之。独至行一事而必深求其源委，莅一职而必博取乎良法美意，则粗疏者往往习焉不察，倜傥权奇之士又以为不足尽知而姑苟且以从事，是则卤莽灭裂之患起，而实事求是者益难其人，此吾友赵君

---

[1] 闫晓君著：《陕派律学家事迹纪年考证》，法律出版社2019年版，第183—184页。

展如所为有《提牢备考》之辑也。

刑部之有提牢，自明迄今，且历数百年，然而案无牍，事无档，长官不知其谁何，因革损益迄无表见。卒然遇有建置，吏从敝簏中出片纸以为程式，或呼老役询颠末，官辄置纸尾行之，惴惴焉无敢出声。夫以数千百人生命所关之地，而诸事漫无头绪，如捕风捉影，膺斯任者，又或存传舍，其官之心，而侥幸于目前之无过。噫，甚矣！其疏也。庚辰之冬，展如督理厅事，念此烦重者曷能以无本治也。思欲网罗散失，一洗从前之陋。乃爰搜诸故纸，证以前闻，评究夫律例之有关于狱事者，自恤囚、察吏，以至于一物之领放，一事之终始，皆谨志之无或遗。又举前此之居是官而有札记者，备录其语以为将来之劝，共得如干卷而出其稿以示荣。荣受而读之，怦怦然有动于中，而窃不禁慨然而长叹也。儒者甫弃铅椠，出而与人家国事，譬之舍康庄而入蚕丛，不得其道以由，即有颠踣倾危之虑。

孔子曰："不践迹，亦不入于室。"又曰："择其善者而从事，不洞窥其本末，而能遽与于神明变化者，固断断乎无有也。"即以理囚而论，往者汉之萧、曹皆起狱吏，及观其后来之措施举动，萧何则于入关之初首收图籍，曹参为相不外守而不失，则由二公之丰功伟烈，以追溯当日治狱之始，其亦必有旧章率由，罔敢失坠，而非复一切师心自用者流所能比数矣。即小可以见大，不其然欤！展如负博综兼赅之才，而复不自逞其私智。荣与共事既久，见其深思力行，勉勉焉惟恐或悖于道。故其任提牢也，百废俱举，黎然有当于人心。兹篇所著，殆小试其端乎？他日负荷所及，知必有十倍重大于斯、艰巨于斯者，固将由此以推暨于无穷焉。夫亦可以识其用意之所在矣，独提牢云乎哉！书既成，展如欿然自视，不欲出以问世。荣以为古人立言当以有裨于世者为亟，而非必有沾沾求名之心，况提牢关系綦重，而又素无稽考，得是编以为指南，亦仁人君子所争先快睹者也，乌可不公诸同好？爰付手民，而荣亦幸得僭言简端以志乡往之忱云。光绪乙酉五月。朝邑雷榜荣序于西曹之叙雪堂。

（此叙系老友雷瀛仙乙酉年所赠，彼时以语涉揄扬，辞未敢刻。瀛仙笑曰："是区区者，亦不准附名耶？"至今不忘其言。兹因索书者多，重墨诸板，增入叙文，义附久要。瀛仙往矣，追惟旧雨，为之悯然。癸巳春展如手识。）

## 赵舒翘《提牢备考》自叙①

刑部提牢一职，管理南北两监，事繁责重，称难治焉。己卯年八月间，堂宪派翘提牢拟陪，自念以孤寒杂厕曹末，忽蒙上官谬加赏识，惧弗胜任，贻陨越羞，自此益懔懔。或曰提牢处分綦重，汝无加级，一有蹉跌，即失官矣。何捐一级，以备意外。翘又念今得此任，本属意想不到，若应失官，则是天为之也。即有一级何益，况欲捐级，必须借贷，失官后岂不更增一累，似不如就职分当尽者，竭诚致慎，以结天知，或可无事也。而时居心如是，行险侥幸之讥，固不能免，然一年之内，考校此中情弊，亦微有得焉。谨就浅见所及胪著于册，非敢云旧政必告也，聊以备后诸君子，采择云尔。

光绪乙酉五月长安赵舒翘识于宣武城南寓斋。

## 赵舒翘《慎斋文集》王步瀛序②

长安赵展如先生与予为癸酉（1873）同年，暨予丙子（1876）通籍，而先生已先官刑曹，渐有声然。予生也戆，与先生踪颇疏。嗣先生补

---

① 赵舒翘原著，张秀夫主编：《提牢备考译注》，法律出版社1997年版，第1页。
② 赵舒翘撰，闫晓君整理：《慎斋文集》卷首，王步瀛序，法律出版社2014年版。

外，屡入觐，暨丁酉(1897)内召，乃渐渐知予且深。先生寓内城西铁匠巷，公余恒柬邀予过谈，至则论学问、衡人才，并商出处大义，洵可谓真相知矣，何意先生竟以冤死也。予戊申(1908)冬由常州移守凉州道，出西安，登堂拜太夫人，见其三子：长者十岁，幼才八龄，抚兹藐诸孤，不禁泪涔涔下。继求先生遗稿，则丧乱之余，散乱无次。乃属逐卷缮真，寄凉编定。辛亥(1911)四月，大儿谦柄请假诣凉，携到副本。适逢时变，未及编定，仍即交还。上年冬，携弱息就医长安，莜世如兄仍以见属。予老矣，行填沟壑，敢再延诿，致负平生相知之雅，爰审体例，详慎编定，既脱稿，乃为之序曰：嗟乎！世变炱，人心蠹，非正学不明之故哉。当清咸同间，盗贼半天下，曾文正与倭文端、唐恪慎诸公讲学不辍，卒能维持人心、削平大难，蔚成中兴之业，何其伟也。自时厥后，圣道否盲，人趋奇袤，强邻欺侮，几乎不国。先生处泯泯棼棼之时，独能立身明道，严义利之辨，皎然不欺，推诚敬之精于所事。读先生遗书，光明俊伟之概固出寻常万万。先生生平最佩曾文正，然先生有文正之学、有文正之遇，而卒不能成文正之功。时丁末运，未竟所施，赍志以殁，岂非命也哉。当庚子(1900)五月初九日，先生奉朝命诣涿州查看义和拳，随员为浙人何君汝翰、乡人杨君枝茂。十四日复命，何君请具折，先生曰：否，面奏可耳。后闻面奏有"拳匪无天无法"等语，即在刑部对僚属言，亦谓拳匪如部中罪囚、如市丐，决不能成事云云。是先生当日并未附和义和拳，固大异于诸王公之昏昏也。故厥后彼人罗织祸首，朝旨仅坐以"草率"二字。当辛丑(1901)正月初三日赐自尽，皇太后时在西安行都，闻亦为堕泪。自古忠臣义士，有时君父亦不能保全，尚何言哉？而或者谓先生当时奚不以去就争？奚不以死生争？亦事后成败论人之见矣！先生三子皆成立，喜读书，明德有后，夫复何憾！独念先生学在圣贤、志在忠孝，授命非难，死邻于枉，百世而后倘有读其书、论其世、知其人者乎。此予序先生集，所为胪陈当日情事，而不能无望于来禩之有心人也。噫。

戊午(1918)清明日眉县息壤余生王步瀛撰于渭上乐天窟

## 赵舒翘《慎斋遗集》曹允源序[①]

国家政事分掌于六曹，而秋官一职关人生命，视它曹尤重。为之长者类多擢自曹司重望，谙习法令。即叙劳外简，往往不数年骤跻右职，入掌部纲。故它部长官迁调不常，而秋官任独久，盖非精研其学者不能尽职也。陕西人士讲求刑法若有神解夙悟。自康熙间韩城张文端公为刑部尚书，天下想望风采。厥后释褐刑部者，多本所心得以著绩效，如为学之有专家，如汉儒之有师法。同治间，长安有薛公云阶，声望与文端埒。越十数年，光绪中叶，赵公展如继薛公而起，由刑部郎中出典大郡，洊膺疆寄，内召为侍郎，旋擢尚书，决疑平法有张释之、于定国之风。薛公平反冤狱，啧啧人口，视刑律为身心性命之学，尝以律例分类编订，手录积百数十册，又著《汉律辑存》《唐明律合刻》《读律存疑》等书。公亦采古人有关刑政嘉言懿行，成《象刑录》。任提牢厅时，辑《提牢备考》，皆足为后世法。然薛公在刑部先后垂四十年，年逾八秩，虽间关行在，卒以寿终。而公则以尚书兼军机大臣，值拳匪构乱，为外人所持，竟不得其死。其学同，其名位同，乃其所遭悬绝如此，得不谓之命也邪。公少从同县柏子俊先生游，既又与咸阳刘古愚先生定交，切磨道义，备闻治己治人之要，以谨身、从政、读书三端痛自刻厉，读《朱子全书》《近思录》，悟为己之学，自改过自新始，日以所言、所行详识于册，有过则改，名曰《课身格》，尤服膺薛文清之为人，尝曰：得《读书录》，反复细绎，

---

[①] 赵舒翘撰，阎晓君整理：《慎斋文集》卷首，法律出版社2014年版。

觉当前帘动、花开，有万物得所景象。盖公之学，其体曰诚、曰敬，其用曰实。学道既夙而爱人出于天性，故其为政也，民无不怀。其婴祸也，君子讼其冤，当时议者乃谓其袒拳匪。天下无是非久矣，后世读公遗集，必有以窥公之隐，谅其捐躯以纾国难，非有圣贤之仁心毅力未能办此也。允源昔主讲淮南书院，公方守凤阳，时时相从论道讲学。洎公抚苏，允源在京师，闻公治行甚悉。今年春，公子筱如以公遗集介吾友王幼农观察邮视允源，属为弁言。因卒读是编，复参考王君步瀛所撰年谱，益慨泯棼之世，天下滔滔，无知公之人，为之太息痛恨而不能已也。

壬戌(1922)春三月吴县曹允源

## 赵舒翘《慎斋遗集》赵继声序[①]

癸亥(1923年)春，张翔扶同年介其内弟长安赵筱如出眉县王仙洲太守所编其先大司寇慎斋先生《映澧山房集》，属声任覆校役。是集，王太守原订，计八目：曰奏疏；曰奏稿；曰公牍；曰书；曰杂著；曰读易随录；曰慎斋语录；曰诗。更附以集唐碑楹联，都为十四卷。以《年谱》一卷附焉，吉光片羽，有美必收；日月后先、各从厥类，义例精审，有目共赏。声何人斯，敢妄商榷？惟文以载道，简则易从。邹峄亚圣书裁七篇，天德王道于焉大备；周秦诸子都无巨帙，流衍至今，未或废坠；唐宋名彦殚心著述，诗文所集，卷轶等身，志彰全豹，实同自锢。一由阅者望洋卒业生畏；一由杀青费剧，传抄殊难，霾没前徽，心窃痛之。昔唐人编李赞皇会昌《一品集》，立正、别、外三例。大抵汇武宗时制诰之作为正集；别集皆其诗赋、杂著；外集则闲居论史之文，即所谓穷愁志也。三集并行，读从攸好。识者

---

[①] 赵舒翘撰，闫晓君整理：《慎斋文集》卷首，赵继声序，法律出版社2014年版。

善之,用本斯旨,略事分厘其类目,惟并奏疏、奏稿为奏议,余则一仍王太守之旧,以奏议、公牍、书札十卷为一帙,题曰《慎斋文集》,可以见先生忠爱之心与清正之操,所谓外王之事也;以杂著、易录、语录及诗为《别集》四卷,藉以见先生学养之纯与操存之密,所谓内圣之功也。《年谱》自为一卷,仍附集后,至所集皇甫碑、楹联,中间固多名言,究为一时燕居遣兴之作,入集弗类,应仿左文襄公《盾鼻余沈》之例,刊为单行之本,此区区意也。雠勘既竟,属筱如邮商眉县王太守,书来报可,将付手民,姑叙其分订之由,以质诸明达君子,或不以颛妄见罪乎?抑吾更有感焉,先生少时,因读《近思录》等书,悟为己之学,当改过自新。至三十初度,鸡鸣起复,露香告天,誓行课身格,矢诚矢敬,终身罔间。其改过之勇、信道之笃,关学后起,一时无两。不幸际清室末叶,主孱国弱,正谊澌灭之时,冤之以祖拳,继之一鼎革,身后销声二十余载,三秦人士鲜或过问,江左不过遗爱之邦耳,其名贤遗老若鲍润漪、曹根生辈,于先生特汲汲焉表彰不遑,吾曹当之有愧色矣。幸而犹有耆德骏望,与之同年同道且先后同官京朝,凡厥言行多所目击,如吾王太守者为之纂遗集,著年谱,俾先生之学之行,卒得大暴于天下。非太守之所以酬知己,正昊绎之所以报先生欤?君子病没世而名不称,与其身存而名灭,孰若身灭而名存。世之读是集者,慎勿以作善遭悯凶,修德不获报,遂谓天下滔滔、彼苍愦愦。先生之学不求人知,人亦竟莫之知也。

癸亥(1923)春三月鄠县后学赵继声谨序

## 赵舒翘《慎斋遗集》赵璧城序[1]

夫《尚书》出自古壁,《孔丛子》克守遗文,春秋庋于前楹,晏大

---

[1] 赵舒翘撰,闫晓君整理:《慎斋文集》卷首,赵璧城序,法律出版社2014年版。

夫曾留《汗简》下。此子刻父书,如《务观遗诗》,子管刻之;《九江放翁文集》,子遹刊于溧阳。前有作者,后之师也,城虽不肖,敢昧斯义。昔先尚书性耽儒理,著作等身,其守凤阳时,尝寄吾乡高抟九京兆书,有"稍有积蓄,即拟归田,于长安乡村负郭处,筑一小园林,名曰映澧山房,读书其中,穷究天人之奥"之语,其好学不厌之心,即此可见一班[斑]。乃嗣宦浙苏,旋长刑部,入枢府预机务,卒未能遂名山著述之乐,而遽赍志以殁。不肖时方冲龄,遭家不造,迷弗省事,蒙家慈将先尚书生平手泽所存,不下十余种什袭藏之,以贻后人。后有吾乡诸大君子后有见者,谓凡所为文,深得先儒正学要旨,不惟嗣而守之,读书种子可以不断,且分别刊行,足为来哲矜式,卒以锓板无力,延搁至今。迩诸故旧怂恿愈力,因请眉县王仙洲年伯详加编订,裒集成帙,都为十四卷,初颜之曰《映澧山房承先志》也,嗣承雩县赵鹤皋宗兄为之覆校,离[厘]为《慎斋文集》十卷、《别集》四卷,分帙付印,藉易流行,改题曰"慎斋"者,以其为先尚书生前之自号,较"映澧山房"为崇实也,将付手民,因序其崖略如此。惟是不肖禀赋卑弱,深恐不克负荷,以遗前人羞,乃过蒙诸公玉成之意,兼勖以上承家学,以作其志气,自揣虽甚驽钝,敢弗加勉,致贻先人羞哉。是为序。

时光绪辛丑后二十有三年,岁在癸亥(1923),<br>荷月上浣,长男壁城沐手谨识

## 吉同钧《大清律例讲义》沈家本序[①]

天下之学,必讲焉而后明,矧在专门,义博而科繁,安有不讲而能明者。讲读律令,旧载《吏律》。乾隆初,吏部以内外官员各有本

---

① 吉同钧纂辑,闫晓君整理:《大清律例讲义》卷首,沈家本序,知识产权出版社2018年版。

任承办事例，律例款项繁多，难概责以通晓，奏请删除官员考校律例一条，上不允。诚以律例关系重要，非尽人所能通晓，讲读之功不可废也。乃今之说者，谓律例当使官吏尽谙，颛愚共喻。信斯言也，必使人人皆能通晓，无待于讲焉而后可，必深辞古义非讲不明者概加芟薙焉而后可。不然官吏尚未能尽谙，又安望颛愚之共喻哉？讲读之文，载在功令，乌可诬也。夫读者但记诵其辞，讲者必解说其意，举凡教礼之精微，事情之繁赜，一字一句，皆有至理存焉。是即讲之读之，尚恐有不能通晓者，属在官吏职当尽谙，而官吏之谙之者已不多觏，若欲颛愚之人莫不喻之，能乎？否乎？在昔《汉律》，各为章句，叔孙宣、郭令卿、马融、郑玄诸儒十有余家，家数十万言。凡断罪所当由用者，合二万六千二百七十二条，七百七十三万二千二百余言。魏世诏用郑氏章句，不得杂用余家。夫以康成一代大儒，其所以讲之者，犹如是之详且尽也。其后《唐律》，则有《疏议》三十卷。在唐初，律学专家颇有其人，奉敕纂修《疏议》，其所以讲之者，又如是之详且尽也。洎乎有明，说律之书不下数十家，《琐言》《读法》《纂注》《笺释》诸书，世尚有传本。或自申己见，或汇集群言，其所以讲之者，又如是之详且尽也。使果人人皆能通晓，古之人何若是之不惮烦哉？《大清律例》承《明律》而损益之，雍正、乾隆以来，叠经修改，其条例视明代增千数百条，律文则因者多而革者少。顺治初，以律文有难明之义，未足之语增入小注。雍正三年又纂总注附于律后，并列圣垂训，命官撰集。岂非以礼教之精微，事情之繁赜，正有非官吏之所能尽谙，颛愚之所能共喻者乎？此其所以讲之者，又如是之详且尽也。

然则《律例》一书，将欲考其沿革，辨其同异，权其轻重，是非讲不为功。今试进司牧之自负能名，幕府之素称老手者，举律例而周咨焉。其阅历非不深也，其办案非不精核也，若夫历代之沿革，亦尝考订之乎？法经之义例亦尝推阐之乎？律与律之同异，例与例之同异,律与例之同异,亦尝参稽而明辨之乎?律轻例重之故,律重例轻之故,古律与今律重轻之故,此律与彼律重轻之故,亦尝博综而审定之乎?将皆逊谢不遑曰,未也。夫不明沿革必至修一例而贻害无穷。不明义例必至断一案而情法失当。不明同异必至援引不衷,于是甲罪用乙例,乙罪用甲例。不明轻重必至权衡不得其平,重者失之轻,轻者失之重。夫孰非不讲之为害哉。独是《律例》为专门之学,人多惮其难,故虽著讲读之律,而世之从事斯学者实鲜。官西曹者职守所关,尚多相与讨论。

当光绪之初,有豫、陕两派,豫人以陈雅侬、田雨田为最著,陕则长安薛大司寇为一大家。余若故尚书赵公及张麟阁总厅丞,于《律例》一书,固皆读之讲之而会通之。余尝周旋其间,自视弗如也。近年则豫派渐渐衰矣,陕则承其乡先达之流风遗韵,犹多精此学者。韩城吉石笙郎中同钧,于《大清律例》一书讲之有素,考订乎沿革,推阐于义例,其同异轻重之繁而难纪者,又尝参稽而明辨之,博综而审定之,余心折之久矣。迨偕顺德伍秩庸侍郎奏请专设法律学堂,于丙午九月开学,学堂科目特设有《大清律例》一门,即延吉石笙主讲。于今已阅五学期,所编讲义积成六册。其于沿革之源流,义例之本末,同异之比较,重轻之等差,悉本其所学引伸而发明之,辞无弗达,义无弗宣,洵足启法家之秘钥而为初学者之津梁矣。余奉命修律,采用西法互证参稽,同异相半。然不深究夫中律之本原而考其得失,而遽以西法杂糅之,正如枘凿之不相入,安望其会通哉?是中律讲读之功,仍不可废也。余嘉是编之成,幸斯学之未坠,而后来者有门径之可寻也,故乐为之序。

**宣统建元(1909)六月**

## 吉同钧《大清律例讲义》方连轸序[①]

近代以法学著者首推长安薛大司寇云阶夫子,连轸通籍后筮仕西曹,幸瞻丰采,比充秋审处坐办、提调等差,稿件繁多,日不暇给,每遇疑难,辄承指示,由是连轸稍识法律,事隔十余年,此景如在目前也。岁丙午,法部奏设律学馆,大司寇南海戴公、司寇长白绍公、固始张公近连轸入职讲务,自维学殖荒落,深惧有负雅爱。吉君石笙者,刑署旧友,尤薛门高弟子也,相继来充教员,即《大清律例》《读例存疑》《洗冤录》诸书,分门口授,吉君并手著《大清律例讲义》,间日颁给诸学侣,词旨显豁,备含精蕴,计馆中同学因是撮要差者指不胜屈,盖《讲义》之功为最多焉。铅印工竣,喜赘数语以志倾佩,自今见斯编者,必且矍然惊,欣然喜,以为白云亭下、叙雪堂边,固有如是之保存国粹者乎?则连轸亦与有荣施云。

光绪戊申(1908)嘉平罗山方连轸谨序

## 吉同钧《大清律例讲义》陈康瑞序[②]

道与法相表里也。法之所许者,道亦必从而导之;法之所不许者,道亦必从而禁之。法固根道而立哉,然法足以惩人之恶而不能防人之情,法足以束人之身而不能复人之性,苟离道以为法,法之用或有时而穷。古昔圣王有见于此,其立法也,凡以卫道也。是故君令而臣恭,父慈而子孝,礼之经也,即道之大也,反是而不恭不孝有刑焉。吉凶军宾嘉,礼之文也,亦道之余也,反是而猖狂自恣有刑焉。

---

① 吉同钧纂辑,闫晓君整理:《大清律例讲义》卷首,方连轸序,知识产权出版社2018年版。
② 吉同钧纂辑,闫晓君整理:《大清律例讲义》卷首,陈康瑞序,知识产权出版社2018年版。

纲举而目张，非遽恃以诘奸宄慝也，必先有至诚恻恒之隐充积乎其中，至万不得已，或惧民之终于颠越也，始假是以动其愧耻而创艾之者，乃所以教之已耳。虽历代以来递有增损，其间世轻世重，沿革异宜而习尚异变，行于后者不必同于前，适于彼者而或窒于此，要皆斟酌乎人心风俗，积渐而成，非一人之私智所得与乎其间，盖道固应尔也。乃世之论者以为法积久而必弊，因时制宜，自非斤斤焉墨守前闻所能善其后而奏其功，然而本末轻重之间，其必有以审处之矣，不此之审，而或卤莽灭裂，举凡朝野上下所谓恩相孚而义相统，历数千百年之所通行而无阻者，悉摧陷而廓清之，谓非是不足以言法，是所谓削足就屦，几何其不背道而驰耶？我朝《大清律》一书乃前明旧编，参以国家定制，分吏、户、礼、兵、刑、工六律，而以《名例》冠其首，总定律文为四百三十六门，附以《现行则例》，删并增修，权衡至当，一字一句皆有精意以寓乎其间。康瑞供职秋曹，时资流览，徒以未窥体要，掩卷茫然，苟非有好学深思之士，固未易融会贯通，得其指归之所在也。比蒙堂宪派充律学馆监督，值同年友韩城吉君石笙方主讲席。吉君宏通博雅，其于律尤夙所服膺。一切专门著述以及海外新编并收兼蓄，参互考证，口授之暇，辄出所著《大清律讲义》计日分课同人，其中繁称博引，义蕴宏深，而于纲常伦理之大，尤殷勤三致意焉，间亦旁采东西各国诸条例，为之絜长较短，辨别异同，凡孰得而孰失者，不惮反复推详，俾学者晓然自得于言外，所以保存国粹者在此，所以维人心者亦在此。或者曰方今朝廷注重立宪，为十年之预备，爰命大臣修订法律，既已删削编摩，重加厘定，则《大清律》之不能仍其旧也明甚，又何必拘墟自守从而加意研求哉？不知天不变，道亦不变，若夫琐琐节目，昔之所取而今或无当焉，势不能听其方枘圆凿而不思所以易之，至大经大法之炳若日星，所赖以纲维九夏者，固将推而放之四海而皆准。试观环球创立之制，其与我古昔圣王之设施相符合者，殆不可以枚举焉，何独于律学而转多过虑也哉！

光绪三十四年（1908）十月法部员外郎慈谿陈康瑞
书于律学馆之憩室

## 吉同钧《大清律例讲义》崇芳序[1]

全球立国之道有三：曰专制，曰共和，曰立宪。全球立宪之要亦有之：曰选举，曰国债，曰法律。法律者，立宪之基础也。英为立宪最古之国，当华盛顿据美自立，国人艳羡联邦共和政体，政府患之，乃益以修明宪法者尊主权。德、义二国当维也讷联盟而后，鉴拿坡伦并吞之祸，乃踵行英伦立宪以作民气。日本明治崛兴，易魁柄之下移为乾纲之独揽，采用泰西宪法作民气，正以尊主权。惟尊主权也，故法律较严。惟作民气也，故法律较宽。惟合民气、主权之交振也，故法律或宽于夫妇而严于君臣，良以土有异宜，俗有异尚，时有异变，情有异趋，法律不得不有异制，要其各从乎习惯。法者，无甚径庭。比者，我国预备立宪，分年筹备之命相衔而下，而《新律草案》与《民刑诉讼法》，各省先后纷纷议驳，于是法律之学，新旧分两派焉。新者目旧学为压制，为墨守。旧者亦诋新学为诡随，为诐邪。两相牴牾而未有已，法律一日不定，人心即一日不安。夫岂全国幸福哉？蒙则以为舍法律不足以为治，舍本国之法律不足以自治，舍地方自治不足以造备选举，担国债之人格即无以跻立宪。然则处今日之中国，求中国之立宪，其不能尽废中国法律也断断然。

《大清律》一书导源于唐明，熟悉乎风俗巧诈之故，详酌乎人情天理之平，为中国保护治安者殆数千年。为今日计，果使人人通晓律意而谨守之，上哲赖以怀刑，中材赖以寡过，不肖赖以洗心，人格日

---

[1] 吉同钧纂辑，闫晓君整理：《大清律例讲义》卷首，崇芳序，知识产权出版社2018年版。

以高，国势必日以振，则是不待立宪而进化已自不同，况乎群情思治。治道贵因时，近年凌迟、枭示、戮尸、缘坐及刺字、枷号、笞杖诸刑统经奏请删除，或改为折罚，诚再悉心参校，何者虚存？何者窒碍？何者不便于时局？何者不宜于外交？间证诸西东各律，一一斟酌而损益之，则所谓中国立宪法律者，岂不炳炳然照耀五洲哉？不此之务，而弁髦一切改弦而更张之，不且较胶柱鼓瑟为患尤巨耶？惟是全律四百三十六条，词笔古简，义蕴闳深，往往读未数行，辄复倦弃，浅尝浮慕，正未易强作解人。吉石笙先生以名进士筮仕西曹，沈潜此道者二十余年，摩娑此书者七十余遍，确窥其乡先正薛云阶尚书堂奥，为律学名宿，久任京师法律、法政两学堂，大理院讲习所及本部律学馆各校，主讲所著《大清律讲义》，以周孔之理阐萧曹之法，宗旨纯正，词复雪亮，以故尽人宝贵，风行一时，乃至远近各省邮函征索者相络绎，洵秋署传人之表表者已。计自丁未（1907）三月先生抵馆以来，讲义甫发至《名例律》及《刑律贼盗》一门，同人资成就而膺升擢者联袂而起。芳初不喜读律也，自获先生为同事，朝夕切磋，多所获益，始知刑名与道德异流而同源，律意精微，最耐探索，用是稍窥法苑门径，盖亦先生《讲义》之功为最多焉。会馆中学友段、韩、明、阿诸君，以平日所发蜡篇字稍漫漶，未足以供同好，传永久，一再请付铅印，爰商诸同事陈君雪樵、刘君厚之同任纂辑，并挽诸学友分任校字，书成，颜之曰《律学馆大清律例讲义》，以见白云法乳常年所讲求者如是如是，亦以作者是书大具抉经心执圣权之功力，迥非私家撰述所可比也，抑更有说焉。方今新律待颁，草案正在厘订，作者于各门篇末率援摭西东各律以相比较，外律名家尚多心折兹编也，当亦职修订者所采择而为筹备立宪之一班[斑]乎！

**光绪三十四年仲冬下浣法部律学馆庶务提调崇芳谨序**

## 吉同钧《大清律例讲义》刘敦谨序[①]

刑官而以士名，自虞廷始，在朝者谓之士师，外则有乡士、遂士、县士之称，诚以民命攸关，苟非经术湛深而徒勒袭萧曹申韩之术以自诩为专长，求其不以法律胜诗书也鲜矣。夫律理精深，不难通其文而难会其意，意者，律之精神也。俗吏非但不通律意，并不明律文，一旦临民断狱，问以科条则不知，诘以指归则不达，无怪吏胥舞弊，小民负屈，杜[柱]纵冤滥，而不免于上官之谴责也。考明时蔡懋德患谳狱者不明律意，逐条贯以注文，此外刊有《读律源头》，以《周易》《尚书》等经籍中刑语冠于先，又有《辅刑详节》，以《大诰条例》续于后，而又立"讲读律令"之条，每年考校内外各官，有不晓律意律文者罪有等差，士子试判必详明律意者方许进身，百工技艺有能讲解者免罪一次，可见律必读而后熟，读必讲而后解，久之融会贯通，所谓明刑弼教之旨不难神而明之矣。

法部为天下司法机关，既隶斯曹，舍读律更将何以？律学馆自堂宪奏设以来，延方坤吾、吉石笙先生辈主讲馆中，好学诸君咸资诱掖，而石笙先生于口授之余，复著《讲义》以飨馈同学。凡律中未显彻者援引而阐发之，律中未赅备者触类而引伸之，或上溯唐、宋、元、明之法典以抉其根源，或远求日、法、德、俄之刑书以参其同异，使晦者显，疑者析，略者详，涣者萃，虽持论精严，仍不失忠厚之宗旨，《书》曰"罪疑惟轻"，《易》曰"明慎用刑"，《传》曰"忠信慈惠"，先生之《讲义》尽之矣。讲律文也，实讲律意也。先生坐拥皋比，法部律学馆而外，则有法律学堂、法政学堂及大理院各处，孜孜不倦，启迪多人，而京外各省亦纷纷调取先生《讲义》，山陬海澨不

---

[①] 吉同钧纂辑，闫晓君整理：《大清律例讲义》卷首，刘敦谨序，知识产权出版社2018年版。

胫而走，虽日本博士冈田、松冈诸人为东瀛法学名家，亦以先生之《讲义》为可珍赏而藏之箧笥，藉资考校。盖其保全国粹之功诚非浅焉。本馆自开办后已阅两年，学者渐次毕业，一时杰出之才屡蒙堂宪拔尤任使。敦谨备荷陶镕，与有厚幸，因先取《名例》及《刑律盗贼》各项讲义校订，集资付版，其余仍俟续出。

光绪三十四年仲冬下浣律学馆提调刘敦谨序

## 吉同钧《大清律例讲义》自序[①]

上古律无专书，《风俗通》云："《皋陶谟》：虞造律。"《易》云：师出以律。《左传》云：百官戒惧，不敢易纪律。观丁兵有律、官有律，可知刑亦有律也。特是三代以前，刑律与道德合为一体。试观六经为载道之书，而刑律即寓其中。如《易》之"讼"与"噬嗑"，《书》之《皋陶》《吕刑》，《诗》之鼠牙雀角，《周礼》之《秋官司寇》，《春秋》之晋鼎、郑书，皆后世言法律者之鼻祖也。

迨及战国，道德衰微，而法律乃为专门之学，当时法家之书，《李悝》三十二篇，《商君》二十九篇，《申不害》六篇，《处子》九篇，《慎到》四十二篇，《韩非》五十五篇，《游棣子》一篇，各立门户，专务深文，从此刑名与道德始分两途。言道德者以刑名为苛刻，言刑名者亦以道德为迂阔，后世儒者薄刑名而不为，皆自战国诸子始。

汉兴，除秦苛政，约法三章，酂侯取李悝《法经》六篇，增益三篇，名曰《九章律》，叔孙通益《旁律》十八篇，文帝除收孥、诽谤律

---

[①] 吉同钧纂辑，闫晓君整理：《大清律例讲义》卷首，吉同钧自序，知识产权出版社2018年版。此序也用于《大清律讲义》，文中个别字词略有不同，序末为：光绪戊申（1908）中秋法部郎中韩城吉同钧石笙氏序于律学馆。见吉同钧纂辑，闫晓君整理：《大清律讲义》卷首，吉同钧自序，知识产权出版社2017年版；还用于《大清现行刑律讲义》，序末为：宣统庚戌（1910）仲夏法部郎中韩城吉同钧序于律学馆。见吉同钧纂辑，闫晓君整理：《大清现行刑律讲义》卷首，吉同钧自序，知识产权出版社2017年版。

及肉刑，故史迁有"斫雕为朴""网漏吞舟"之喻。武帝诏定律令，张汤益《越宫律》二十七篇，赵禹益《朝律》六篇，合旧律为六十篇三百五十九章，渐涉繁密。宣帝时路温舒请删除不果，成帝诏删律为二百章。和帝命陈宠钩校律令溢于《甫刑》者除之，余悉改为故事。宠子忠又奏除蚕室之刑，而马融、郑玄诸儒为之章句，从此律学昌明，士遂不敢鄙刑名为小道矣。

魏太和时命陈群、刘邵等修《新律》十八篇。晋武帝复命贾充、羊祜、杜预等十四人定《新律》二十篇。齐高帝命竟陵王子良、宗躬、孔稚圭等定律为二十卷。梁武帝命蔡法度、沈约、范云等损益旧律为三十卷，又修令三十卷，科三十卷。陈复命范泉、徐陵等定律为二十卷，令三十卷，科二十卷，法网复繁密矣。北齐文宣帝命赵郡王叡删除重刑，造齐律十二卷，新令四十卷。周命赵肃等定律二十五卷。隋文帝命高颖杨素定律十二卷，后复命苏威、牛宏[弘]等除死罪八十一条，约为十二篇，炀帝又更为十八篇。故律书至隋已可谓简要得中矣。

唐高祖命裴寂等定律五十七卷，太宗命房元[玄]龄等益为九十一卷，大致一依隋律，而改绞罪之半为断右趾，后除断趾改为加役流，又降大辟为流九十余条，高宗又命长孙无忌等十九人定为三十卷，共五百条，撰制为疏，即今所传之《唐律疏义》是也。其后刘仁轨、韦安石、姚崇、宋璟、斐光庭迭有增删，要以永徽之疏议三十卷为最善，论者谓《唐律疏义》集汉魏六朝之大成而为宋金元明之矩矱，诚确论也。

五代承用《唐律》，周世宗改名《刑统》，宋显德[1]时定《刑统》二十卷，开宝时益为三十卷，此外又有编敕十五卷，天圣四年命夏竦重

---

[1] "显德"，《续修陕西通志稿》卷二百十六卷《文徵》十六《大清律讲义序》作"建隆"。

删编敕，咸平时李范等又加删修。降及南宋，辽、金崛兴①，辽始制凌迟重刑而金因之。元初循用金律，世祖简除烦苛，始定新律名曰《至元新格》。仁宗又集格例成书，名曰《风宪宏纲》，英宗复命儒臣大加损益，名曰《大元通制》，其刑较唐宋尤为轻恕，然其失在于缓驰而不知检。

明太祖矫元之弊，初作《大诰》，颇流严刻，后命丞相李善长等总修律令，为律二百八十五条，令一百四十五条。洪武六年，又诏刑部尚书刘惟谦审定《明律》，续律一百二十八条，旧令改律三十六条，因事制律三十一条，掇《唐律》以补遗一百二十三条，合旧律共为六百六条，分三十卷。九年又厘正十三条，然当时止有律令，尚无条例。十六年，命翰林官同刑部官取历年所增条例以类附入。三十年，又命刑官取《大诰》条目撮要附于律后，从此律令以外又有条例之名。宏[弘]治十年，命尚书白昂等增历年条例经久可行者二百九十七条。嘉靖三十年复加修续。万历十三年，刑部尚书舒化等重定为三百八十二条，此有明一代律例之大凡也。

我朝定鼎之初，即命刑部尚书吴达海、侍郎党崇雅等详译《明律》，参以国制。书成，命大学士范文程、洪承畴等审定，名曰《大清律集解附例》十卷。康熙六年，命对喀纳等复行校正。十八年，又命刑部将定律之外所有条例应去应存，详加酌定。二十八年，又命尚书图纳、张玉书等为修律总裁，书成进呈，留览未发。雍正元年，复命大学士朱轼等详加分析，至五年颁行。乾隆元年，又命尚书三泰等总修律例，逐条考正，分律为四百三十六门，四十七卷，定例一千四百九条。此后定为十年大修、五年小修。嘉庆、道光、咸丰年间迭次增修，至同治九年纂修以后，例文增至一千九百九十二条。迄今近四

---

① "降及南宋，辽、金崛兴"，《续修陕西通志稿》卷二百十六卷《文徵》十六《大清律讲义序》作"与宋对峙者为辽、金"。

十年未加修订，故例外又增章程百有余条。此历代法律之沿革也。

总之，法律与时为变通。开创之初，法网疏阔；叔季之朝，科条繁重，其大较也。统观上下四千年来，唐虞三代，刑法简矣。降及春秋，渐失烦密，至秦而刻酷极矣！

由秦至汉初，为刑律由重变轻之世；由汉至六朝，为刑律由轻变重之世；周隋以迄唐宋，复由重而变为轻；南宋以迄辽金，复由轻而变为重；元代金而复尚宽大；明代元而矫用严威。若专论一代之法，汉律始宽终严，《明律》始严终宽。秦法始终严酷，元法始终宽纵。得宽严之中者，其为唐、宋二代乎？国初虽沿用《明律》而修订之本仍根源于《唐律疏议》，此《大清律》所以斟酌百王为损益尽善之书也。近来条例虽涉纷繁，惟光绪三十一年已经刑部奏请，删除三百四十四条，上年又经修律大臣奏准，删除数十条，现又奉旨大加修订。将来书成，更当删繁就简矣。

又尝综观外国法典，《英律》有成文法、不成文法共一百二十余篇。其法，死刑用绞不斩，生刑分徒刑、囚狱、苦役、隘牢、笞刑、罚金数种。《美律》五千五百余条，死刑亦用绞不斩，生刑分囚狱、苦役、罚金数种。《俄律》十二卷，共一千七百一十一条，死刑用斩处决，生死分作苦工、发极边边远看押监禁身刑、的决、申饬、罚缓数种，死刑间有用枪毙者，则为特别之法。《德律》二十九章，共三百七十条，死刑亦用斩不绞，生刑分惩役、禁锢、拘留、罚金数种。《法律》四编，共四百八十四条，死刑亦斩不绞，其弑亲应死者于刑场使跣足蒙黑绢，以示特别之制，生刑分徒、流、囚禁、徒役、追放、禁锢、罚金数种。《日本刑法》初亦用中国《唐律》，后仿法国变为四百三十条，死刑则用绞不斩，生刑分无期流、有期流、无期徒、有期徒、轻重惩役、轻重禁狱、拘留、罚金、科料十余种，追又改照《德律》缩减为二百九十八条，废除流徒禁狱，止死刑、惩役、禁锢、罚金、拘留、科料。至于瑞士，刑法二编，共二百五十六条，其刑止惩役、禁锢、罚金三项。和兰刑法二编，共四百七十五条，主刑为禁锢、拘留、罚金三项，而均无死刑。意、比、西、葡诸国，大略同于和、瑞，亦无死刑。此外洋各国刑法之大略也。而[①]论者谓现在变法自强，当改用东西各国法律，反鄙薄《大清律例》不适于用，不知外国法律行之外国则尽善，行之中国难尽通。

夫以中国政教统一之邦，而直、奉、川、陕各省犹有专条，蒙古有《蒙古之例》，回民有《回民之例》，苗蛮有《苗蛮之例》，彼此犹难强同，况中外风俗不同，宗教各异，而欲屈我之法就彼之范，岂非削足适履乎？且外国刑法亦各不同矣，无论流徒禁役，各因所宜，即死罪一项，现在法学家均主张废除不用，然如瑞士、和(荷)兰，地狭人少，教育普及，故可不用死刑。德、法则幅员较广，虽欲废除死刑而势有所不能，若英、俄则更地大物博，不但死刑难废，即身体之刑亦不能遽除。观于英有笞刑，俄有身体的决之刑，其明证也。夫笞杖为五刑之至轻，英俄尚不能全去，中国废之，近来已有窒碍，况其它重于此者乎？

再，外国均有习惯之法，虽政教日趋新异，而本国习惯之法终不能废，西儒斯宾塞尔有言：一国之法律必须与本国之历史及国体有同一之性质，否则实行之际，流弊不可胜防云云。此即我国变法之药石，当道大吏有鉴于此，惧新学之心醉欧风，数典而忘其祖也，故法政、法律学堂兼法部律学馆均设"大清律"一科以示保全国粹之意，延钧分膺讲席。上课以来，不敢放弃责任，每日入署办公而外，必分四钟余暇以登堂讲解。窃以律义精深，非口说能尽，更作讲义以笔代舌。一篇之中先溯根源，继揭宗旨，如篇幅过长，更为字梳句栉，俾令脉络明晰，遇有深奥之处，或援经史以阐其理，或引刑案以实其

---

[①] "而"字以前《乐素堂文集》无，今据《续陕西通志稿》卷二百十六《文征》十六补。

事，此外如王氏之《笺释》、洪氏之《辑注》、吴中丞之《律例通考》、薛尚书之《读例存疑》，苟有发明，均为采入，盖理惟求其显露，故词无取乎文深，篇末又杂引外国之律与中律比较，彼法所长者必加以褒美，彼法所短者不曲为附和，或彼此宗旨符合，不过名词文法之歧异，亦必剖析明白，俾阅者不至迷误。虽采辑外国之新法，仍恪守中国之旧典。

现在修订法律大臣将旧律删繁就简，均照新章一一改定，名之曰《现行刑律》，删去二十余门，共存律文四百十四条，又经宪政编查馆核定，更去数条，刻已缮写黄册，请旨颁行，故《讲义》照此改定，与旧律大有不同，从时尚也。今春律学馆诸同志欲付石印，以广流传，余深惭浅俚无文，贻笑大雅，而又未便拂其所请，故详考律书之源流，并志其事之颠末，以质诸海内之深于法学者。

光绪戊申(1908)小春法部郎中韩城吉同钧序于律学馆

## 吉同钧《大清现行刑律讲义》崇芳序[①]

法部律学馆开办已五历寒暑，平日课目以讲授中律为独多，吉石笙先生适领斯席。先生为署中名宿，确窥其乡先正薛云阶尚书堂奥，故其于律也，有如土人指路，若者为某水，若者为某山，若者为某津梁，若者为某关隘，无不了然于心，决然于口也。官西曹阅二十年，经手准驳稿件不可以数计，历掌署中要差，以能名著。近年自吾馆而外，并充法律馆总纂，先后主讲大理院讲习所、京师法律、法政各学堂，内墙桃李殆数千人。所著讲义风行一时，学者得其片纸，珍若拱璧焉！岁戊申，馆中尝取其《名例律》及《刑律》贼盗一项铅印数千部，

---

① 吉同钧纂辑，闫晓君整理：《大清现行刑律讲义》卷首，崇芳序，知识产权出版社2017年版。

远近征索，不数月而一空。续著《刑律》人命、斗殴各项及《吏》《户》《礼》《兵》《工》各门，至今春一体脱稿，学员亟谋合全书付印，而《现行刑律》适值修订告成，先生乃一依核定修正之本斟酌而损益之，期有当目前引用，又匝月而始就。吁！先生之学精，先生之力亦瘁矣！夫以今日而言，法令新旧过渡，头绪纷繁，安所得一寻源导流之定本，俾用法者援引而不迷，读法者研究而不误哉？兹编一出，直省各级职审判者，其必奉为指南车、首东马也。断可识已！芳以秋署副郎提调馆务，去秋改官谏院，重承同人厚爱，公禀奏留兼差法院，津涯茫未有得，而独幸与先生同事久，朝论夕讨，霑溉良多，且也志趣冷落，风格睽孤，彼此又复相类，每馆课之余，兀坐退室，烹杯茗作竟日谈，先生辄轩渠曰：以君之学之才，若能久任法司，壹志法律，当为生民造福非浅。斯言虽誉非其人，而先生存心与法律本旨从可知矣。讲义印既竣，同人以弁言属，谨撮举颠末而喜付之。

宣统二年六月长白崇芳序

## 吉同钧《大清现行刑律讲义》陈康瑞序①

岁戊申，律学馆刷印《大清律例讲义》三卷，同年友韩城吉君石笙主讲是馆所手著以课同人者也。顾仅有名例、贼盗两门，其后修订法律馆亦以是编付印，虽卷数较多，均未完备，同人以未窥全豹为憾，相率请君纂著成书，用资快睹，正拟续为排编，适值颁布《现行律》，一切多改从轻，君乃分门别类反覆推求，抉异参同，重加论说。书成，以付同人校订登版而属序于余。余惟刑名与道德相为表里者也，《书》曰：明于五刑以弼五教，刑期于无刑，盖圣人制刑，非期

---

① 吉同钧纂辑，闫晓君整理：《大清现行刑律讲义》卷首，陈康瑞序，知识产权出版社2017年版。

于刑杀人，凡以辅吾教之不逮而已。董仲舒云：天道之大者在阴阳，阳为德，阴为刑，刑主杀而德主生，是故阳常居大夏而以生育长养为事，阴常居大冬而积于空虚不用之地，此以见天之任德不任刑也。然其实四时之运，寒凉肃杀常居其半，而涵育发生之心未始不流行乎其间，自周道衰微，士皆习于申韩家言，其学专务深文，于是刑名与道德歧而二之，而世遂薄刑名而不为。逮至于秦，诛腹诽偶语，刻苛极矣。汉兴，除秦苛政，约法三章，由是法网疏阔，文景之世，几至刑措。历唐而宋而元明，宽严互尚，代有增损，其间尤以《唐律疏议》为最善，洵足为百王之矩矱也。我朝《大清律》一书虽沿仍《明律》，实用《唐律》为根据，加以圣圣相承，慎重审定，参酌得中，今上御宇，继志述事，为立宪之豫备，允当首定新律以与薄海同风，而又恐吾民狃于习惯，骤与之语更张，或有扞格而不相入者，爰命修订法律馆就前此删定旧律，再加删繁就简，以为接递新律之用，名之曰《现行律》，君实分承馆务，预于斯役，则是编之作，其于因仍沿革之源流了如指掌，直不啻自道其心得焉！是足以津逮后学，为世宝贵无疑也。余与君既同兰谱，复同隶秋曹，顾十余年间虽私衷倾慕，而踪迹则疏，比来共事律学馆，朝夕聚首，相与上下其议论，乃知君性情之真挚，品概之卓越，其学问实有大过乎人者，而固不徒以文章见长也！然则读是编者，岂遂足尽君之生平也哉！

**宣统二年季夏法部律学馆监督慈谿陈康瑞书于振雅堂之南窗**

## 吉同钧《大清现行刑律讲义》刘敦谨序[①]

光绪戊申，筹备立宪之第一年，为京师审判开办之始，由是商埠

---

① 吉同钧纂辑，闫晓君整理：《大清现行刑律讲义》卷首，刘敦谨序，知识产权出版社2017年版。

省城州县乡镇分年次第举行，可见国无法不立，审判固宪政之先鞭也。律学馆之设，创自三十二年，实为司法前途，预备数年以来，成效颇著，各级审判厅员取材于本馆者最多，此皆由云亭前后长官平日尽心规画而始有今日也。吉石笙先生为律学名家，中外交推，咸资师表，主讲本馆，口授之余，复手著讲义以饷同学，律中之义固已发明，律外之义尤能推阐，更于涣者萃之，以见律义之贯通，幽者显之，以见律义之浑括，上而考诸古今之沿革，旁而参诸欧亚之异同，引征博洽，疏证详明，学者手置一编，如获珍异。馆课而外，又分日试以稿判，论批诸作，每课皆百余人，佳作如林，迭选成集，人才如此其众，皆先生之教导有以致之。曩者将先生纂定《名例》《贼盗》讲义付之铅印，一时争取，求者洛纸顿贵，然只略见一斑。今年四月，《现行刑律》颁行，其中因革损益多有变更，先生职总纂修，笔削皆出其手，又将暇时旧著讲义详加改定，而续撰全书一体脱稿。凡经宪政编查馆、法律馆核订修正者，先生皆一一参考，而规定之无遗意、无泛词，语不离宗，言皆有物，使读律之人浅者见浅，深者见深，是编真法家之秘宝也。监督陈雪樵正郎、提调崇秋浦侍御并谨与同馆诸友均百回读之，爱不释手，醵资付印，将蒇事，催谨序。谨不敏，何敢赞一词？第思开馆伊始，即充提调，于兹己已三年矣。每日办事之暇，随时听讲，藉以监堂。自公退食，尤喜问难质疑，受益实非浅尠。谨兼理北方审判厅刑科庭长，倏亦两载有余，经手之案已千百计，以平时之讲求证临时之经验，窃喜知识日进，此又云亭前后长官爱谨深而先生之所以成谨者愈厚也。故不揣谫陋，援笔而为之序。

宣统二年七月法部郎中刘敦谨书于律学馆

## 吉同钧《大清现行刑律讲义》吴思璘题跋[1]

龙门斥法家为刻薄寡恩，恶申韩也。汉晋以来，国家立法多取材于儒，故十恶、八议及关系服制诸律皆特重之，刑罚之中隐寓德礼遗意、一王大法，与专家学问固自不侔。泰西刑法根源罗马，始采畏喝，今一以保护法益为主，可见世轻世重，中外无殊！今日我《大清律》之一变为《现行律》也，岂非时势使然欤！惟律文简括，解释为难，非旁搜博览，积学有素，未易得其壶奥。现值研究法学时代，吉先生石笙编授各学堂讲义，汇辑成帙，其文显其旨正，盖撷取各笺箸华而折衷一是者也。法家著述几至充栋，读此可得主要，较之自行涉猎，劳逸悬殊矣。思璘职任校雠，书既成，略识数言于后以质海内之同志者。

**宣统二年庚戌秋七月上弦受业吴思璘谨识**

## 吉同钧《大清现行刑律讲义》韩文魁题跋[2]

读今律而不读古律，可乎？曰：无以知法学之沿革也。读中律而不读外律，可乎？曰：无以辨法学之异同也。然则将取汉唐宋元有明刑罪之全书一一手披而目览乎？将遍德俄法义日本法典之译本一一殚精而研思乎？窃恐卷帙浩繁，条件纷赜，殆非穷年累世不为功也。篆籀虽尊，非所以判公牍；鷞鹕虽异，非所以责常馐。今律未习而古是求，中律未谙而外是务，其失，与不知沿革，不辨异同均也。安得一

---

[1] 吉同钧纂辑，闫晓君整理：《大清现行刑律讲义》卷末，吴思璘跋，知识产权出版社2017年版。

[2] 吉同钧纂辑，闫晓君整理：《大清现行刑律讲义》卷末，韩文魁跋，知识产权出版社2017年版。

法律大家综中今、贯中外，俾讲授既亲，一举而三善备乎！吾师石笙夫子知律之名洋溢遐迩，所著讲义撷精挹华，独得的解而又字梳句栉，无义不申，无理不显，篇首必揭明此条系本诸唐根诸宋，或沿诸元明，见源流也。篇末必揭明是条较某国罪轻某国罪重，与某国科罪从同，昭得失也。律学馆同人比年以读律称者，靡不得力于先生是书，文魁亦与有幸焉。今春全册脱稿，适值《现行刑律》告成，先生复逐条参改以规完备，同人亟谋付石印，监督、提调诸先生总司编辑，文魁亦随诸学友任分辑与校勘，藉增学识，欣幸益深己当世志，司法者诚奉是书为宝钥，以求现行律可也，以考古律以采外律亦无不可也。然则如吾夫子，诚所谓综古今，贯中外，卓卓然法学大家哉！

宣统二年庚戌孟秋受业仁和韩文魁谨跋

## 吉同钧《大清现行刑律讲义》崇芳题跋[1]

昔人谓校书至难，讹字如风扫落叶，随扫随落，此殆指钞胥梓匠而言耳！兹集之有舛午，则不尽然。讲义起于旧律，无何而《现行律草案》出矣，无何而核订案语出矣，无何而修正清单而勘误表又相继出矣，其间凡历数变，每值一变，著者辄随时检查，逐条更改。每有更改，分辑、勘误、校对诸馆友辄重检底本，作累日忙，新稿一来，旧者难免成误。旧稿再易，新者又复成讹。诸君乘伏假余暇，襄理此事，或手披，或目览，或口诵，或笔注，虽盛暑炎午不少缀，良以法律关系绝大，故只字不敢放过也。惟原稿已付石者，虽有鱼鲁，实不及弃板再印，谨制正误表附各卷末以便检阅，识者谅之！

庚戌（1910）七月十日崇芳秋浦再志于律学馆之庶务室

---

[1] 吉同钧纂辑，闫晓君整理：《大清现行刑律讲义》卷末，知识产权出版社2017年版。

## 吉同钧《审判要略》绍昌序[1]

闻之治丝者不引其端，丝棼如也；理衣者不挈其领，衣蓬如也。事固各有其要，旨道在有以持之而已，司法亦然。京师自奏设各级审判厅以来，案如猬集，所有专报旬报汇报各稿件到部后，凡所录之供、所科之罪、所引之或律或例或章程，每逐细检核准驳，常互用焉，岂好劳哉！审判为民命生死、民情向背所由系，不得不如此详慎也。尝拟择取画一之书，颁发各厅，俾作标准，而善本阙如。吉石笙正郎，吾署宿手也，近以所著《审判要略》呈阅，序中"罪因情科，案凭证定"二语为全书要义所在，其逐条各晰处亦多鞫案真谛，诚审判之指掌也。亟付律学馆刷印以饷同事，并志数语于简端云。

长白绍昌序

## 吉同钧《审判要略》善佺序[2]

堂宪既赐弁言，复饬律学馆刷印，工已完竣，附志数语以为从事审判者劝。

光绪戊申六月记名道府花翎三品衔法部<br>右参议律学馆监督必禄善佺芝樵甫序。

## 吉同钧《审判要略》崇芳序[3]

昨游博览场、动物园，地百十亩，为堂、为室、为池、为囿、为

---

[1] 吉同钧撰，闫晓君整理：《乐素堂文集》，法律出版社2014年版，第146页。
[2] 吉同钧撰，闫晓君整理：《乐素堂文集》，法律出版社2014年版，第147页。
[3] 吉同钧撰，闫晓君整理：《乐素堂文集》，法律出版社2014年版，第148页。

平野、为林麓，式各殊则有虎兕狮象猩熊猿鹿诸兽品，鹤鹭鹄鹳雁凫莺鸽诸禽品，乃至寿相之猴、複蹠之骥、麟文之鹦鹉、螺角之羚羊与夫文豹斑马、翠雀珠鸡、驼鸟袋鼠诸稀异品，以迄狼獏鹗蟒鳄诸猛毒品，或一物而数种，或一种而数物，樊者笼者，锁者槛者，治而栏者，囿而篱者，印美斐澳热带之所产，我国二十二行省之所出，一翔一走，一潜一嚶，苟所能购，莫不辇来航致于其中，自朝至暮，游人联袂络绎至，至则逼前立，注目视，视毕自在行，以次周瞩，前者过，后者续，日何啻数千人，诸动物与相习喁喁然，秩秩然，无警轶，无妨害也。数人分典守各一兀，或一杖外无长物，总主者乃别居一室，安坐而无所事，神甚暇，意甚豫焉。疑而叩之，若操何术而能使兹诸蠢蠢咸受而治乎？毋乃神欤？主者哑然，曰：吾何神！吾之制诸物也，别之而已矣。吾之别诸物也，察之而已矣。吓者，吾知其善走，受以樊；翼者，吾知其善腾，受以笼；齿者，吾知其善啮，受以锁；角而爪者，吾知其善触而善搏也，故受以槛。若夫负性驯拢，秉质华采，吾知其技止此，无能为也，但分蓄诸沼，若囿而略限以栏与篱，吾之能事毕已。向使无以别之，萃千百文野不伦之物于一园，弱者肉，强者食，不终朝死伤尽矣。向使别之而未有以察之，加良懦以羁縶，或纵猛挚於平畴，其弱肉强食之患均也，并育不害之末遑，又奚以要游侣。余曰：旨哉言乎！析物为审，何审不精；称物为施，何施不当。操斯术以往，平治天下无难也，动物园云乎哉。律学馆同事吉石笙先生适出所著《审判要略》一书索弁言，亟展读，喜且佩，以为此则各级审判厅之针度也。案以类分，供以证取，师其意以行之，将所谓不劳而理者，何遽逊于动物园耶！午窗雨过，砚墨正浓，遂泚笔而为之序。

光绪戊申六月，记名御史法部员外郎崇芳序于本馆庶务室。

## 吉同钧《审判要略》刘敦谨序[1]

学律犹学兵也,学兵而不善于用兵,如临阵何?学律犹学医也,学医而不利于行医,如临证何?善学兵者先明乎旺相孤虚之理,而后可以言制敌;善学医者先审乎离合阴阳之迹而后可以言祛疾。《孙子》曰:衢地则合交,重地则掠,圮地则行,圆地则谋,死地则战,此兵法临阵之不同也。《灵枢经》曰:西北之气,惟在散而寒之,东南之气,惟在收而温之,同病而异治,此医道临证之各异也。学律何独不然?谈律学者非不尊申韩为神圣,奉萧曹为楷模,纵而溯诸秦汉唐宋元明之法典以参其得失,横而考诸日俄英德美法之法度以辨其异同,所学如此,不可谓非详且博也。然而骤往讼庭,优柔者寡断,瞢昧者轻断,甚至株连无辜,滥用刑讯,经久而不能决一狱,即决矣,或不免畸轻畸重之病者何也?殆未知审判之各有要诀在也。敦谨充律学馆庶务员将两载,公余必潜心从学。去冬又派充地方审判厅兼理,半年以来结案逾二百件,学仕交勉增益所不能者良多。惟是譸张为幻百出相尝,历时愈久,自信愈难。近得吉石笙先生所著《审判要略》一编,内共三十则,逐类分载,要诀毕备,诚能奉之以为标准,片言之下,情伪立分。庶几乎其折狱也,犹兵家之有孙吴,医家之有卢扁也乎。是为序。

法部郎中、地方审判厅兼理、后学刘敦谨序于律学馆

## 吉同钧《审判要略》自序[2]

生民不能无争而讼兴焉,《易》卦自乾坤屯蒙后,继之以讼,讼

---

[1] 吉同钧撰,闫晓君整理:《乐素堂文集》,法律出版社2014年版,第149页。
[2] 吉同钧撰,闫晓君整理:《乐素堂文集》,法律出版社2014年版,第150页。

固与天地相终极者也。孔子曰听讼,又曰折狱。到官曰讼,定罪为狱。先之以听,继之以折。讼不听无以判真伪,狱不折无以定曲直。然折狱之任,得人为难。《书》曰:非佞折狱,惟良折狱。《易》之贲卦曰:明庶政,无敢折狱。可见,狱之难折有百倍于庶政者,其中有法窍焉,未可以卤莽为之也。《周礼·小司寇》听狱讼曰辞听、色听、气听、耳听、目听。《吕刑》详折狱之法,于单辞则曰明清,于两词则曰中听,诚以法有一定而情伪万变。执一定之法,治万变之情,不在口才之辨给,亦不恃势力之威严,必虚心研求,视前人所已行已言者而规其则,庶几可得其平焉。京师自奏设各级审判厅以来,百废维新,一洗官吏旧日延迟勒索之弊,可谓改厥良矣。惟是审案之法,中国与外国不同,而京师五方杂处,人心巧诈尤与外省不同。以外国诉讼之法审中国之案,固多凿枘。即以外省审判之法断京师之狱,亦有抵牾。同钧任此事者近二十年,久官西曹,周历塞外,更事既多,颇悉其中情伪,因采集前人成说,附以生平阅历之语,汇为一册,逐条分析,名曰《审判要略》。总之,罪因情科,案凭证定。未审之先,固不可先存成见。已审之后,又不可漫无定见。此篇所录,言虽浅近,而事理分明,或亦初膺司法者所取资焉。是为序。

光绪戊申(1908)暮春韩城吉同钧石笙氏记于律学馆

## 吉同钧《秋审条款讲义》序[①]

古律无秋审之名,唐宋元明律中言斩绞死罪者,均系立决,并无监候、秋后处决之制。然考之《月令》,孟秋之月,审决断,始用戮。唐律亦有立春、秋分前不决死刑之条,可见古者行刑必于秋冬,所以顺天地肃杀之气也。有明中叶,始定有朝审之法,英宗天顺二年春

---

[①] 吉同钧纂辑,闫晓君整理:《大清律例讲义》,知识产权出版社2018年版,第131页。

旨：人命至重，死者不可复生，自明年始，霜降后该决重囚，著三法司奏请，会同多官人等，从实审录，永为定例。此秋审所创始也。国朝因之，顺治十年，京师设朝审，直隶始设秋审。十五年各省遍设秋审，由刑部差司官二员会同该抚按审奏，后改差三法司堂官会审。康熙五年停止差遣，由各省巡抚举行。其办法止酌按情节，分实、缓、矜、疑四项，尚无条款可据。至乾隆三十二年，因各司定拟实、缓每不画一，始定条款四十则，颁行各省，其后叠次增加，渐归完备。

考其办理之法，在外为秋审，统归督按；在内为朝审，统归刑部。其在内者，刑部每年正月，书吏摘录死罪原案节略，先列案身，次列后尾，订为一册，分送学习司员先用蓝笔勾点，酌拟实缓可矜，加以批语，谓之初看。次由堂派资深司员复用紫笔批阅，谓之覆看。复由秋审处坐办、提调各员取初看、覆看之批，折中酌议，又用墨笔加批，谓之总看。总看后呈堂公阅，各加批词，注明实缓，此刑部办理之次第也。在外者，每年二三月，先由臬司拟定实缓可矜详由，督抚覆勘，勘后督抚会同藩臬两司、各道，择日同至臬署亲提人犯，当堂唱名，然后确加看语，于五月以前具题咨部，谓之外尾。刑部接到各省外尾，仍依前看朝审之法，历经司堂阅后，与部定朝审合为一处，刷印成帙，谓之招册，亦谓之蓝面册，其有内外意见不同、实缓互异者提出，另为一册，谓之不符册。七月间择日公同商议，先由秋审处各司员公议决定，谓之司议。司议后定期齐集白云亭，按班列座，堂司合议，谓之堂议。议定标明实缓可矜，再由秋审司员拟定简明理由，谓之方笺。其朝审人犯，刑部议定后又由部奏请钦派大臣十人，取刑部所定，各加详阅，谓之覆核。朝审如覆核有疑义者，由大臣签商，刑部据笺解明理由，然后统将内外招册分送部院九卿、詹事、科道，于八月下旬择日在金水桥西朝房，刑部堂官合大学士、九卿科道，按次席地而坐，将外省秋审名册逐一唱名，并将朝审人犯提至朝房，按名分别实缓，唱令跪听，谓之朝审上班。上班以后，各部院科道俱无异议，然后备本具题，请旨定夺。其情实并有关服制人犯，由刑部缮写名册，纸用粉敷，墨书粉上，谓之黄册，以备御览。候至霜降以后，奏请钦天监择选分定勾到日期先远省而后近省，末后始及京师，每届勾到之期，刑科给事中前五日覆奏三次，后改为一次，前三日刑部将黄册进呈，皇上素服御懋勤殿阅看黄册，酌定降旨，命大学士一人照勾，由御史恭领送部，如系外省，即由部钉封分递各省，到日行刑，并刊印黄榜，颁发各府州县，以昭炯戒。同治以后暂停御览，派大学士在内阁依拟照勾，然每年仍奏请规复旧制。此办理秋审、朝审之先后次第也。夫由刑部初、覆看以至堂阅，已历数十人之手矣，又必会同各部院、九卿、詹事、科道等公同审定，方始具题，即题准之后，又令科道三次覆奏，方始勾决，其曲折繁重、礼节如此周密者，岂不知简易之为便哉！良以人命关系重大，非此不足以防冤滥，此可见我朝慎重民命、以固邦本之至意，洵足以驾汉唐而媲三代矣。自刑部改为法部，一切法律舍旧趋新，删繁就简，举从前详细章程概从芟薙。凡外省死罪，其情轻者改为随案酌缓，秋审止列清单，不入招册。去年奏请删除钦派覆核及朝房会审各节，朝审亦改为秋审。本年又奏请删除先期覆奏、内阁具题，而黄册概归简易，其服册并情实声叙各案均不列入，又止列勘语，而各省外尾并法部后尾亦概从删削，此亦时会所趋，不得不然。然历期良法美意从此荡然无存矣。

至于《条款》一书，创自乾隆三十二年，后来迭次增入，至光绪年间增至一百八十五条，《条款》而外，又有阮吾山司寇《秋谳志稿》、王白香《秋审指掌》、谢信斋《秋谳条款录》与各条款互相发明，均称善本。近来沈司寇又著《秋审条款附案》一书，备载历年成案，详细靡遗，尤为秋审秘钥，惟均原本旧律。上年《现行律》颁行，罪名半从轻减，而旧日条款与现律诸多凿枘，复奉命修改《条款》。同钧蒙修律大臣派充纂修之役，与共事诸君按照现律参酌新旧，去其重复，补其缺略，共得一百六十五条。① 惟当时需用甚急，限期所迫，审察未易精密，且出自众手，其中轻重权衡亦间有参差不齐之处。书成之后，始行核对，然已修改不及矣。同钧不揣固陋，思所以救正之而未有暇也。比年主讲律学馆，乃与诸学员逐日讨论，遂成《秋审条款讲义》一册，逐条详述原委。其中完善平允与现律轻重适均者，发明所以修改之故。间有与现律不甚吻合者，亦略加驳正，指明其失，非敢妄议定本也。良以一字一句之间，关系生死出入，故不惮反复辩论，期于允当而止。

夫秋审一事，较之定案尤为切要。定案不妥，秋审尚可补救；秋审一误，则死者不可复生，虽欲挽回而已无及。故从前部中司官学习，必先从看秋审入手，而堂官用人，亦以看秋审之成绩为派乌步②之地步。盖其章法精细，起伏照应，夹叙夹议，全以《史》《汉》古文之法行之。秋审之法精通，则奏稿、驳稿并一切公牍直可行所无事，此律学馆功课所以添入此门也。同钧庚寅分部，时值乡先正薛赵二公先后为长官，谆谆以多看秋审相告语，并为摘要指示。后入秋审处办事，距今已十年矣。每年二月至七月，日无暇晷，分看之后又加总阅，所拟批词、说帖多蒙堂长采纳施行。上年有逯荣淋、李五巴及蒙古瓦其尔各起，业已堂议定实，经同钧援案力争，均改声叙，得以不死，此亦看秋审之效果也。

现在新律将行，旧法一切变易，惟此秋审一节，将来尚不能废，故乐与律学馆诸友讲解，以求实效。讲义既成，爰述其旧章之原委，以及关系之重要而为之序，当亦有心斯道者所不弃也。

**宣统三年辛亥秋日龙门吉同钧叙于法部律学馆之振雅堂**

---

① 《乐素堂文集》下有"较旧款少二十条"。
② 派乌步，一作"升迁"。

## 吉同钧《乐素堂文集》自序[1]

孔子曰："辞达而已矣。"朱注："辞取达意而止，不以富丽为工。"周子曰："圣人之学，蕴之为德行，发之为事业，彼以文辞而已者陋矣！"自孔孟而后，文如左、庄、班、马及唐宋八家，虽可谓之载道，然大半以富丽为工，求其纯乎道者，鲜矣。惟韩子作《原道》，尊孔、孟而薄荀、扬，似真知圣道渊源者，惟观其全文，并察其行事，亦止因文见道而非由道以发为文。细按之，未脱富丽之习，盖求载道之文，不以富丽为工者，其惟宋之五子乎？五子之文，虽不及左、庄、班、马、唐宋八家之雄健深奥。然譬诸衣食，五子之文，布帛菽粟也；左、庄、班、马、八家之文，绫罗锦绣山珍海错也。以布帛菽粟而与绫罗锦绣珍错比较，原不及其华美贵重。然布帛菽粟，得之则生，不得则死，人生不可一日无者；若无绫罗锦绣珍错，未尝不可生存于世，且用之太过，反足召灾而致疾。然则宋五子之文胜于左、庄、班、马、八家而有裨世道人心，自不待辨而明，独怪世之学文者日醉心于左、庄、班、马、八家，而薄五子为迂阔无用，是舍布帛而衣绫罗，弃菽粟而食珍错，讵不召灾而致疾乎？余少学文，亦诵左、庄、班、马、唐宋八家，全不解其神味，惟揣摩时艺，窃取科名，通藉分职刑曹，又致力于法律，所讲求者皆案牍爰书，益与古文疏远。辛亥国变后，弃官谢客，自分才拙年老，不能为富丽之文，亦不愿学富丽之文，因取五子《近思录》反复玩索，渐窥四书精蕴，非但稍知束身寡过，而安贫守介，澹泊节欲，又获养生之益。现在年逾古稀，目尚不花，能作小楷，此皆读五子文之功效也。拙著四卷，除讲论法律外，皆迂腐陈言，自富丽者视之，直粪土耳，何足言文？惟

---

[1] 吉同钧撰，闫晓君整理：《乐素堂文集》卷首，法律出版社2014年版。

心血所寄，不忍废弃，留为子孙记念，后之人不知学文则已，如知学文，切守朱子之训，不以富丽为工，庶几修辞之诚，渐入宋五子之门矣。

# 后 记

2010年，我进入西北政法大学学习，转眼十年有余。在此期间，我先后就读于西北政法大学民商法学院、刑事法学院和中国政法大学法学院，完成了本科、硕士、博士阶段的学业，从一位法学门前的观望者、法律故事的聆听者，逐步成长为法治建设的参与者和法律知识的教学研究者。此间诸事，历历在目，而求学之旅，甘苦备尝。2014年，进入研究生阶段后，我跟随闫晓君教授研习陕派律学，遂涉猎古籍文献，探究传统律学，撰成硕士学位论文《从晚清"故杀胞弟案"看陕派律学的司法贡献》，此文获得西北政法大学优秀硕士学位论文，后经修改，发表于《法大研究生》2017年第2辑。2017年，步入博士生涯，在学习的同时，担任导师张晋藩先生秘书，问道于小月河畔，工作于万柳颐园。在先生的指导下，我广泛阅读并思考了中国传统律学尤其是清代律学相关问题，熟悉并掌握了传统律学的基本特点和发展规律，并主持了中国政法大学博士研究生创新实践项目"陕派律学家法律改革思想比较研究"，由此完成了系统研究陕派律学的学术积累。2018年，闫晓君教授主持的国家社科基金项目"陕派律学研究"获批，我有幸参与课题研究。

2020年博士毕业后回到母校工作，在担任法律史学任课教师的同时，我加入汪世荣教授主持的陕西省"三秦学者"创新团队支持计划"西北政法大学基层社会法律治理研究创新团队"，从历史与现实相结合的角度，开始挖掘、探究法治的历史文化底蕴，致力于勾连古今，融汇中西，以期传承和弘扬中华优秀传统法律文化，既担负起存亡继绝的责任，也为当前的法治建设提供源于中华法制文明的有益借鉴。随着研究的深入，遂以硕士学位论文和中国政法大学项目报告为基础，全面钻研陕派律学的基本问题，经过一年多的补充、改进，形成《陕派律学家法律改革思想研究》书稿。经过陕西人民出版社管中洑编辑、张阿敏编辑和西北政法大学硕士研究生刘洋、胡云波的细心校正，终于付梓面世。在此，特向长期以来支持、帮助和关心我的师长、同事、同学们表示由衷敬意。本书的出版并不意味着相关问题研究的终结，同时，我也深知书中仍存在许多不足，我愿意虚心听取读者的一切批评，对于其中有价值的意见和建议留待今后有机会时吸收。

王斌通

2021 年 10 月 1 日，于中华法系与法治文明研究院